Thomas von Aquin

Das Credo

Auslegungen zum Apostolischen Glaubensbekenntnis

Übersetzt von Josef Pieper,
Heinrich Raskop
und Hans Schulte

Thomas von Aquin
Einführende Schriften
Band 3

Herausgegeben von
Hanns-Gregor Nissing
und Berthold Wald

Thomas von Aquin

Das Credo
Auslegungen zum Apostolischen Glaubensbekenntnis

Übersetzt von Josef Pieper, Heinrich Raskop und Hans Schulte

Thomas von Aquin, Einführende Schriften, Band 3,
herausgegeben von Hanns-Gregor Nissing und Berthold Wald

Bibliographische Information
der Deutschen Nationalbibliothek

Die Deutsche Nationalbibliothek verzeichnet diese
Publikation in der Deutschen Nationalbibliographie;
detaillierte bibliographische Daten sind im
Internet über http://dnb.dnb.de abrufbar.

Das Umschlagbild zeigt eine Darstellung des Thomas von Aquin
aus dem *Scriptum super quartum librum Sententiarum*,
Codex Claustroneoburgensis 309, fol. 5r (13./14. Jhd.),
Stiftsbibliothek Klosterneuburg

Hergestellt in der Europäischen Union - Printed in EU

ISBN 978-3-942013-37-6

www.pneuma-verlag.de

Inhalt

Hanns-Gregor Nissing

Thomas von Aquin als Prediger.
Die *Auslegungen zum Apostolischen Glaubensbekenntnis* VII

Thomas von Aquin

Das Credo
Auslegungen zum Apostolischen Glaubensbekenntnis

Übersetzt von Josef Pieper, Heinrich Raskop und Hans Schulte

Vorwort..2

Artikel 1:
Ich glaube an den einen Gott...10

Artikel 2:
Den allmächtigen Vater,
den Schöpfer des Himmels und der Erde....................................18

Artikel 3:
Und an Jesus Christus, seinen einzigen Sohn,
unsern Herrn...28

Artikel 4:
Empfangen vom Heiligen Geist,
geboren aus Maria, der Jungfrau...36

Artikel 5:
Gelitten unter Pontius Pilatus, gekreuzigt,
gestorben und begraben...46

Artikel 6:
Niedergestiegen zu denen in der Unterwelt................................58

Artikel 7:
Am dritten Tage wiedererstanden von den Toten ... 66

Artikel 8:
Aufgefahren in den Himmel.
Er sitzt zur Rechten Gottes, des allmächtigen Vaters ... 72

Artikel 9:
Wiederkommen wird Er von dort,
zu richten die Lebendigen und die Toten ... 78

Artikel 10:
Ich glaube an den Heiligen Geist ... 86

Artikel 11:
Die heilige katholische Kirche ... 94

Artikel 12:
Die Gemeinschaft der Heiligen,
die Vergebung der Sünden ... 102

Artikel 13:
Die Wiedererstehung des Fleisches ... 110

Artikel 14:
Das Ewige Leben. Amen ... 114

Verzeichnis der von Thomas zitierten Autoren
und Werke ... 120

Bibelstellenregister ... 123

Personenregister ... 127

Autorenverzeichnis ... 129

Hinweis zur Erstveröffentlichung ... 130

Hanns-Gregor Nissing

Thomas von Aquin als Prediger

Die *Auslegungen zum Apostolischen Glaubensbekenntnis (Collationes in Symbolum Apostolorum)*

Person und Werk des Thomas von Aquin (1224/5-1274) erschließen sich vor allem von seinem Selbstverständnis als Predigerbruder her. Im Bewußtsein, dem armen Prediger Christus (*Christus pauper praedicans*) in jener Lebensform auf möglichst ursprüngliche Weise nachzufolgen, die durch den hl. Dominikus (um 1179-1221) zum Orden ausgebildet worden war, liegen die Wurzeln seines Lebens und Lehrens.[1] Mit Leidenschaftlichkeit, ja: Heftigkeit hat der ansonsten so nüchterne und zurückhaltende Thomas für dieses Ideal gefochten und damit kenntlich gemacht, daß man es hier „mit dem für ihn Wertvollsten, mit der Berufung, für welche er seit seiner Jugend kämpft, zu tun hat"[2]. – Es liegt daher nahe, gerade in jenen Texten einen besonderen Zugang zu seinem Denken zu suchen, die Thomas in seiner Eigenschaft und Praxis als Predigerbruder zeigen – eben in seinen Predigten. Und in der Tat können seine Predigten zum Apostolischen Glaubensbekenntnis, die *Collationes in Symbolum Apostolorum*, die Thomas vermutlich in der Fastenzeit 1273 in Neapel gehalten hat, als eines jener Werke gelten, die auf eine besonders eingängige Weise eine Bekanntschaft mit ihm und seinem Denken vermitteln und die gerade daher für eine erste Lektüre vorzüglich geeignet erscheinen.

Wie in einem Brennglas bündelt sich in den *Collationes in Symbolum Apostolorum* eine ganze Reihe zentraler Merkmale, in denen das besondere geistige Profil des Thomas von Aquin zum Ausdruck kommt:

(1) *Ursprünglichkeit in Anspruch und Methode*. – Da ist zunächst die für Thomas typische Ursprünglichkeit und „Frische" in

[1] Vgl. hierzu v.a. U. Horst (2017), v.a. 25-40.

[2] J.-P. Torrell (1995), 109. - Vgl. hierzu die Schriften zum sog. „Mendikantenstreit", insbesondere *Contra impugnantes Dei cultum et religionem* (1256); *De perfectione spiritualis vitae* (1269/70), v.a. c. 30 (Z. 99-104); *Contra doctrinam retrahentium a religione* (1271), v.a. c. 16 (Z. 167-171).

Diktion und Methode, die bereits seine ältesten Biographen hervorgehoben haben, wenn sie von seiner „neuen Weise zu lehren" sprachen.[3] Thomas selbst hat ihre Prinzipien zu Beginn seines Hauptwerks, der *Summa theologiae*, programmatisch formuliert: Überdruß und Verwirrung auf Seiten des Hörers bzw. Lesers sollen durch eine kurze und lichtvolle Darstellungsweise (*breviter ac diludice*) vermieden werden, die ausschließlich am Gegenstand selbst orientiert ist und diesen dem Verständnis der Anfänger (*ad eruditionem incipientium*) von Grund auf und geordnet erschließt.[4]

In ihrer Strukturiertheit, ihrer Kürze und argumentativen Klarheit wie in ihrem Anschluß an die ursprüngliche Erfahrung der Hörer durch den Rückgriff auf Bilder, Beispiele und Begriffe des allgemeinen Sprachgebrauchs wie des alltäglichen Lebens können die *Collationes in Symbolum Apostolorum* in diesem Sinne als Musterbeispiel thomanischer Darstellungsweise gelten[5], die in der literarischen Kleinform eines Opusculums (als solches ist die Predigtreihe überliefert) vielleicht noch deutlicher sichtbar wird als im Großformat der *Summa*.

(2) *Biblische Theologie*. - Seine Wurzeln besitzt das thomanische *breviloquium*, sein Bemühen um Kürze und Klarheit der Diktion, dabei in einem unmittelbar biblischen Impuls: Das Ewige Wort des Vaters, das in seiner Unermeßlichkeit alles umfaßt, hat sich, wie es zu Beginn des *Compendium theologiae* heißt, in seiner Offenbarung „klein" (*brevis*) gemacht und seine Lehre, die „ausführlich und klar (*dilucide*) durch die verschiedenen Bücher der Heiligen Schrift überliefert" ist, „in einem kurzen Abriß des menschlichen Heils" (*sub brevi summa humanae salutis*) mitgeteilt, um den durch die Sünde erniedrigten Menschen zur Höhe der göttlichen Herrlichkeit zurückzurufen.[6] An diesem „kurzgefaß-

---

[3] Vgl. Wilhelm von Tocco, *Ystoria s. Thome de Aquino* (ed. Brun-Gouanvic) 15: „Erat enim novos in lectione movens articulos, novum modum et clarum determinandi inveniens, et novas adducens in determinationibus rationes, ut nemo, qui ipsum audisset nova docere et novis rationibus dubia definire, dubitaret quod eum Deus novi luminis radiis illustrasset".

[4] Vgl. Thomas, *S.th.* I prol. - Den besonderen Charakter der *Summa theologiae* als „Anfängerlehrbuch" hat J. Pieper ebenso wiederholt hervorgehoben wie ihre Unvollendetheit und ihren „Fragment-Charakter" (2001b, 296), worin sich zeige, daß es sich hier nicht um ein „geschlossenes System" handele. - Vgl. J. Pieper (2001b, 238; 2005a, 35 u.ö.; zur „Ursprünglichkeit und Neuheit" vgl. ^{2}1987, 27; 2001b, 240; 2005a, 35.)

[5] Vgl. J.P. Torrell (1995), 92f. - Dazu auch unten S. XLV-XLIX.

[6] Vgl. Thomas, *Comp. theol.* I 1 (1-20). - Die Rede vom *Verbum [ab]bre-*

ten Wort" (*Verbum abbreviatum*) hat sich mithin nicht nur die Nachfolge des Bettelmönchs, sondern auch alle Rede des Verkündigers und Theologen zu orientieren. Dem Wort der Heiligen Schrift kommt von daher eine elementare und kaum zu überschätzende Bedeutung im Denken und Schaffen des Thomas von Aquin zu.[7]

Gerade die *Auslegungen zum Apostolischen Glaubensbekenntnis* zeigen Thomas als einen Prediger, für den die Heilige Schrift die entscheidende Norm und Berufungsinstanz seiner Verkündigung und Lehre ist, sie zeugen von seiner „tiefen Liebe zum Wort Gottes"[8]: Fast die Hälfte des Textes der *Collationes* besteht aus Bibelzitaten, darunter aus vielen Versen, die als „Lieblingszitate" des Thomas gelten können.[9]

(3) *Theologie im Ursprung*. – Dementsprechend erkennt Thomas auch den wesentlichen Sinn des Glaubensbekenntnisses und seiner Artikel darin, die für den Glauben zentralen Aussagen, die sich in der Heiligen Schrift finden, kurz und prägnant zusammenzufassen, „damit die Wahrheit des Glaubens allen vorgelegt werden kann und nicht jemand durch Unwissenheit von ihr abweiche".[10] Zugleich können die Glaubensartikel als Prinzipien fungieren, von denen her sich die Theologie nach wissenschaftlichem Muster entfalten läßt. Im Entwurf der Theologie als Wissenschaft unter dem Einfluß des Aristoteles und seines Denkens bestand ja eine der epochalen Leistungen des 13. Jahrhunderts – und zumal des Thomas von Aquin.[11]

Die Auslegungen zum Apostolischen Credo und seinen Artikeln repräsentieren in diesem Sinne nicht nur eine Selbstvergewisserung an den Quellen des christlichen Glaubens, sondern sind zugleich Zeugnis der Entfaltung der Theologie aus ihren Ursprüngen.

---

viatum geht auf Paulus, *Röm* 9,28, zurück. Zu diesem Topos vgl. J.-P. Torrell (1982), 235f. – Das *Compendium theologiae* ist neben den beiden großen Summen eine kurzgefaßte Gesamtdarstellung der Theologie, die Thomas wohl 1265-67 für seinen Sekretär Reginald von Piperno verfaßt hat.

[7] Zur Bedeutung der Heiligen Schrift für das Verständnis des Denkens des Thomas vgl. H.-G. Nissing (2017a), v.a. XXX-XL.

[8] J.-P. Torrell (1995), 93.

[9] Vgl. etwa *Joh* 1,1-18; *Lk* 23,43; *Bar* 3,38; *Phil* 2,5ff.; 1 *Tim* 4,2; *Hebr* 4,13; *Jes* 8,1; *Ijob* 36,26; dazu auch unten S. XLVIf.

[10] Vgl. Thomas, *S.th.* II-II 1,9 c.

[11] Vgl. dazu unten S. XXXVIII-XLV. – Zu den historischen Hintergründen vgl. insbesondere U. Köpf (1974).

(4) *Die doppelte Aufgabe des Theologen.* – Von Aristoteles her bezeichnet Thomas zu Beginn der *Summa contra Gentiles,* der wohl persönlichsten Darstellung seines eigenen Selbstverständnisses, die Aufgabe des Weisen, dem es zukommt, zu ordnen (*sapientis est ordinare*), als eine doppelte: er soll einerseits (a) die Wahrheit lehren (*veritatem [...] eloqui*) und andererseits (b) den Irrtümern widersprechen (*errorem [...] impugnare*).[12] Schon der Apostel Paulus hatte in seinem *Brief an Titus* die Aufgabe des Predigers, Hirten und Theologen in gleicher Weise beschrieben: „daß er fähig sei, [a] in der gesunden Lehre zu ermahnen, und [b] jene, die widersprechen, zu widerlegen" (*Tit* 1,9).[13]

Die Erklärung der Glaubenswahrheiten des christlichen Credo und ihre Profilierung im Kontrast zu Irrlehren und Häresien, wie sie seit den Anfängen der Kirche immer wieder auftauchten, wird daher zum konstitutivem Bestandteil nicht nur der großen theologischen Summen, sondern auch der *Collationes in Symbolum Apostolorum,* mit dem Thomas zugleich die Dogmengeschichte und ihre Entwicklung in seiner Verkündigung präsent macht.

(5) *Theologie und geistliches Leben.* – Vor allem jedoch ist es die besondere Aufgabe des Predigers, die in den Glaubensartikeln enthaltene Lehre in ihrem geistlichen Ertrag zugänglich zu machen, d.h. in einfacher und verständlicher Sprache darzulegen, welche Bedeutung ihr für das geistliche Leben und die Praxis der Gläubigen zukommt. In diesem Sinne läßt gerade die Predigtreihe zum Apostolischen Credo – und dies ist das Besondere dieses Textes – den Predigerbruder Thomas von Aquin in seiner Sorge um die Seelen (*cura animarum*) seiner Zuhörer und ihr Heil vernehmbar werden – und zeigt damit zugleich die eigentliche

[12] Vgl. Thomas, *S.c.G.* I 1 (n. 7). – Demgemäß das dem Werk vorangestellte Motto aus *Spr* 8,7: „Veritatem meditabitur guttur meum, et labia mea detestabuntur impium". – Vgl. als Hintergrund Aristoteles, *Sophistische Widerlegungen* 1 (165a24-27). – Mit dem Thema „Wahrheit" klingt dabei das „Lebensthema" des Thomas an.

[13] Vgl. dazu Thomas, *Super Ad Tit.* I 3 (n. 24): „Officium praelati est [...] pascere [...] per doctrinam veram. Et ideo dicit ‚ut sit potens exhortari in doctrina'. [...] Item ut custodiant contra haereticos. Et ideo dicit 'et eos qui contradicunt arguere', id est, convincere. Et hoc per studium sacrae Scripturae. II *Tim.* III, 16: 'Omnis Scriptura divinitus inspirata utilis est ad docendum, ad arguendum'. [...] Et haec duo secundum Philosophum pertinent ad opus sapientis, scilicet non mentiri de quibus novit, quantum ad primum; et mentientem manifestare posse, quantum ad secundum." – Zur breiten Rezeption von *Tit* 1,9 bei Thomas vgl. R.-A. Gauthier (1984), 289*-294*. – Vgl. dazu unten S. XLIXf.

pastorale Sinnspitze seines Werks an. Auch die *Summa theologiae* hatte Thomas ja keineswegs als Werk für den Universitätsbetrieb verfaßt, sondern als Hilfestellung für die sog. *fratres communes* des eigenen Ordens in der Seelsorge.[14]

Als persönliches Zeugnis seines Glaubens geben die *Collationes in Symbolum Apostolorum* zugleich einen einzigartigen Einblick in die Spiritualität des Thomas und lassen ihn als Persönlichkeit und Menschen in seiner Zeit vor Augen treten.[15] Dieser Aspekt erhält nicht zuletzt dadurch ein besonderes Gewicht, daß die *Collationes in Symbolum Apostolorum* im letzten Lebensjahr des Thomas entstanden sind und daher als „Summe" seines theologischen wie geistlichen Lebens und so gewissermaßen als seine „letzten Worte" gelten können.[16]

Die genannten fünf Merkmale mögen einen ersten groben Rahmen markieren, in dem die Predigten des Thomas zum Apostolischen Glaubensbekenntnis ihr besonderes Profil gewinnen können. Ergänzend dazu wollen die folgenden Ausführungen den Text, der in diesem Band in der Übersetzung von Josef Pieper, Heinrich Raskop und Hans Schulte vorgelegt wird, noch genauer in seine biographischen und werkgeschichtlichen Zusammenhänge einordnen: (1) Im Ausgang vom Selbstverständnis des Thomas als Predigerbruder, der sich mit seiner Tätigkeit unmittelbar auf den Spuren Christi und der Apostel sieht, werden zunächst (2) die Bedeutung des Predigens und der Predigten im Werk des Thomas allgemein erläutert, ehe (3) die *Collationes in Symbolum Apostolorum* und ihre besonderen Entstehungsbedingungen, (4) die textliche Grundlage der Auslegung, d.h. das Apostolische Glaubensbekenntnis und seine Bedeutung,

---

[14] Den historischen Anlaß seines Unternehmens bot Thomas wahrscheinlich der schlechte Ausbildungszustand der Dominikanerstudien, wie er ihn in Italien vorfand: vgl. dazu J.-P. Torrell (1995), 138f.

[15] Vgl. J.-P. Torrell (1982), 245: „S'il est vrai qu'il ne se met jamais en avant, pas plus dans sa prédication que dans le reste de son œuvre, il n'en reste pas moins qu'il est partout très présent, semblable à lui-même et pourtant un peu différent ici est là. Nous retrouvons dans les sermons le souci de l'essentiel et la passion de la vérité qui le charactérisent, mais on découvre aussi un homme très engagé dans les contingences de son milieu et de son temps. [...] Thomas s'exprime avec un parfait naturel et sa force de persuasion vient d'ailleurs." – Zu den verschiedenen sprachlichen Ausdrucksformen seines „style vivante et personelle" (Verwendung der 1. Person Singular und Plural, direkte Ansprache an die Zuhörer, Personalisierung von Einwänden etc.) vgl. L. Bataillon (2014), 130*-135*.

[16] Vgl. J.-B. Collins (1939), ix.

und schließlich (5) Aufbau und Struktur sowie (6) inhaltliche Schwerpunkte des Werks zur Sprache kommen.

1. Auf den Spuren Christi und der Apostel – Zum Selbstverständnis des Thomas von Aquin als Predigerbruder

(1) *Die Motive des Ordenseintritts.* – Ursprünglich von seinen Eltern als Oblate für das Benediktinerkloster Montecassino ausersehen, hatte Thomas von Aquin den Orden der Predigerbrüder zwischen 1239 und 1244 in Neapel kennengelernt und sich ihm angeschlossen.[17]

(a) Es gibt gute Gründe, anzunehmen, daß die erste und grundlegende Motivation, die ihn zum Ordenseintritt bewegte, die *Faszination für das Ideal radikal gelebter Armut* war, wie es durch die Mendikanten[18] repräsentiert wurde. Mit seiner Gründung hatte der hl. Dominikus ja die Ideen der evangelischen Armutsbewegung des 12. Jahrhunderts – das Bemühen um einen Rückgang auf die urkirchlichen Ursprünge in Armut, gemeinsamem Leben und Wanderpredigt – aufgenommen, von ihren häretischen Auswüchsen (Katharer, Albigenser) befreit und in kirchliche Bahnen gelenkt. Aussagen in späteren Schriften des Thomas lassen sich wie Reflexe eigener biographischer Erfahrungen seiner Berufung zu dieser Lebensform lesen.[19] Als Schlüsselmotiv taucht dabei wiederholt das von Hieronymus (347-420) geprägte Wort auf: „Nackt dem nackten Kreuze nachfolgen (*nudam crucem nudus sequi*)“[20]. Armut und „Nacktheit“

[17] Der Aufenthalt in Neapel war durch politische Gründe bedingt: Streitigkeiten zwischen Papst und Kaiser um Besitz und Zuständigkeit der seinerzeit prosperierenden Abtei Montecassino waren der Grund gewesen, Thomas auf Geheiß des Abtes um 1239, also im Alter von fünfzehn Jahren, nach Neapel zu schicken, damit er an der dortigen Universität seine Studien fortsetzen konnte.

[18] Die Bezeichnung leitet sich vom lateinischen „medicare“ = „betteln“ ab.

[19] Als zentrale Kriterien der Berufung, die einen jungen Mann zum Ordenseintritt bewegen, nennt Thomas dabei (1) das Hören auf das uns anredende Wort Gottes in der Heiligen Schrift sowie (2) das Sprechen Gottes in unserem Inneren durch den *instinctus Spiritus Sanctus*: vgl. *Contra retrah.* 9 (Z. 103-207). Von hier aus erklärt sich wohl nicht zuletzt die besondere Bedeutung, die Thomas den Gaben des Heiligen Geistes (vgl. *Jes* 11,1f.) in seiner Tugendlehre zuschreiben wird; vgl. dazu U. Horst (2017), v.a. 9-24.

[20] Vgl. v.a. Thomas, *Contra retrah.* 15 (Z. 102)., ferner 9 (Z. 135). – Hieronymus, *Epistula 58: Ad Paulinum* n. 2 (PL 22,580). – Vgl. U. Horst (2017),

der Lebensweise Christi, die in der „Nacktheit des Kreuzes" schließlich ihren Höhepunkt erreichen, sollen in der Nachfolge (*sequela*) der Bettelmönche so buchstäblich wie möglich nachgeahmt werden.[21] Als biblisches Vorbild gilt Thomas dabei der reiche Jüngling im Evangelium, dem Christus rät, alles zu verlassen, wenn er ihm nachfolgen will (vgl. *Mt* 19,16-26). In dieser Forderung Jesu erkennt er die „Summe aller Vollkommenheit (*summa perfectionis*)"[22].

(b) Hinzu kommt als zweites wesentliches Motiv die *Bedeutung von Predigt, Lehre und Seelsorge*. Im Eifer für sie findet die Nachfolge Christi ihren zentralen Ausdruck.[23] Denn die Armut befreit die Mendikanten von zeitlicher Sorge, sie gibt ihnen eine besondere Freiheit zum Studium und macht sie so in hervorragender Weise geeignet zum Lehren (*ad docendum*) und Predigen.[24] Lehre und Predigt aber stellen ein eigenes „Werk der Barmherzigkeit" (*actus misericordiae*) dar, das unter die „geistlichen Almosen" zu zählen ist.[25] – Wenn Thomas in diesem Zusammenhang eigens die Bedeutung des Studiums weltlicher Wissenschaft (*studium litterarum saecularium*) herausstellt[26], so ist damit ein besonderer Akzent markiert, mit dem er über die Aussagen der Konstitutionen seines Ordens deutlich hinausgeht. Diese hatten für die Ordensbrüder v.a. die Kenntnis der heiligen Schriften (*notitia Scripturarum*) gefordert, die Lektüre heidnischer Bücher indessen nur unter strengen Auflagen gestattet.[27]

Vor allem jedoch ist damit jener Grund kenntlich gemacht, in dem nicht nur die besondere Bedeutung des Studiums der Heiligen Schrift, sondern auch die Beschäftigung mit den Werken

---

60: Der Text des Kapitels „liest sich wie eine hymnisch-mystische Meditation, in der sich der Autor wie sonst nirgendwo öffnet".

[21] Vgl. Thomas, *Contra retrah.* 15 (Z. 89-92): „Inter alia vero crucis insignia apparet omnimoda paupertas in qua exterioribus rebus privatus est usque ad corporis nuditatem".

[22] Vgl. *ebd.* (Z. 66-72); ferner ders., *Super Matth.* XIX (n. 1598).

[23] Vgl. *ebd.*, XIX (n. 1598): „Et veni sequere me. Hic est finis perfectionis. Unde illi sunt perfecti, qui toto corde sequuntur Deum. […] Imitatio enim est in sollicitudine praedicandi, docendi, curam habendi."

[24] Vgl. ders., *Contra impugn.* 2 § 2 (Z. 194-199): „[A]d vacandum contemplationi praecipue religiosi sunt deputati; ergo ipsi per hoc quod sunt religiosi redduntur magis ad docendum idonei quam impediantur".

[25] Vgl. *ebd.* (Z. 224f.): „[D]ocere est actus misericordiae, unde inter elemosynas spirituales computatur".

[26] Vgl. *ebd.* 11 § 3 (Z. 119-122).

[27] Vgl. *Constitutiones antiquae* D. II, c. 28 (Z. 361). – Vgl. U. Horst (2017), 295.

des Aristoteles für Thomas ihre Wurzel hat.[28] Treffend hat Josef Pieper daher die *Bibel* und *Aristoteles* gleichermaßen als die beiden Grundpfeiler kenntlich gemacht, aus denen das Gedankengebäude des Thomas von Aquin erwächst.[29]

(2) *Ein Lebensweg im Dienst des Ordens.* – Bekanntlich geschah die Entscheidung für die damals neue und offenbar für die jungen Leute seiner Generation höchst attraktive Lebensform der Mendikanten nicht ohne Widerstand der eigenen Familie, die ihn auf der heimischen Burg Roccasecca für ein Jahr gefangensetzte und ihn mit verschiedenen Mitteln von seinem Entschluß abzubringen versuchte.[30] Reminiszenzen dieser Ereignisse in späteren Schriften zeigen hier die „Spuren schwerer Kämpfe", aber auch Radikalität und „Härte und Entschlossenheit" des jungen Mannes.[31]

Die Aufnahme in den Orden der Predigerbrüder im April 1244 und die damit verbundenen Aufgaben geben dem weiteren Lebensweg des Thomas Ziel und Richtung: Nach den Studien in Paris (1245-1248) und Köln (1248-1252), wo er in Albertus Magnus (1200-1280) einen kongenialen Lehrer findet, der ihn nicht zuletzt in der „Hochschätzung der Philosophie" (U. Horst) unterstützt, und wo er zum Priester geweiht wird, ist er im Dienst des Ordens in Frankreich und Italien unterwegs und mit der Organisation des Studienbetriebs, dem Aufbau von Studienhäusern und dem Verfassen von Lehrplänen beschäftigt.[32] Ab 1260 ist ihm ferner das

---

[28] Bereits in Neapel hatte Thomas die Schriften des Aristoteles durch Magister Martin und Petrus von Irland kennengelernt (vgl. Wilhelm von Tocco, *Ystoria* 6, Z. 8ff.). Während der Gefangenschaft auf Roccasecca soll er die logischen Schriften des Aristoteles studiert haben (vgl. *ebd.* 10, Z. 6f.).

[29] Vgl. J. Pieper (2001b), 174. – Das Bild von Thomas als „christlichem Aristoteliker" greift also zu kurz: vgl. *ebd.*, 191ff.

[30] Bereits zu Lebzeiten des Thomas kursierte mit dem Bericht in der *Vitae fratrum* (1259/60) des Gerard von Frachet ein Bericht, der in der Folge verschiedentlich ausgeschmückt wurde. Vgl. dazu U. Horst (2017), 20-24. – Zu dem anekdotisch berichteten Verführungsversuch durch eine Dirne, die Thomas vom Verbleib abbringen sollte, vgl. die Interpretation J. Piepers (2005a), 30ff.

[31] U. Horst (2017), 294, weist v.a. auf das in *Contra retrah.* 9 (Z. 279-298) oder in *S.th.* II-II 101,4 angeführte Hieronymus-Zitat hin: „[S]elbst wenn die Mutter mit gelöstem Haar und zerrissenen Kleidern dir die Brüste zeigt, die dich genährt haben, selbst wenn der Vater sich an der Türschwelle niederwirft, so stürme über den zu Boden getretenen Vater nach vorn und eile trockenen Auges unter das Banner des Kreuzes (*ad vexillam crucis*), denn es ist ein Beweis der Frömmigkeit (*pietatis*), in dieser Sache grausam zu sein". – Vgl. Hieronymus, *Epistula 14 Ad Heliodorum* n. 2 (PL 22,348).

[32] Gute Anhaltspunkte für die Wege, die Thomas zurücklegte, sind die

Amt des Generalpredigers der römischen Ordensprovinz anvertraut.[33] Orvieto (1261-1265), Rom (1265-1268) und Neapel (1259-1261 [?] und 1272-1273) heißen die Stationen, an denen Thomas sich nie mehr als zwei bis drei Jahre aufhält - womit er auch persönlich an der Dynamik seines Zeitalters wie seines Ordens teilnimmt.

Der Orden der Predigerbrüder war ja (a) als ein ortsunabhängiger Personalverband ohne Besitz und feste Einkünfte organisiert, der sich (b) in seiner Existenzsicherung im Wesentlichen auf Betteln und Seelsorge stützte.[34] Er repräsentierte damit eine völlig neue Form des Mönchtums, die ihren natürlichen Ort (*oikeios topos*) nicht mehr in der Abgeschiedenheit des Landes, sondern in den Städten, den neu aufstrebenden kulturellen Zentren der damaligen Zeit mit ihren Zünften, Universitäten und gotischen Kathedralen hatte und den sozialen, wirtschaftlichen und kulturellen Wandlungen des 12. und 13. Jahrhunderts entsprach.[35] Die Städte waren für die Mendikanten der Ort, die Menschen zu suchen und zu finden und ihnen das Wort Gottes zu predigen.

Fixpunkte des unruhigen Lebens als Wanderprediger sind für Thomas die beiden Lehrtätigkeiten als Bakkalaureus und Magister an der theologischen Fakultät der Pariser Universität (1252-1259 und 1268-1272). Als eine der zentralen Aufgaben stellt sich ihm hier die theologische Rechtfertigung der Existenzweise der Bettelorden gegen Vertreter der Professorenschaft aus dem Weltklerus. Deren Ablehnung einer zunehmenden Inkorporierung der Mendikanten in das Kollegium der Pariser Universität, mit der nicht zuletzt sehr handfeste, ökonomische Interessen verbunden waren, hatte zu einer grundsätzlichen Bestreitung der Legitimität der Bettelorden geführt.[36] Der

---

Belege von seiner Teilnahme an den Ordenskapiteln in den entsprechenden Akten: vgl. J.-P. Torrell (1995), 115-119.

[33] Vgl. N. Ayo (1988), 2: „In this office […] Thomas was responsible for arranging and overseeing all of the preaching by the Dominican Order of Preachers in that entire geographical area throughout the church year".

[34] Als weitere Kennzeichen kommen (c) die egalitäre Organisation und (d) die unmittelbare Unterstellung unter die päpstliche Autorität hinzu, die das Mendikantentum vom klassischen Mönchtum benediktinischer Provenienz mit (a) seiner *stabilitas loci*, (b) bewirtschaftetem Grundbesitz, (c) der Leitung durch einen Abt und (d) der klösterlichen Autonomie und Autarkie unterscheiden. - Vgl. dazu U. Horst (2000).

[35] Zum zeitgeschichtlichen Kontext vgl. v.a. M.-D. Chenu (1982), 3-82.

[36] So hatte Wilhelm von St. Amour (1200/10-1272) in seiner Schrift *De periculis novissimorum temporum* die Bettelorden als Phänomen der Endzeit gedeutet und als Bedrohungen gesehen, die vom Antichrist ausgingen und

Streit selbst wurde in zwei Phasen geführt und flammte nach einer ersten Etappe um 1256 in den 1270er Jahren wieder auf. Während es in der ersten Phase (a) um die Existenz des neuen Ordenstandes als solche ging, kreiste die zweite Phase vor allem (b) um seine Einordnung in den Rahmen der bestehenden kirchlichen Hierarchie.[37]

Thomas' im Zusammenhang des sog. „Mendikantenstreits" verfaßten Schriften dienten dabei „gewiß zunächst der Verteidigung einer neuen religiösen Existenzweise und der Ermöglichung auf ihr basierender pastoraler und intellektueller Aktivitäten", d.h. „als Apologie des Ordens", müssen zugleich aber auch als „die erste Selbstreflexion des Predigerordens" gelesen werden: „[E]s geht ihnen zuvorderst um eine wissenschaftlich betriebene Theologie als Voraussetzung einer der Zeit angepaßten Pastoral, aber auch um die Grundlegung der persönlichen religiösen Existenz jedes einzelnen Dominikaners"[38].

Darüber hinaus ist gerade der zweite Pariser Aufenthalt für Thomas verbunden mit intensiven Auseinandersetzungen um die rechte Deutung der Philosophie des Aristoteles und deren Vereinbarkeit mit dem christlichen Glauben mit den sog. „lateinischen Averroisten", die an der philosophischen Fakultät lehrten (Siger von Brabant, 1235/40-1284, Boethius von Dacien, +1284). Die dabei diskutierten Probleme (a) der menschlichen Freiheit, (b) der Allgemeinheit der göttlichen Vorsehung, (c) der Ewigkeit der Welt und (d) der Individualität der menschlichen Geistseele (aufweisbar in der Reflexion auf das *ego intelligo*) haben das Zentrum ihrer Fragestellung gleichfalls in der menschlichen Person, ihrer eigentümlichen Geistigkeit und Existenz.[39]

---

die von Paulus angekündigten Pseudo-Prediger darstellten. Gegen ihren Anspruch, vom Betteln zu leben und sich ganz dem Studium und der Lehre zu widmen, bestand das Heilmittel gegen diese Gefahr nach Wilhelm darin, sie in ihre Klöster zurückzuschicken, wo sie wieder mit ihren Händen arbeiten sollten. – Zum Ganzen vgl. J.-P. Torrell (1995), 94-109.

[37] Möglicherweise liegt gerade hierin einer der Gründe für die Rückkehr des Thomas nach Paris – war es doch außergewöhnlich, daß ein Magister zweimal an derselben Fakultät lehrte. – Zum Ganzen vgl. J.-P. Torrell (1995), 195-199.

[38] U. Horst (2017), 297. – Mit Recht hat man gesagt, Thomas habe dem Dominikanerorden mit seinen Schriften eine theologische Legitimation in der Gesamtkirche gegeben, die „ihn beinahe ebenso prägte, wie das die Verfassung von 1228 auf rechtlicher Ebene getan hatte" (U. Horst [1995], 10).

[39] Aus diesen Auseinandersetzungen stammen u.a. die Streitschriften *De unitate intellectus* (1270) und *De aeternitate mundi* (1272). – Die Aristoteles-Kommentare hingegen, die ebenfalls in dieser Zeit entstanden sind, haben

(3) *Die Rechtfertigung des Ordensideals und sein entscheidender Maßstab: das Leben Christi und der Apostel.* – Der zentrale und alles entscheidende Gesichtspunkt in seiner theologischen Rechtfertigung des Ordensideals[40] ist dabei für Thomas das Vorbild der Lebensweise Christi (*conversatio Christi*). Mit dieser christologischen Begründung unterscheidet er sich deutlich von den eher aszetischen Konzeptionen anderer Ordensregeln.[41]

„Actio Christi fuit nostra instructio", lautet die bündige Formel in der *Summa theologiae*, die in ihrer Betrachtung des Lebens Jesu der *conversatio Christi* eine eigene Quaestio (q. 40) widmet. Sie bildet den eigentlichen Nukleus seiner Überlegungen und enthält „die tiefste Fundierung des Predigerideals"[42]. Zugleich zeigt sich in ihr jene besondere Aufmerksamkeit für die Bedeutung des irdischen Lebens Jesu, wie sie sich bereits biographisch fassen läßt[43] und auch die innovative Konzeption der Christologie der *Tertia Pars* der *Summa theologiae* mit ihrer ausführlichen Betrachtung der „Mysterien des Lebens Jesu" motiviert haben mag.

Ausgehend vom dreifachen Zweck der Menschwerdung Christi, der darin besteht, (a) dem Menschen den Weg zur Wahrheit zu offenbaren, (b) ihn von der Sünde zu befreien und (c) ihm einen Zugang zu Gott zu eröffnen, erhält das irdische Leben Christi seine Konturen dadurch, daß es (a) nicht das Leben eines Eremiten war, da Christus öffentlich auftreten und predigen mußte, (b) daß es ein Wanderleben war, da er wie ein Hirt den verlorenen Schafen nachging und wie ein Arzt die Kranken besuchte, und (c) daß er freundschaftlichen Umgang mit den Menschen pflegte (*familiariter cum hominibus conversando*), um ihnen Vertrauen zu vermitteln und sie durch menschliches Verhalten an sich zu ziehen[44] – was u.a. auch eine Angleichung an das gewöhnliche Alltagsleben,

ihren „Sitz im Leben" nicht in den anti-averroistischen Streitigkeiten, sondern sind das Produkt einer „Schreibtischarbeit", die Thomas zumeist aus eigener Initiative und zur Vertiefung der eigenen Anschauungen als *opus sapientiae* unternommen hat. Vgl. dazu R.-A. Gauthier (1984), 288*-294*.

[40] Vgl. hierzu ausführlich U. Horst (1992), (1999) und (2006).

[41] Vgl. U. Horst (2017), 76: „Weder in der Regel Benedikts noch in der Augustins werden die Gelübde auf das Verlangen zurückgeführt, die Räte des Evangeliums buchstäblich zu erfüllen und in die Nachfolge des Herrn zu treten. Beide sprechen ausführlich über die Armut, aber keine bindet sie an das Exempel des *Christus pauper*."

[42] U. Horst (2017), 50.

[43] Vgl. *ebd.*, 76: „Die Verehrung des irdischen Herrn war es, die das jugendliche Gemüt begeistert und die Hinwendung zu den Predigern angeregt hat."

[44] Vgl. Thomas, *S.th.* III 40,1 c.; vgl. ferner III prol.

etwa in Essen und Trinken, umfaßte[45]. Beschauung und öffentliche Tätigkeit sind in diesem Leben miteinander verbunden – und nicht zufällig taucht im Zusammenhang der Betrachtungen jene Formel auf, unter der Thomas das dominikanische Ideal summarisch zusammenfassen sollte: *Contemplata aliis tradere* – „Das in der Beschauung Erworbene anderen weitergeben"[46]:

> *Es war nicht unangemessen, daß Christus nach dem Fasten und nach dem Wüstenaufenthalt zum gewöhnlichen Leben zurückkehrte. Dies entspricht nämlich einem Leben, in dem jemand das in der Beschauung Erworbene anderen weitergibt (contemplata aliis tradit). Von ihm heißt es, Christus habe es angenommen, da er zunächst sich der Beschauung hingab und anschließend zu öffentlicher Tätigkeit herabschritt, um mit den anderen zusammenzuleben.*[47]

Bemerkenswerterweise findet sich in den Erörterungen zur Lebensweise Christi auch ein Reflex des Armutsstreites, wenn Thomas die vom Herrn praktizierte gewöhnliche Lebensweise (*communis vitae modus*) für mit der extremen Armut (*maxima paupertas*) unvereinbar erklärt, wie sie von Seiten radikaler franziskanischer Kreise vertreten worden war.[48] Die Armut ist für Thomas kein Selbstzweck, sondern ein Mittel, um der Seelsorge zu dienen.[49] Zentraler Gesichtspunkt ist vielmehr das Werk des Predigens:

> *Die Prediger des Wortes Gottes müssen, um sich ganz der Predigt widmen zu können, der weltlichen Sorgen völlig enthoben sein. Denen aber, die Reichtümer besitzen, ist das nicht möglich. Daher sagte der Herr zu seinen Aposteln, als er sie zum Predigen aussandte: „Nehmt weder Gold noch Silber mit" (Mt 10,9). Und die Apostel selbst sagen: „Es ist nicht angemessen, daß wir das Wort Gottes hintansetzen und uns um die Tische [d.h. karitative Dienste, hier v.a. die Versorgung der Witwen der Urgemeinde] kümmern" (Apg 6,2).*[50]

---

[45] Das asketische Leben Johannes des Täufers dient hierbei als Kontrastfolie: vgl. *ebd.*, III 40,2 c. + ad 1 + ad 2.

[46] Vgl. *ebd.*, II-II 188,6 c.

[47] *Ebd.*, III 40,2 ad 3. – Daher widmen sich die folgenden beiden Quaestionen der Versuchung (q. 41) und der Lehre Christi (q. 42).

[48] Thomas, *S.th.* III 40,3 ad 2.

[49] Zur Diskussion um die Armut als wesenhaften Bestandteil (*pars essentialis*) oder Mittel der Vollkommenheit (*instrumentum perfectionis*) des Mendikantentums vgl. U. Horst (2017), 81-92.

[50] *Ebd.* III 40,3 c.

Dementsprechend sieht Thomas sich selbst und seine dominikanischen Mitbrüder unmittelbar in der Nachfolge der Apostel, denen Christus bei ihrer Aussendung das Gebot der Armut als erstes mit auf den Weg gegeben hatte.[51] Paradigmatische Bedeutung als Vorbild für die Gemeinschaft der Predigerbrüder kommt daher dem armen Leben der Jerusalemer Urgemeinde zu, von der es in der *Apostelgeschichte* (4,32.34f) heißt: „Die Gemeinschaft der Gläubigen war ein Herz und eine Seele. Niemand von ihnen besaß etwas für sich, sondern es war ihnen alles gemeinsam."[52] Diese Ursprünge der *ecclesia primitiva* haben, wie Thomas in einer eigenen kirchenhistorischen Einlassung zeigt, auch für die christliche Nachfolge der folgenden Jahrhunderte eine bleibend normative Relevanz gehabt.[53] So kann er summarisch sagen:

> *Darin besteht das apostolische Leben: alles zu verlassen, um die Welt zu durcheilen und zu predigen und das Evangelium zu verkünden.*[54]

2. Die Predigten im Werk des Predigerbruders Thomas von Aquin

(1) *Die dreifache Aufgabe des theologischen Magisters.* – Einen eigentümlichen Resonanzboden findet dieses Selbstverständnis des Predigerbruders Thomas in jenen institutionellen Rahmenbedingungen, wie sie bereits zu Beginn des 13. Jahrhunderts von den Statuten der Pariser Fakultät für die Magistri der Theologie formuliert worden waren: diesen oblag die dreifache Aufgabe, zu lesen (*legere*), zu disputieren (*disputare*) – und zu predigen (*praedicare*).[55] Die Predigt bildete dabei – für ein heutiges Verständnis ungewöhnlich – den Abschluß oder die eigentliche Frucht der wissenschaftlichen Arbeit. Sie war den Lehrern der Theologie als Pflicht vorgeschrieben.[56] Ihre apostolische Sendung stellte die Predigerbrüder mithin von selbst in eine unmit-

---

[51] Vgl. Thomas, *Contra retrah.* 15 (Z. 137-301).

[52] Zur Bedeutung des Vorbildes der *ecclesia primitiva* für die evangelische Armutsbewegung des Hochmittelalters vgl. M.-D. Chenu (1982), 39-45.

[53] Vgl. Thomas, *Contra retrah.* 15 (Z. 302ff.).

[54] Thomas, *Contra impugn.* 4 (Z. 885-887): „Haec fuit vita apostolica ut relictis omnibus per mundum discurrerent evangelizando et praedicando".

[55] Vgl. Petrus Cantor, *Verbum abbreviatum* I (PL 205,25A-B): „Erst nach der *lectio* der Heiligen Schrift und erst nach der Prüfung der zweifelhaften Punkte in der *disputatio* sollte man predigen, und nicht vorher."

[56] Vgl. dazu *Chartularium Universitatis Parisiensis* (ed. Denifle/Chatelain), II, Nr. 1188-1190. – Zum Ganzen vgl. J.-P. Torrell (1995), 89f.

telbare Nähe zum geistigen Leben der Universität - und in der Tat haben die dominikanischen Studienhäuser historisch einen wesentlichen Einfluß auf die Entwicklung der Hochschulen gehabt (wie in Paris[57]) oder bildeten sogar selbst ihre eigentliche Keimzelle (wie in Köln[58]).

Um die Bedeutung zu ermessen, die der Predigt im Verständnis des 13. Jahrhunderts zukam, ist vor allem *das Neue* zu berücksichtigen, das sich mit dieser Verkündigungsform verband.[59] Bis zur Mitte des 12. Jahrhunderts hatte die Predigt, von wenigen Ausnahmen abgesehen, in der Lektüre oder „Rezitation" von Homilien der Kirchenväter oder von ihnen inspirierter Kommentare zur Heiligen Schrift bestanden.[60] Im 13. Jahrhundert nun gewannen das Amt des Predigers (*munus praedicandi*) und das damit verbundene Ideal einen eigenen Wert, wobei nicht zuletzt die bereits erwähnten soziologischen Faktoren - das Aufstreben des Bürgertums in den Städten und der Drang nach Bildung - eine Rolle spielten:[61] Das Predigen wurde nunmehr verstärkt verstanden als Dienst am Heilsauftrag der Kirche, als Sendung zum Heil der Seelen (als *cura animarum*) und zum Aufbau der Kirche. Es wurde in seiner Wichtigkeit mitunter gar parallelisiert mit der Spendung der Sakramente. Dementsprechend stellte sich die Frage nach der Autorisierung des Predigers, wie sie auch im Mendikantenstreit diskutiert wurde. War das Wort der Heiligen Schrift zentraler Bezugspunkt aller Verkündigung[62], so hatte der Prediger als Vermittler der geoffenbarten Botschaft nicht nur deren umfassende Kenntnis nötig, wozu ein intensives Studium diente, sondern auch eine entsprechende innere moralische Disposition: „La prédication était alors une fonction religieuse, elle engageait toute la personne et toute la vie de prêcheur"[63]. Als Kunst (*ars*) verstanden, war das Predigen ebenso an logische Fähigkeiten gebunden, wie an die Gnade Gottes.[64] Schließlich ging es nicht nur darum,

[57] Vgl. M.-D. Chenu (1982), 10-15 und 35f.

[58] Vgl. W.-P. Eckert (1961).

[59] Vgl. hierzu grundlegend J. Leclercq (1946); ferner L.-J. Bataillon (1988).

[60] Vgl. J. Leclercq (1946), 105.

[61] Vgl. U. Horst (2017), 297: „Angesichts der Unbildung des Klerus und einer mündig werdenden Stadtbevölkerung spielt die Predigt eine besondere Rolle."

[62] Vgl. J. Leclercq (1946), 112, mit einer zeitgenössischen Definition der Predigt: „Praedicatio vero est verbi Dei publica annuntiatio iubens honesta, prohibens illicita."

[63] *Ebd.*, 144.

Gottes.[64] Schließlich ging es nicht nur darum, Erkenntnis zu vermitteln, sondern auch die Affekte anzusprechen und die Herzen zur Verehrung Gottes zu bewegen.[65]

Ein Reflex dieser Entwicklung findet sich in der Antrittsvorlesung des Thomas, dem sog. *Principium biblicum*, mit der er im Jahr 1256 seine Tätigkeit als Magister an der Universität Paris begann. Im Ausgang vom *Psalmwort* 103,13: „Du tränkst die Berge aus deinen Kammern, aus deinen Wolken wird die Erde satt" entwickelt Thomas hier seine Aufgabe als theologischer Lehrer und Prediger, indem er (1) über die Größe der geistlichen Lehre, wie sie sich in der Heiligen Schrift findet, (2) die Würde ihrer Lehrer, (3) die erforderlichen Voraussetzungen von Seiten der Schüler und (4) über die Ordnung (oder Regeln) ihrer Mitteilung spricht. Nach dem Psalmwort teilt sich (1) die göttliche Weisheit, im Vers durch das Bild der Wolken symbolisiert, dergestalt mit, daß sie sich zunächst (2) in den Verstand der Lehrer ergießt, die durch das Bild der Berge versinnbildlicht werden, und durch deren Tätigkeit mit ihren Strömen (3) den Verstand der Zuhörer, im Psalmwort: die Erde, tränken. - In diesem Zusammenhang kommt Thomas auch auf die drei Aufgaben des Magisters und die ihnen entsprechende persönliche Disposition zu sprechen:

> *Alle Lehrer des Heiligen Schrift müssen [...] hochgemut sein durch ein hervorragendes Leben (alti per vitae eminentiam), so daß sie geeignet sind, wirksam zu predigen. Denn, wie Gregor der Große in seiner Pastoralregel sagt: „Wessen Leben verächtlich ist, dessen Predigt wird notwendig verworfen werden". [...] Nicht aber kann das Herz angetrieben noch in Gottesfurcht festgemacht sein, außer es ist in der Höhe des Lebens befestigt.*
>
> *Auch müssen sie erleuchtet (illuminati) sein, so daß sie in geeigneter Weise durch die Lesung lehren [...]*
>
> *Auch müssen sie gewappnet (muniti) sein, so daß sie die Irrtümer durch die Disputation widerlegen [...].*

[64] *Ebd.* enthält eine Reihe von Texten des 13. Jahrhunderts, die eine solche *Ars praedicandi* bzw. eine „Theologie der Predigt" enthalten; vgl. dazu M.G. Briscoe/B.H. Jaye (1992).

[65] Besondere Quelle der mittelalterlichen Prediger und ihrer Spiritualität war Gregor der Große (540-604), und zwar nicht allein durch seine *Regula pastoralis*, sondern durch seine Homilien und v.a. die *Moralia in Iob*. Augustin mit *De doctrina christiana* IV war demgegenüber eher für die Spätantike von Einfluß gewesen: vgl. *ebd.*, 137f.

> *Und von diesen drei Aufgaben, nämlich des Predigens, Lesens und Disputierens, heißt es im Titusbrief (1,9): „Auf daß er kraftvoll sei zu ermahnen" im Hinblick auf die Predigt, „in der gesunden Lehre" im Hinblick auf die Lesung, „und den Widersprechendem zu widerstehen" im Hinblick auf die Disputation.*
> *[...] Aber auch wenn jemand aus sich selbst heraus einem solchen Dienst nicht genügt, so kann er dennoch Genügen von Gott erhoffen [...]. So lasset uns beten. Dies gewähre uns Christus. Amen.*[66]

Mit der Dreiteilung von *lectio, disputatio* und *praedicatio* ist dabei zugleich eine grundlegende Kriteriologie benannt, anhand derer sich das akademische Schaffen des Thomas und dessen literarischer Niederschlag ordnen läßt. Unter dem Gesichtspunkt der o.g. Hinordnung aller wissenschaftlichen Tätigkeit auf die Predigt wäre es aufschlußreich, nicht nur die thomanischen Schriftkommentare[67], sondern auch seine Auslegungen zu Aristoteles oder die großen *Quaestiones disputatae* über die Wahrheit, die Tugenden oder die Seele als „Vorarbeiten" für die Verkündigung und Seelsorge zu verstehen.

(2) *Zwei Arten von Predigten.* – Was die Predigten des Thomas selbst betrifft, so lassen sie sich – seiner sozusagen „doppelten Identität" als Predigerbruder und Professor entsprechend – in zwei verschiedene Gattungen unterscheiden:

(a) So sind zum einen *Einzelpredigten* überliefert, die Thomas als Magister an der Universität gehalten hat. Von ihnen lassen sich nur wenige mit Sicherheit seiner Autorschaft zuschreiben. In mühevoller editorischer Arbeit hat L.-J. Bataillon 20 authentische Universitätspredigten identifiziert.[68] „Die Datierung dieser Predigten ist oft sehr schwierig. Man kann aufgrund der

---

[66] Thomas, *Princ. I* (n. 1213f.).

[67] Vgl. hierzu L.-J. Bataillon (1986). Spuren des Weges „von der *lectio* zur *praedicatio*" lassen sich etwa daran erkennen, daß die theologischen Magistri den Priestern nicht nur Arbeitsinstrumente wie Konkordanzen und Lexika zur Erschließung des Bibeltextes zur Verfügung stellten, sondern in ihre Schriftkommentare oft ganze Predigten, Predigtentwürfe oder -zusammenfassungen einfügten. Ein treffendes Beispiel bietet der allererste Schriftkommentar des Thomas, die wohl bereits in Köln verfaßte Auslegung zum Propheten Jesaja. Ferner bot ihm die Kompilation aus Kirchenvätertexten, die er mit der *Catena aurea* angefertigt hatte, ein reiches Arsenal für die eigene Predigttätigkeit, von der er Gebrauch zu machen wußte: vgl. L.-J. Bataillon (1974).

[68] Vgl. L.-J. Bataillon (1988).

manchmal angegebenen Orte (Bologna, *coram universitate*; Mailand, *coram clero et populo civitatis*; Paris, *coram universitate*) Vermutungen anstellen. Paris ist der wahrscheinliche Ort für mindestens zwölf Predigten [...], da sie sich in einer Predigtsammlung aus Paris befinden; es ist also wahrscheinlich, daß die anderen ohne Ortsangabe auch in Paris gehalten wurden."[69] Eine eigene Schwierigkeit im Hinblick auf die Überlieferung ergibt sich außerdem dadurch, daß Thomas anders als etwa sein franziskanischer Kollege Bonaventura (1221-1274)[70] keine systematische Zusammenfassung seiner Predigten in Sammlungen betrieben hat. Der Form nach sind sie schließlich bisweilen nur in einer gerüstartigen Zusammenfassung tradiert, die vielleicht ein Zehntel der eigentlich gehaltenen Predigten ausmacht.[71]

(b) Zum anderen existieren vier *Predigtreihen*, namentlich zum *Vaterunser*, dem *Ave Maria*, den *Zehn Geboten* und eben dem *Apostolischen Glaubensbekenntnis*. Während die Predigten an der Universität auf Latein gehalten wurden, sind diese Predigtreihen wohl ursprünglich in der Volkssprache gehalten worden. Und im Unterschied zu ersteren ist jede dieser Reihen durch mindestens 80 Textzeugen belegt, da sie (wie bereits eingangs gesagt) mitunter als Opuscula, d.h. als kleine systematische Traktate, angesehen und tradiert wurden. Von den Auslegungen zum Credo existieren sogar etwa 140 Textzeugen.[72]

(3) *Zur Bezeichnung der Predigten als „collationes"*. – Ihre Bezeichnung als *collationes*, unter der sie bereits in den ältesten Katalogen genannt werden[73], trägt dabei nicht zuletzt dieser Eigen-

---

[69] J.-P. Torrell (1995), 91.

[70] Vgl. Bonaventura, *Sermones dominicales (*ed. J. Bougerol).

[71] Vgl. dazu die ausführlichen Informationen in Band 44,1 „Sermones" der *Editio Leonina*: L.-J. Bataillon (2014). – Zu älterer Literatur zum Predigtwerk des Thomas vgl. J.-P. Torrell (1982), 213, Anm. 2. – Von den Universitätspredigten des Thomas sind verschiedene Anekdoten überliefert, so u.a. der Vorfall, daß er bei seiner Predigt am Palmsonntag 1259 durch einen Pedell namens Guillot unterbrochen worden sei, der die Schrift Wilhelms von St. Amour gegen die Bettelmönche bekannt machen wollte. In einem Brief an den Bischof von Paris verlangte Papst Alexander IV. (1199-1261) daraufhin eine Bestrafung des Pedells durch Exkommunikation, Streichung seines Gehalts und Enthebung von seinem Posten: vgl. dazu *Chartularium Universitatis Parisiensis* (ed. Denifle/Chatelain), Nr. 342; *Fontes vitae s. Thomae Aquinatis. VI. Documenta* Nr. 16.

[72] Vgl. J. Weisheipl (1996), 348. – Eine noch breitere Überlieferung mit 277 Manuskripten ist für die kleine Schrift *De articulis fidei* bezeugt, die ebenfalls eine Auslegung zum Credo enthält.

[73] Sie taucht bereits in der ersten offiziellen kanonischen Liste der Wer-

schaft als Predigtreihe Rechnung.[74] Der Begriff selbst geht auf monastische Traditionen zurück: „[A]u temps de Saint Thomas la Collatio, en tant que prédication, est une brève instruction qui prend place dans la soirée, aux approches de la petite réfection qui précedait les Complies dans les ordres religieuses, en temps de jeûne, et qui a donnée finalement son nom de collation au repas lui-même."[75] Von dort wurde der Begriff auf die Praxis an der Universität übertragen. Hier bezeichnete er die ausführlichere Form jener Predigt, die in Kurzform bereits am Morgen als *sermo* gehalten worden war, und ihren Ort am Abend in der Vesper hatte.[76]

3. Die Predigtreihe zum Apostolischen Glaubensbekenntnis – Zeit und Umstände ihrer Entstehung und Überlieferung

Biographisch fallen die *Collationes in Symbolum Apostolorum* in das letzte Lebensjahr des Thomas von Aquin. Im Frühjahr 1272 hatte Thomas Paris verlassen. Die Zeit seines zweiten Lehraufenthalts (1268-1272) war, wie gesehen, eine Zeit intensiver akademischer Auseinandersetzungen und extensiver schriftstellerischer Produktion gewesen. In einer Art literarischer „Explosion"[77] waren nicht nur die Streitschriften gegen die Gegner des Mendikantentums und die Vertreter des „lateinischen Averroismus" entstanden, sondern auch die Kommentare zum Matthäus- und zum Johannesevangelium, die umfangreichen *Quaestiones disputatae* über das Böse, über die Tugenden und über die Inkarnation, ferner der Hauptteil, die *Secunda pars*, der *Summa theologiae* – und nicht

ke des Thomas auf, die Bartholomäus von Capua für die Kanonisation erstellt hatte: vgl. *Fontes vitae s. Thomae Aquinatis. IV. Processus canonizationis* (ed. Laurent), Nr. LXXXV: „Si autem sibi alia adscribantur, non ipse scripsit et notavit, sed alii recollegerunt post eum legentem, vel praedicantem, puta: [...] Collatones de [...] Credo in Deum". "

[74] Vgl. J.-P. Torrell (1982), 219, Anm. 24: „1. Collationes est utilisé pour désigner une série de prédications sur une même thème [...]. 2. Collationes peut désigner encore des sermons modèles assez brefs."

[75] P. Mandonnet (1924), 198f.

[76] J.-P. Torrell (1982), 219: „La collatio est une prédication complémentaire qui se donnait l'après-midi à Vêpres et permettait à l'orateur de développer la deuxième partie de son sujet [...]. D'origine patristique (on se rappelle le Collationes de Jean Cassien), cette coutume de la collatio était encore très vivante dans la pratique monastique; de là, elle était passée dans l'usage universitaire."

[77] J.-P. Torrell (1995), 246.

zuletzt die zwölf großen Aristoteles-Kommentare. „Als er Paris […] siebenundvierzigjährig verläßt, ist er ein verbrauchter Mann. Wenn man […] nur die schriftstellerische Ausbeute dieser drei Jahre bedenkt, versteht man kaum, wie sie von einem einzelnen Menschen zustandegebracht werden konnte."[78]

Vom Kapitel seiner Provinz war Thomas beauftragt worden, ein Generalstudium an einem beliebigen Ort mit ausgesuchten Studenten zu organisieren. So kehrt er „an den Ort seiner ersten Entscheidungen zurück, nach Neapel – wo ihn, schon nach gut einem Jahr, wieder ein päpstlicher Auftrag erreicht, der Auftrag zur Teilnahme an dem Allgemeinen Konzil, das im Frühjahr 1274 in Lyon eröffnet werden soll. Auf dem Wege dorthin ist er dann erkrankt und bald darauf gestorben, am 7. März 1274, noch nicht fünfzig Jahre alt."[79]

In Neapel entstanden noch die *Kommentare zu den Briefen des Apostels Paulus* und die unvollendet gebliebene *Psalmenauslegung*, ferner der dritte christologische Teil der *Summa* mit seinen schon erwähnten, „in der mittelalterlichen Theologie einzigartigen Quästionen über die Geheimnisse des Lebens Christi"[80]. Spuren dieser Tätigkeit finden sich auch in der Predigtreihe zum Apostolischen Glaubensbekenntnis, etwa in den Ausführungen zu den christologischen Glaubensartikeln oder auch in der überaus häufigen Zitierung des Psalters. Als „Schlußpunkt" hinter dem Werk des Thomas haben sie dafür gesorgt, daß er den Zeitgenossen und Zeitzeugen „als Prediger in Erinnerung"[81] blieb.

Wie bereits erwähnt, sind die *Collationes in Symbolum Apostolorum* vermutlich in Neapel in der Fastenzeit 1273 gehalten worden, d.h. zwischen dem 22. Februar und dem 9. April jenes Jahres.[82] Bereits in den ältesten Biographien sowie bei den Zeugenaussagen des Heiligsprechungsprozesses von 1323 finden sich entsprechende Auskünfte. Sie berichten von Predigten in seiner Muttersprache (*in illo suo vulgari natalis soli*)[83], die Thomas die gesamte Fastenzeit

---

[78] J. Pieper (2001b), 268f.

[79] *Ebd.*, 167. – Vgl. den von Thomas gern zitierten und in einem Autograph erhaltenen Vers aus *Sir* 1,7: „Ad locum unde exeunt, flumina revertuntur".

[80] U. Horst (2017), 307.

[81] *Ebd.*

[82] Vgl. hierzu grundlegend P. Mandonnet (1924), 199, der von einer Einheit der Predigtreihen zu *Credo, Vaterunser, Ave Maria* und *Zehn Geboten* ausgeht. – Vgl. ferner N. Ayo (1988), 1ff.

[83] Vgl. Wilhelm von Tocco, *Ystoria* 48 (Z. 7). – Zur Bezeugung weiterer Predigten: vgl. *Fontes vitae s. Thomae Aquinatis. IV. Processus canonizationis* (ed. Laurent), Nr. LIII: Wilhelm von Tocco (126-127).

hindurch (*per totam unam quadragesimam*)[84] täglich (*quolibet die*) gehalten habe und seitens der Bevölkerung von Neapel reichen Zulauf hatten (*quasi totus populus civitatis Neapoli [...] ad dictam praedicationem confluebat*).[85] Demnach nimmt man an, daß Thomas in der Pfarrkirche San Domenico Maggiore, vermutlich am späten Nachmittag, gepredigt hat.[86]

Die insgesamt fünfzehn Predigten selbst sind allerdings als *reportationes*, d.h. als Mitschriften eines Hörers oder Sekretärs, in lateinischer Sprache erhalten. In diesem Falle wurden sie von Reginald von Piperno (ca. 1230-ca. 1290), der ab 1259 Thomas als Sekretär und *socius continuus* begleitete, mitgeschrieben.[87] Thomas selbst hat diese Mitschrift wohl nicht noch einmal korrigiert.[88] Spätere Überarbeitungen haben überdies versucht, den Text einem scholastischen Traktat anzugleichen[89] und ihm dadurch teilweise seinen ursprünglichen Predigtstil genommen[90], so daß man gesagt hat, in ihrer jetzigen Gestalt sei mehr das

---

[84] Vgl. *ebd.*, Nr. LXX: Johannes Blasius (362): „[V]idit ipsum per totam unam quadragesimam praedicantem oculis clausis, contemplativis et directis ad caelum."

[85] Vgl. *ebd.*, Nr. LXXXVII: Johannes Coppa (391): „[E]t per totam quadragesimam dicti anni vidit et audivit eum praedicantem [...] ita quod quolibet die praedicabat [...] et tanta erat devotio quod odor famae suae sanctitatis quod propter hoc quasi totus populus civitatis Neapolis, quolibet die, ad dictam praedicationem confluebat". – Vgl. *ebd.*, Nr. XCIII: Petrus Branchatius (399); Nr. LVIII : Wilhelm von Tocco (345): „[E]t audivit eum praedicantem et legentem, et magnus populus confluebat cum devotione ad audiendum praedicationem suam".

[86] Vgl. dazu die minutiösen Überlegungen von P. Mandonnet (1924), 199: „Le soleil se couchant, à cette époque de l'année, de 5 à 6 heures du soir, la collation devait vraisemblement avoir lieu avant les Complies, c'est-à-dire une petite heure plus tôt." – Vgl. ferner dazu R. Sorgia (1976), 5-9. – Skeptischer dagegen J.-P. Torrell (1985), 13, der darauf hinweist, daß keines der 138 Manuskripte eine Bemerkung zur Fastenzeit und zu Neapel enthält.

[87] Vgl. N. Ayo (1988), 3: „It is, of course, possible that Thomas had made brief sermon-notes for himself, and delivered the sermons in the vernecular, using these notes all the while. In that case, Reginald may have had both some notes and the fuller vernacular transcript that he himself took down."

[88] *Ebd.*, 4: „When a reportatio was subsequently corrected by the speaker, it was then called a lectura. Such a corrected version of the secretary's record resembled more closely a written work of the author".

[89] Vgl. dementsprechend die Herausgabe als „Kleiner Katechismus des Heiligen Thomas von Aquin" (ed. Portmann/Kunz, 1882).

[90] Hierzu gehört etwa der Aufruf zum Gebet am Ende jeder Predigt als „residue of the oral version of the church as it was once delivered in the church" (N. Ayo [1988], 5).

Echo der Stimme des Thomas als diese selbst zu hören.[91] Gleichwohl wird die Authentizität der Predigten und ihres Inhalts nicht bestritten: „They more or less adequately give us the mind and heart of St. Thomas Aquinas upon the Apostles' Creed".[92]

Mit Blick auf die Gewohnheit, täglich zu predigen, geht man davon aus, daß die Neapolitaner Predigtreihe in der Fastenzeit 1273 überdies die Auslegungen zum *Vaterunser* und möglicherweise zum *Ave Maria* umfaßt hat – hingegen wohl nicht jene zu den *Zehn Geboten*.[93] Letztere nennen in ihrem Vorwort freilich den entscheidenden Gedanken, der eine systematische Lesart und dementsprechend in der Überlieferung eine organische Zusammenfassung mit den anderen Predigtreihen begünstigt hat:

> *Drei Dinge sind für den Menschen heilsnotwendig:*
> *[1] die Kenntnis dessen, was er glauben muß,*
> *[2] die Kenntnis dessen, um was er beten muß, und*
> *[3] die Kenntnis dessen, was er tun muß.*
> *[1] Das erste wird im Glaubensbekenntnis gelehrt,*
> *[2] das zweite im Gebet des Herrn,*
> *[3] das dritte aber im Gesetz.*[94]

Ihren Ursprung hat diese Unterscheidung im *Enchiridion* des Augustinus (354-430), einem Handbüchlein für die katechetische Unterweisung.[95] Thomas selbst hat sie dem Aufbau seines *Com-*

---

[91] So der Editor der *Leonina*, H. Dondaine, nach *ebd.*, 4; vgl. parallel dazu die Bemerkungen zu den *Collationes De decem praeceptis* bei J.-P. Torrell (1986), 18.

[92] N. Ayo (1988), 5: „The text we have consists of [1] a somewhat abbreviated version of a series of vernacular catechetical sermon-conferences, [2] translated into Latin, and [3] further redacted to conform to an outline format."

[93] Vgl. zu dieser Annahme P. Mandonnets (1924), 200ff., korrigierend J.-P. Torrell (1981), 217 Anm. 17: „Parmi les nombreuses difficultés auxquelles se heurte cette proposition [...], il y a le fait que nul témoin au procès de canonisation n'a mentionné cette prédication sur le Décalogue." – Vgl. N. Ayo (1988), 2, der darauf hinweist, daß 60 Predigten „ein schwerer Zeitplan für einen einzigen Prediger (*a heavy schedule for one preacher*)" gewesen wären. Darüber hinaus spricht die Tatsache, daß diese Predigtreihe von einem andere Reportator – Petrus von Andria – überliefert ist, eher dafür, sie in Rom zu verorten.

[94] Thomas, *Collationes in decem praeceptis* prol. (n. 1128).

[95] Vgl. Augustinus, *Enchiridion* 1 (CCL 46,49): „Quonam modo sit colendus Deus? Hic si respondero fide spe caritate colendum Deum, profecto dicturus es brevius hoc dictum esse quam velis, ac deinde petiturus ea

pendium theologiae zugrunde gelegt.[96] Auch deshalb erscheint eine systematische Lesart der thomanischen Predigtreihen plausibel, weil den drei theologischen Tugenden Glaube, Hoffnung und Liebe (vgl. 1 *Kor* 13,12), die hier als Bezugspunkte der Unterscheidung dienen, zusammen mit den vier Kardinaltugenden eine zentrale Rolle im Entwurf der besonderen Moraltheologie in der *Summa theologiae* II-II zukommt: sie sind nicht nur (a) einzig durch göttliche Offenbarung bekannt und werden (b) allein von Gott eingegossen, sondern haben vor allem (c) Gott zum Gegenstand und ordnen den Menschen in rechter Weise auf ihn als auf das Ziel seines Strebens hin.[97]

4. Das Thema der Predigten: das Apostolische Glaubensbekenntnis

(1) *Herkunft und Überlieferung*. – Schon seit der Zeit der Alten Kirche galt das Apostolische Glaubensbekenntnis als gern verwendete Grundlage von Predigt und Katechese – bildete es doch „die einfachste und älteste aller Formulierungen des Glaubens"[98]. Seinen ursprünglichen „Sitz im Leben" hatte es in der Feier der Taufe, es war „das alte, für die Taufkandidaten vorgesehene Glaubensbekenntnis der Kirche von Rom"[99] Aus dem ursprünglichen Ritus des dreimaligen Erfragens des Be-

tibi breviter explicari quae ad singula tria ista pertineant, quid credendum scilicet, quid sperandum, quid amandum sit."

[96] Vgl. Thomas, *Comp. theol.* 1 (Z. 33-46): „Ut igitur tibi, fili carissime Reginalde, compendiosam doctrinam de Christiana religione tradam, quam semper prae oculis possis habere, circa haec tria in praesenti opere tota nostra versatur intentio. Primum de fide, secundo de spe, tertio vero de caritate agemus. Hoc enim et apostolicus ordo habet, et ratio recta requirit. Non enim amor rectus esse potest, nisi debitus finis spei statuatur; nec hoc esse potest, si veritatis agnitio desit. Primo igitur necessaria est fides, per quam veritatem cognoscas; secundo spes, per quam in debito fine tua intentio collocetur; tertio necessaria est caritas, per quam tuus affectus totaliter ordinetur."

[97] Vgl. Thomas, *S.th.* I-II 62,1 c. mit der Erklärung ihrer Bezeichnung als „theologische" oder „göttliche Tugenden.

[98] H. de Lubac (1975), 9. – Zu weiterer Literatur zum Apostolischen Credo vgl. R. Knapiński (1998), 17, Anm. 4.

[99] *Ebd.*, 33. – Vgl. Ambrosius von Mailand, *Explanatio fidei* 3 (7; CSEL 73): „Es ist das Symbolum, das die römische Kirche bewahrt, wo Petrus, der erste der Apostel, seinen Sitz hatte und wohin er die gemeinsame Glaubenslehre gebracht hat". – Parallel dazu geht das „große" Nizäno-Konstantinopolitanische Glaubensbekenntnis auf das alte Taufsymbolum von Jerusalem zurück: vgl. H. de Lubac (1975), 45.

kenntnisses („Glaubst du an den Vater?", „Glaubst du an den Sohn?", „Glaubst du an den Heiligen Geist?")[100] erklärt sich seine dreigliedrige, trinitarische Grundstruktur, die unmittelbar auf den letzten Auftrag Jesu an seine Jünger vor der Himmelfahrt zurückweist:

> *Geht und macht alle Völker zu meinen Jüngern; tauft sie auf den Namen des Vaters und des Sohnes und des Heiligen Geistes (Mt 28,19).*[101]

Seine *Bezeichnung* als *symbolum Apostolorum* ist zuerst im Umkreis von Ambrosius von Mailand (339-397) belegt.[102] Seine Zurückführung auf die *Autorschaft der Apostel* findet sich daneben bei Rufinus von Aquileia (+ 410)[103] und Leo dem Großen (um 400-461).[104] Von hier aus erlangte im Mittelalter die Legende eines gallikanischen Predigers aus dem 6. Jahrhundert große Popularität, in der die *Zwölfzahl der Glaubenssätze* des Credo mit der Zwölfzahl der Apostel in Verbindung gebracht wurde:

> *Am zehnten Tag nach der Himmelfahrt waren die Jünger versammelt in Furcht vor den Juden. Da sandte ihnen der Herr den verheißenen Heiligen Geist. Alle wurden wie von glühendem Feuer entflammt; und mit der Wissenschaft aller Sprachen erfüllt, verfaßten sie das Glaubensbekenntnis.*
>
> *Petrus sagte: Ich glaube an Gott, den Vater, den Allmächtigen [...]. Andreas sprach: Und an Jesus Christus, seinen Sohn [...]. Jakobus sagte [...]. Thaddäus sagte: Die Auferstehung des Fleisches [...]. Matthias sagte: Und das ewige Leben [...].*
>
> *So durch den Heiligen Geist wie Gold durch Feuer geprüft, zogen die Apostel, die sich bisher für unwürdig gehalten hatten, mutig aus, um aller Kreatur das Evangelium zu verkünden, wie der Herr es ihnen geboten hatte.*[105]

---

[100] Vgl. *ebd.*, 44ff. mit den entsprechenden Belegen aus der Kirchenväterliteratur.

[101] Zur Überlieferung in zwei Versionen, der *traditio romana – textus receptus*, vgl. D. Sattler (³1993); N. Ayo (1988), 171-174.

[102] Ambrosius von Mailand, *Epistula* 42,5 (PL 16,1125B), *Epistula extra collectionem* 15 (CSEL 82/3, 302-311).

[103] Rufinus, *Commentarius in symbolum Apostolorum* 2 (CCL 20,434).

[104] Leo der Große, *Praefatio symboli ad electos* (PL 74,1088).

[105] Ps.-Augustinus, *Sermo* 240, 1-2, (PL 39,2189). – Übersetzung bei H. de Lubac (1975), 17f. – Weiterführend beschreibt Isidor von Sevilla (+ 636) die Mission der Apostel, Beatus von Liébana (+ nach 798) die Orte ihrer Mission.

Die dem Text dadurch zugeschriebene Dignität wurde überdies liturgisch durch ein entsprechendes „Fest der Trennung" oder der „Zerstreuung der Apostel" unterstrichen, das im Mittelalter in Frankreich, Deutschland und Ungarn gefeiert wurde.[106] Noch Thomas' Lehrer Albertus Magnus (1200-1280) ist die Legende geläufig: In seinem Traktat *De sacrificio missae* benutzt er sie als einen Bildrahmen, um jeden einzelnen Artikel zu erklären.[107]

Vor allem fand die Zuordnung der Glaubensartikel zu den Aposteln in einer Vielzahl ikonographischer Darstellungen ihren Ausdruck - wobei diese in verschiedenen Varianten geschehen konnte, so daß einem Apostel mal dieser, mal jener Glaubensartikel zugeschrieben wurde. Nicht nur sollte mit dieser Zuschreibung die Kontinuität des christlichen Glaubens mit den apostolischen Ursprüngen und seine Gründung auf die Autorität der Apostel verbürgt werden,[108] die Apostel selbst erschienen damit als Personifizierungen der Glaubenswahrheiten.[109] - Mit Hilfe zusätzlicher Analogisierungen - mit den zwölf (kleinen) Propheten, den zwölf Patriarchen, den zwölf Steinen aus dem Jordan, die den Israeliten in Kanaan zur Erbauung eines Altars dienten (vgl. *Jos* 3-5), oder den zwölf Grundsteinen der himmlischen Gottesstadt (vgl. *Offb* 22) - ließ sich darüber hinaus eine Identität des Glaubens und der Offenbarung bis zurück zu den alttestamentlichen Ursprüngen und bis hinein in die Endzeit deutlich machen - wo die Apostel als Wächter über den Toren des himmlischen Jerusalem erscheinen.[110]

(2) *Seine Bedeutung nach Thomas*. - Für den Predigerbruder Thomas von Aquin, der sich in seiner Mission unmittelbar in den Spuren der Apostel sah, war das Apostolische Glaubensbekenntnis, wie eingangs erwähnt, *zum einen* von grundlegender Relevanz, weil es den Gegenstand (*obiectum*) des christlichen Glaubens, wie er sich in der Heiligen Schrift findet, in einer

[106] Vgl. H. de Lubac (1975), 18.

[107] Vgl. Albertus Magnus, *De sacrificio missae* (ed. Borgnet 38,60-66).

[108] Vgl. parallel dazu die Rückführung der verschiedenen Schriften des Neuen Testaments auf die Apostel als Bürgen ihrer Wahrheit: So galten die Evangelisten Matthäus und Johannes selbst als Apostel, Markus als Schüler des Petrus und Lukas als Schüler des Paulus etc.

[109] In diesem Sinne dienten etwa auch die Apostelleuchter an den Säulen der Kirchen in Anknüpfung an die biblische Bezeichnung der Apostel als „Säulen" (vgl. *Gal* 2,9) dazu, die ständige Anwesenheit der Apostel sichtbar zu machen und den Eindruck zu erwecken, „als ob die Apostel selbst die Katechese verkündeten" (R. Knapiński [1998], 24).

[110] Vgl. H. de Lubac (1975), 21-27, mit weiteren Beispielen.

kurzen und summarischen Weise zusammenfaßt und so eine ideale Basis für Verkündigung und Predigt bietet (= 4.1). – Zum anderen konnten seine Artikel (*articuli fidei*) aber auch als Prinzipien fungieren, auf deren Grundlage sich die Theologie als Wissenschaft nach aristotelischem Muster entfalten läßt (= 4.2).

4.1. *Das Credo als Zusammenfassung der Glaubenslehre der Heiligen Schrift*

(1) *Der Gegenstand des Glaubens.* – Gegenstand des Glaubens (*obiectum fidei*) ist, so Thomas, die erste Wahrheit (*veritas prima*).[111] Denn auf die Erkenntnis der Wahrheit ist der Mensch durch sein Verlangen nach Wissen und Erkenntnis natürlicherweise hingeordnet. So heißt es schon im berühmten ersten Satz der *Metaphysik* des Aristoteles: „Omnes homines natura desiderant scire"[112].

Anders als beim Wissen (*scientia*) ist diese Wahrheit beim Glauben jedoch nicht aus Eigenem zugänglich. An die Stelle der eigenen Einsicht tritt vielmehr der Anschluß an die Erkenntnis eines anderen – wodurch (a) mit einer *personalen* zugleich (b) eine *willentliche* Dimension der „Zustimmung" (*assensus*) ins Zentrum des Glaubensaktes tritt: (a) Glauben heißt stets: *jemandem* etwas glauben. (b) Und Glauben heißt: „mit Zustimmung bedenken" (*cum assensione cogitare*).[113] Daher kann man im Glauben auch eine „sichere Erkenntnis" (*certa cognitio*) der Wahrheit haben, die den Glauben von anderen geistigen Habitus (dem Meinen, Zweifeln, Vermuten) unterscheidet.[114] Als Angelpunkt seiner Überlegungen

---

[111] Vgl. Thomas, *S.th.* II-II 1,1 c. – Vom Objekt des Glaubens her (q. 1) wird über den inneren und äußeren Glaubensakt (q. 2-3) der Glaube als Habitus in sich selbst, in seinem Träger, in seinen Ursachen und in seinen Wirkungen (q. 4-7) bestimmt mit den ihm entsprechenden Gaben des Heiligen Geistes (Einsicht und Wissenschaft, q. 8-9), den ihm entgegengesetzten Lastern (Unglaube, Häresie, Abfall, Gotteslästerung, Sünde gegen den Heiligen Geist, Blindheit des Geistes und Stumpfheit des Sinnes, q. 10-15) sowie den ihm zugeordneten Geboten (q. 16).

[112] Vgl. Aristoteles, *Metaphysik* I 1 (980a21).

[113] Vgl. Thomas, *S.th.* II-II 2,1 c. in Aufnahme der Definition Augustins, *De praedestinatione sanctorum* 2 (PL 44,963). – Näherhin wird der Glaubensakt mit der augustinischen Dreifachunterscheidung „credere Deo – credere Deum – credere in Deum" bestimmt (vgl. *Sermones ad populum* 144,2 [PL 38,788] vgl. *S.th.* II-II 2,2). – J. Pieper verweist zur Illustration der o.g. Doppelstruktur des Glaubens auf John Henry Newmans Wort: „We believe, because we love" (2006), 218.

[114] Vgl. Thomas, *S.th.* II-II 2,1. – Das verbleibende Beieinander von Gewißheit und Ungewißheit im Glaubensakt als „‚Denk-Unruhe' trotz unbe-

gilt Thomas dabei die Definition des Glaubens nach *Hebr* 11,1, wo der Glaube als „Wesen der zu erhoffenden Dinge und Grund des nicht Offenbaren (*substantia sperandarum rerum, argumentum non apparentium*)" bestimmt wird.[115] Sie macht zugleich deutlich, daß der Glaube den Menschen schon in diesem Leben in die Lage versetzt, das letzte Ziel seines Strebens nach Erkenntnis anfanghaft zu ergreifen, das er erst im Ewigen Leben vollständig erreichen kann: eben die erste Wahrheit.[116] Zugänglich wird diese erste Wahrheit dem Menschen in Aussagen (*enuntiationes, iudicia*).[117] Solche Aussagen sind zunächst einmal (a) die Aussagen der *Heiligen Schrift*. In ihnen findet sich die „erste Wahrheit", die in der Offenbarung Gottes mitgeteilt ist, in objektiver Weise - weshalb die Heilige Schrift als erste und wesentliche „Glaubensregel" (*regula fidei*) gilt, die alles zum Heil Notwendige in sich enthält.[118] - Neben sie treten (b) die Aussagen der *Lehre der Kirche* (*doctrina fidei*) als eine zusätzliche Vermittlungsinstanz[119], die als solche zwar eine abgeleitete Größe ist, da sie aus der Schrift her-

---

dingter Zustimmung" beschreibt eindrücklich J. Pieper (2006), 226-229.

[115] Vgl. *ebd.*, II-II 4,1 c. - Nach Thomas bezeichnet diese Definition den Glauben als „einen Habitus des Geistes, durch den in uns das Ewige Leben beginnt, und der uns dem Nicht-Offensichtlichen zustimmen läßt (*habitus mentis, qua inchoatur vita aeterna in nobis, faciens intellectum assentire non apparentibus*)". - Alle anderen Glaubens-Definitionen, die sich in der theologischen Tradition der Kirche finden, gelten ihm als *explicationes* der Bestimmung in *Hebr* 11,1.

[116] In ihm ist enthalten eine „Bewegung der überlegenden Seele, die noch nicht durch die volle Schau der Wahrheit vollendet ist (*motus animi deliberantis nondum perfecti per plenam visionem veritatis*)"; vgl. *S.th.* II-II 2,1 c. - Dabei ist eigens zu betonen, daß nach Thomas der Glaube nicht dort anfängt, wo das Wissen aufhört. Vielmehr offenbart Gott dem Menschen auch solche Wahrheiten, die prinzipiell auf dem Weg der natürlichen Vernunft erkannt werden können: vgl. *ebd.*, II-II 1,5 c., die jedoch durch den Glauben leichter zugänglich sind. Hierzu gehört etwa die Existenz Gottes oder der Seele u.a.m.; vgl. *ebd,*. II-II 1,5 c.

[117] Vgl. Thomas, *S.th.* II-II 1,2 c.: „Denn das Erkannte wird nach Art des Erkennenden erkannt. Es ist aber die eigentümliche Weise des menschlichen Verstandes, verbindend und trennend [d.h. in Form von Urteilen bzw. Aussagen] die Wahrheit zu erkennen (*ut componendo et dividendo veritatem cognoscat*). [...] Der Gegenstand des Glaubens ist daher etwas in der Weise des Aussagbaren Zusammengesetzes (*aliquid complexum per modum enuntiabilis*)". - Zu den damit verbundenen hochmittelalterlichen Kontroversen um die *res-* und *enuntiabile*-Theorie und ihren Entsprechungen in der modernen Logik vgl. H.-G. Nissing (2006), 419-430.

[118] Vgl. Thomas, *S.th.* II-II 5,3 c.; I 1,8 ad 2.

[119] Vgl. *ebd.*, II-II 5,3 c.: „Formale autem obiectum fidei est veritas prima, secundum quod manifestatur in Scripturis sacris et doctrina Ecclesiae".

vorgeht[120] und ohne engste Beziehung zu ihr nicht existiert. Für die Gläubigen bildet sie jedoch die direkte Glaubensregel, da die Schrift selbst nicht die erforderliche Klarheit besitzt, um erste Regel sein zu können: In der Heiligen Schrift ist die Glaubenswahrheit, so Thomas, nur „undeutlich (*diffuse*)" und „auf verschiedene Weisen (*variis modis*)" enthalten, „in mancher Hinsicht ist sie dunkel (*in quibusdam obscure*)", so daß man ein langes Studium braucht, um sie zu Tage zu fördern.[121]

(2) *Die Aufgabe des Glaubensbekenntnisses.* – Ihre allen zugängliche Gestalt hat die Lehre der Kirche daher auf vornehmste und verbindlichste Weise im *Glaubensbekenntnis* und seinen *Artikeln* gefunden.

(a) In ihnen „verdichtet" sich die „erste Wahrheit" in einer *leicht faßbaren* und der Heiligen Schrift gegenüber *klareren* Form. Dem Glaubensbekenntnis kommt somit eine wichtige hermeneutische Funktion zu: es verhindert, daß „jemand aus Unwissenheit von der Glaubenswahrheit abkommt"[122].

(b) Inhaltlich besteht es aus nichts anderem, als aus *Schriftaussagen* und enthält *summarie* das, was alle glauben müssen.[123] So kann das Glaubensbekenntnis als Leitfaden für alle dienen, die sich einem intensiven Schriftstudium nicht widmen können. Seine Abfassung war daher notwendig.

(c) Aber auch deshalb kommt dem Symbolum[124] eine wichtige pastorale Aufgabe zu, weil es in Zeiten bedrohlicher *Irrlehren* auf für alle verständliche Weise das Glaubensgut vorlegt. Neu aufgetretene Häresien haben im Laufe der Kirchengeschichte die Abfassung *neuer Bekenntnisse* veranlaßt, die sich untereinander lediglich durch eine *plenior explicatio* unterscheiden.[125] Die durch neue Irrtümer erforderlich werdende „Neuformulierung (*nova editio*)" des

---

[120] *Ebd.*: „Unde quicumque non inhaeret, sicut infallibili et divinae regulae, doctrinae Ecclesiae, quae procedit ex veritate prima in Scripturis sacris manifestata […]" .

[121] Vgl. *ebd.*, II-II 1,9 ad 1.

[122] *Ebd.*, II-II 1,9 c.

[123] Vgl. *ebd.*, II-II 1,9 ad 1: „Et ideo fuit necessarium ut ex sententiis sacrae Scripturae aliquid manifestum summarie colligeretur quod proponeretur omnibus ad credendum. Quod quidem non est additum sacrae Scripturae, sed potius ex sacra Scriptura assumptum." – Vgl. hierzu die entsprechenden Rekonstruktionen bei H. de Lubac (1975), 35ff.

[124] Zur Worterklärung vgl. *ebd.*, II-II 1,9 c.: „Necessarium fuit veritatem fidei in unum colligi […]. Et ab huiusmodi collectione sententiarum fidei nomen symboli est acceptum."

[125] Vgl. Thomas, *S.th.* II-II 1,9 ad 2; ad 4; ferner II-II 1,10 ad 1.

Glaubensbekenntnisses obliegt der Autorität des Papstes.[126] - So ist das Apostolische Credo auch die Grundlage für die Auslegung des kirchlichen Glaubens, die Thomas allerdings durch wiederholte Seitenblicke auf das „Große Glaubensbekenntnis" (das sog. *symbolum patrum* oder Nizäno-Konstantinopolitanum) ergänzt.[127]

(d) Seine *apostolischen Ursprünge* gelten Thomas dabei (ähnlich wie im Falle der Heiligen Schrift) als wesentliche Gewähr für die Echtheit des Symbolums und die Kontinuität zu den Anfängen des Glaubens.[128]

(3) *Die innere Ordnung der Glaubensartikel.* - Die einzelnen Glaubensartikel (*articuli fidei*) versteht Thomas als ein „Gefüge von unterschiedlichen Teilen (*quaedam coaptatio aliquarum partium distinctarum*)"[129], die im Verhältnis eines Enthaltenseins und einer inneren Ableitbarkeit stehen. D.h. die im Credo aufgezählten Wahrheiten „fügen" sich wie die Glieder eines Leibes so ineinander, „daß sie zusammen ein organisches, mit einer inneren Einheit begabtes Ganzes"[130] bilden. Ihre entscheidende Leitperspektive besitzen sie im Heil und in der Glückseligkeit des Menschen, im Ewigen Leben:

---

[126] Vgl. *ebd.*, II-II 1,10 c.: „Hoc autem pertinet ad auctoritatem summi pontificis. [...] Unde et Dominus, *Luc.* XXII, Petro dixit, quem summum pontificem constituit, 'Ego pro te rogavi, Petre, ut non deficiat fides tua, et tu aliquando conversus confirma fratres tuos'." Dieser Artikel der *Summa* ist seit dem 16. Jahrhundert „der bevorzugte Ort einer sich entfaltenden systematischen Ekklesiologie" (U. Horst [2017], 231) - Vgl. im o.g. Sinne zum Athanasischen Glaubensbekenntnis, das in seinem Stil mehr *per modum doctrinae* verfaßt sei: *ebd.*, II-II 1,10 ad 3.

[127] Vgl. *ebd.*, II-II 1, 9 ad 6 mit Hinweisen auf den entsprechenden liturgischen Gebrauch: „[S]ymbolum patrum est declarativum symboli apostolorum, et etiam fuit conditum fide iam manifestata et Ecclesia pacem habente, propter hoc publice in Missa cantatur. Symbolum autem apostolorum, quod tempore persecutionis editum fuit, fide nondum publicata, occulte dicitur in prima et in completorio, quasi contra tenebras errorum praeteritorum et futurorum."

[128] Vgl. *ebd.*, II-II 1,10 ad 1. - Vgl. auch *Coll. in Symb. Apost.* 4 (n. 897).

[129] Thomas, *S.th.* II-II 1,6 c.: „Nomen articuli ex Graeco videtur esse derivatum. Arthron enim in Graeco, quod in Latino articulus dicitur, significat quandam coaptationem aliquarum partium distinctarum. [...] Unde et credibilia fidei Christianae dicuntur per articulos distingui inquantum in quasdam partes dividuntur habentes aliquam coaptationem ad invicem." - Zum Begriff und seiner Herkunft vgl. L. Hödl (1962).

[130] H. de Lubac (1975), 30.

Alle Artikel sind einschlußweise (implicite) in bestimmten ersten Glaubenswahrheiten enthalten, wie wenn man glaubt, daß Gott ist und daß er seine Vorsehung walten läßt zum Heil der Menschen (circa hominum salutem), wie es in Hebr 11,6 heißt: „Wer sich Gott naht, muß glauben, daß er ist und daß er denen, die ihn suchen, ein Vergelter ist".

Im göttlichen Sein ist nämlich all das eingeschlossen, von dem wir glauben, daß es in Gott ewiglich existiert, im Glauben an die göttliche Vorsehung aber ist all das eingeschlossen, was zeitlich von Gott zum Heil der Menschen (ad hominum salutem) verfügt wird und was Weg zur Glückseligkeit (via in beatitudinem) ist.

Und auf diese Weise sind auch einige der nachfolgenden Artikel in anderen enthalten, wie im Glauben an die menschliche Erlösung einschlußweise auch die Menschwerdung Christi und sein Leiden und anderes dergleichen enthalten ist.[131]

Dementsprechend stellt Thomas die systematische Gliederung der Artikel des Glaubensbekenntnisses, die er an verschiedenen Stellen seines Werkes vorgelegt hat[132], stets unter den leitenden Gesichtspunkt des Heils der Seelen – am deutlichsten in *S.th.* II-II 1,8 c.:

[D]asjenige gehört an sich zum Glauben, dessen Schau wir im Ewigen Leben genießen, und das, wodurch wir zum Ewigen Leben geführt werden. Zweierlei aber wird uns dort zu schauen vorgestellt, nämlich

[1] das Verborgene der Gottheit, deren Schau uns selig macht (cuius visio nos beatos facit);

[2] und das Geheimnis der Menschheit Christi, durch die wir „zur Herrlichkeit der Söhne Gottes Zutritt haben", wie es in Röm 5,2 heißt.

Daher heißt es in Joh 17,3: „Dies ist das Ewige Leben, daß sie

[1] dich, den wahren Gott, erkennen,

[2] und den du gesandt hast, Jesus Christus."

Und daher besteht die erste Unterscheidung des zu Glaubenden darin, daß

[1] einiges sich auf die Majestät der Gottheit bezieht,

[2] einiges dagegen auf das Geheimnis der Menschheit Christi.

---

131 *Ebd.*, II-II 1,7 c. – Leitbild ist bereits hier die aristotelische Wissenschaftstheorie; vgl. ebenso II-II 1,6 ad 1, und den nächsten Abschnitt.

132 Insgesamt sechsmal findet sich im Gesamtwerk des Thomas eine solche Gliederung, und zwar in: (1) *Super III Sent.* d. 25, 1,2 (ca. 1256); (2) *Comp. theol.* 246 (ca. 1259); (3) *De articulis fidei et ecclesiae sacramentis* (ca. 1260er); (4) *Expositio primae decretalis* E 31 (ca. 1260er); (5) *S.th.* II-II 1,8 (1271/2); (6) *Coll. in Symb. Apost.* (1273).

Ausgehend von dieser Grundunterscheidung gelangt Thomas zu einer Gliederung der Glaubensartikel, die freilich nicht mehr an der trinitarischen Struktur des Credo orientiert ist, sondern „die natürliche und ursprüngliche, von der Tradition überkommene Abfolge der Artikel umstürzt"[133]. Wenn er dabei eine Zählung sowohl von *zwölf*, als auch von *vierzehn* Artikeln vorlegt und seine Gliederungen in den verschiedenen Schriften keineswegs einheitlich entwirft, so spiegelt sich darin zugleich eine gewisse Flexibilität und Elastizität wider, mit der im 13. Jahrhundert mit der Zählung und Unterscheidung der *articuli fidei* umgegangen wurde.[134]

Den *Collationes in Symbolum Apostolorum* selbst schickt Thomas allerdings einleitend keine eigene Gliederung voran. Er kommentiert vielmehr die einzelnen Glaubensartikel der Reihe nach, wobei die Anzahl der Predigten eine Zählung von vierzehn Artikeln nahelegt.[135] Darüber hinaus referiert er abschließend als „Summe" eine systematische Einteilung des Credo in zwölf Artikel, deren Unterscheidung der Gliederung der Predigten allerdings weitestgehend entspricht. In den bisherigen lateinischen Editionen der Predigtreihe zum Credo ist dieser Text nicht vorhanden. Er ist ein Ergebnis der historisch-kritischen Arbeit der Editio Leonina:[136]

---

[133] H. de Lubac (1975), 32, der diese Einteilung als „theoretisch und abstrakt" bezeichnet und ihren „völlig künstliche[n] Charakter" etwa daran festmacht, „daß sie die Heiligung des Menschen und das ewige Leben zur Sprache bringt, noch bevor sie Jesus Christus eingeführt hat." – Dagegen spricht freilich, daß Thomas die genannte Unterscheidung etwa in *De art. fid.* I (Z. 14-19) unter ein explizit christologisches Vorzeichen stellt: „In primis igitur vos scire oportet, quod tota fides Christiana circa divinitatem et humanitatem Christi versatur. Unde Christus voce Ioannis loquens ait, *Ioan.* XIV,1: 'Creditis in Deum, et in me credite.' Circa utrumque autem horum a quibusdam sex, a quibusdam septem articuli distinguuntur: et sic omnes articuli secundum quosdam duodecim, secundum quosdam quatuordecim esse dicuntur".

[134] Zum Ganzen vgl. J. Goering (1998), 128: „[I]t is very difficult to find any two authors who agree in the specific divisions of the articles". Goering findet den Ursprung der 14er-Zählung, die auf der Unterscheidung von (a) Gottheit, (b) Menschheit Christi basiert, in den Pariser Schulen der 1220er Jahre belegt, etwa bei Philipp dem Kanzler und Hugo von St. Cher. Neben dieser im 13. Jahrhundert sehr populären Zählung bleibt die am selben Kriterium orientierte 12er-Zählung ebenfalls geläufig.

[135] N. Ayo (1988), 176f, macht im Apostolischen Credo insgesamt 20 Aussagen aus und zeigt die verschiedenen Möglichkeiten, sie zusammenzustellen, um die Zahl von 12 (oder 14) Artikeln zu erreichen.

[136] Vgl. *ebd.*, 8. – Der Text findet sich in: *The Sermon-Conferences of St. Thomas Aquinas on the Apostles' Creed*, Notre Dame Ind. 1988, 156ff.

Im Ganzen muß man wissen, daß es einigen zufolge zwölf Artikel sind:

[1] sechs, die von der Göttlichkeit handeln,

[1.1] nämlich, daß es einen Gott in der Wesenheit gibt, und daher heißt es: „Ich glaube an den einen Gott",

[1.2] daß er dreifach in den Personen ist, und daher heißt es: „Den Vater und den Sohn und den Heiligen Geist,"

[1.3] daß er Schöpfer von allem ist, und daher heißt es: „Den Schöpfer des Himmels und der Erde",

[1.4] daß von ihm alle Gnade stammt und die Vergebung der Sünden

[1.5] daß er unsere Leiber auferwecken wird,

[1.6] und daß er den Guten ewiges Leben schenken wird.

[2] Von der Menschheit aber handeln in ähnlicher Weise sechs:

[2.1] nämlich, daß er empfangen und geboren wurde,

[2.2] daß er gelitten hat und gestorben ist,

[2.3] daß er in die Unterwelt hinabgestiegen ist,

[2.4] daß er am dritten Tage auferstanden ist,

[2.5] daß er in den Himmel aufgefahren ist,

[2.6] daß er wiederkommen wird zum Gericht usw.[137]

Vergleicht man diese Einteilung mit der Gliederung der Predigten, so stellt man fest, daß beide in den sechs christologischen Artikeln übereinstimmen (= Art. 4-9 in der Zählung der Predigten). In der Einteilung der Aussagen über Gott entsprechen einander die Artikel über den einen Gott (= Art. 1) als Schöpfer (= Art. 2), über Gnade und Vergebung (= Art. 12, dort ergänzt durch „die Gemeinschaft der Heiligen"), die Auferweckung des Leibes (= Art. 13) und das Ewige Leben (= Art. 14). Der Artikel über die Dreiheit der Personen ist aufgeteilt in drei Artikel über Vater (= Art. 2), Sohn (= Art. 3) und Heiligen Geist (= Art. 10). Somit bliebe in der abschließenden systematischen Einteilung einzig der Artikel über die Kirche (= Art. 11) unberücksichtigt.

[137] „In summa vero sciendum est quod secundum quosdam duodecim sunt articuli: [1] sex de divinitate, [1.1] scilicet quod est unus Deus in essentia, et ideo dicitur 'Credo in unum Deum', [1.2] trinus in personis, et ideo dicitur 'Patrem et Filium et Spiritum Sanctum', [1.3] quod creator omnium, et ideo dicitur 'creatorem caeli et terrae'; [1.4] quod ab eo sit omnis gratia et remissio peccatorum; [1.5] quod resuscitabit corpora nostra, [1.6] et quod dabit bonis vitam aeternam. [2] De humanitate autem sex similiter: [2.1] scilicet quod conceptus et natus, [2.2] quod mortuus et passus, [2.3] quod descendit ad inferos, [2.4] quod resurrexit tertia die, [2.5] quod ascendit in caelum, [2.6] quod venturus est ad iudicium etc."

Man täte Thomas allerdings Unrecht, würde man ihm mit dieser Systematisierung eine gewaltsame Umstrukturierung, Verfälschung oder auch nur Verkomplizierung der ursprünglichen Struktur des Credo unterstellen. Daß seine Einteilung vielmehr einen ganz bestimmten Sinn hat, wird deutlich, wenn man die zweite Aufgabe ins Auge faßt, die die Glaubensartikel nach Thomas besitzen: Sie bilden nicht nur eine luzide Zusammenfassung der Aussagen der Heiligen Schrift, sondern fungieren darüber hinaus auch als die zentralen Prinzipien für den Entwurf der Theologie nach dem Muster einer Wissenschaft. Wie nun wird *Theologie als Wissenschaft* bei Thomas konzipiert?

4.2. *Die Glaubensartikel (articuli fidei) als Prinzipien der Theologie als Wissenschaft*

(1) *Wissenschaft im Mittelalter.* - Von konstitutiver Bedeutung für das Verständnis von *„Wissenschaft"* (*epistêmê, scientia*) war im 13. Jahrhundert das in den Schriften des Aristoteles zu findende Wissenschaftideal. Nach und nach sollte es die sog. „sieben freien Künste" (*septem artes liberales*), die von Augustinus her im Frühmittelalter das Ausbildungsprogramm bestimmt hatten[138], ablösen und in der Folgezeit für das abendländische Verständnis von Rationalität prägend werden - und dies bis in die Gegenwart.[139] Die Schriften des Aristoteles, auf dem Boden der griechischen Antike gewachsen, mit den Mitteln der bloßen Vernunft entworfen und in einem komplexen, mehrere Jahrhunderte dauernden Prozeß der Neurezeption durch das christliche Abendland wiederentdeckt, repräsentierten dabei einen umfassenden Kosmos philosophischer Disziplinen, der in verschiedene *selbständige Wissenschaftsbereiche* mit eigenem *Gegenstand* und eigener *Methode* differenziert war und diese in den Beziehungszusammenhängen von Ursachen und Gründen, Analyse und Ableitung erörterte.[140]

[138] Vgl. dazu H.-G. Nissing (2006), 636-640.

[139] Bereits um 1240 dokumentiert ein *Compendium pro examina* der Pariser Artistenfakultät eine Umformung des Studienprogramms nach dem Muster des aristotelischen Wissenschaftsaufbaus, am 19.3.1255 schreibt die Studienordnung der Fakultät das gesamte seinerzeit bekannte Werk des Aristoteles als curriculares Lehrprogramm vor. Ab 1258/9 orientiert sich die Studienordnung der Dominikaner an den Schriften des Aristoteles.

[140] Zur „Wissenschaftstheorie", wie Aristoteles sie in den *Zweiten Analytiken* vorlegt, und ihrer Rezeption durch Thomas vgl. umfassend H.-G. Nissing (2006), 491-705.

Ein(e) *Wissen(-schaft)* ist, so Aristoteles, ein geordneter Zusammenhang von Aussagen über einen einheitlichen Gegenstand (*subiectum*), der sich durch logische Schlußfolgerung im sog. Beweisverfahren (*demonstratio, syllogismus demonstrativus*)[141] aus Prinzipien herleiten läßt. Diese *Prinzipien* haben die besondere Eigenschaft, *wahr* zu sein, sie sind *erste* Prinzipien, darüber hinaus sind sie *unmittelbar*, *bekannter* und *früher* als die Schlußsätze und stehen ihnen gegenüber in einer notwendigen, *kausalen* Beziehung.[142] Der Wissende (*sciens*) ist daher jemand, der die Ursache, durch die etwas ist, als solche erkennt, und weiß, daß es sich unmöglich anders verhalten kann, seine Erkenntnis ist

---

[141] In elementarer Weise läßt sich der im Beweisverfahren vollzogene Erkenntnisfortschritt des Menschen vom Bekannten zum Unbekannten, d.h. der Erwerb und ebenso die Weitergabe von Wissen, m.a.W. das Lehren und Lernen (vgl. dazu den programmatischen ersten Satz der *Zweiten Analytiken*), in der Form des *beweisenden Syllogismus* darstellen, der die Aussage einer Eigenschaft (*passio*) von einem Gegenstand (*subiectum)* in seinem Schlußsatz (*conclusio*) im besten Sinne „erschließt": Er ist die klarste Form, das Denken zu ordnen und die eigenen Gedankenfortschritte transparent zu machen. Die Klarheit und Höhe der mittelalterlichen Wissenschaftskultur, die in der europäischen Geistesgeschichte einen einzigartigen Gipfel darstellte, verdankt sich genau solchem Bemühen um Transparenz, wie sie in der syllogistischen Reformulierung der Erkenntnis zum Ausdruck kommt. Der demonstrative Syllogismus kann dabei gewissermaßen als die „Keimzelle" oder der Grundmaßstab (um die Analogie mit dem Kathedralbau zu bemühen) gelten, aus dem das mittelalterliche Verständnis von Wissen und Wissenschaft erwächst. Denn der Schlußsatz des einen Syllogismus kann wiederum als Obersatz eines neuen fungieren, so daß sich *idealiter* ein hierarchisches System einander über- und untergeordneter Sätze ergibt, die im Ganzen die Einheit eines „Wissenschaftsgebäudes" bilden.

[142] Vgl. dazu die elementare Definition des demonstrativen Syllogismus bei Aristoteles, *Analytica posteriora* I 2 (71b19-22): „[N]ecesse est et demonstrativam scientiam [1] ex veris [2] et primis, [3] et immediatis, [4] et notioribus [5] et prioribus, [6] et causis conclusionis" – Vgl. ferner summarisch *ebd.* I 7 (75a39-b1): „Tria enim sunt in demonstrationibus, [1] unum quidem quod demonstratur, conclusio; hoc autem est quod inest alicui genere per se. [2] Aliud autem dignitates; dignitates autem sunt ex quibus est. [3] Tertium autem genus subiectum, cuius passiones et per se accidentia ostendit demonstratio"; *ebd.*, I 10 (76b12-15): „Omnis enim demonstrativa scientia circa tria est: quaecumque esse ponuntur (haec autem sunt genus, cuius per se passionum speculativa est), et quae communes dicuntur dignitates, ex quibus primis demonstrant, et tertium passiones, quarum quid significet unaquaeque accipit."

wahr, begründet und gewiß.[143] Als Ergebnis des Beweisverfahrens[144] besitzt er das Wissen als einen *habitus conclusionis*, der sich gegenüber anderen Formen der Erkenntnis (Meinen, Vermuten, Erwägen) durch eine besondere *Sicherheit* auszeichnet, und seinerseits auf eine besondere Erkenntnis der Prinzipien in Form der Einsicht (*intellectus*), den *habitus principiorum*, gründet.[145]

Mit Blick auf den unterschiedlichen Rang an Würde und Gewißheit des jeweiligen Gegenstandes, die jeweils verschiedene Einsichtigkeit der Prinzipien („an sich" und/oder „für uns") und die gegenstandsspezifisch zu bestimmende Genauigkeit der Methode kann dieses zunächst am Paradigma der Mathematik und Geometrie gewonnene Ideal eine analoge Anwendung auf alle Bereiche der philosophischen Wissenschaft (praktische wie theoretische[146]) erfahren, so daß sich im Ganzen ein plurales Gesamtsystem von Wissenschaften darstellen läßt.

(2) *Theologie als Wissenschaft.* – Beim Ausweis der Theologie als Wissenschaft in dem durch Aristoteles gesteckten Rahmen kommt nun den Artikeln des Glaubensbekenntnisses die entscheidende Rolle zu: sie fungieren als (Beweis-)Prinzipien, aus denen Gott als der *Gegenstand* (*subiectum*) der Aussagen der Theologie verständlich gemacht wird. So erklärt es Thomas in der ersten Quaestio der *Summa theologiae*, die seine Rechtfertigung der Theologie nach wissenschaftlichen Kriterien in paradigmatischer Weise enthält.[147] – Diese Prinzipien sind dabei nicht „aufgrund des Lichtes der natürlichen Vernunft" (*lumine*

---

[143] Vgl. *ebd.*, I 2 (71b9-12): „Scire autem opinamur unumquodque simpliciter [...] [1] cum causam quoque arbitramur cognoscere propter quam res est, [2] et quoniam illius causa, [3] et non est contingere aliter se habere".

[144] Vgl. *ebd.* (71b17ff.): „Demonstrationem autem dico syllogismum scientialem, id est facientem scire."

[145] Vgl. dazu das letzte Kapitel der *Zweiten Analytiken* II 19; dazu H.-G. Nissing (2006), 585-618.

[146] Zu dieser grundlegenden Unterscheidung vgl. Aristoteles, *Metaphysik* VI 1 (1025b22–26), ferner *Topik* VI 6 (145a15f.). – Zu den weiteren Gliederungen des aristotelischen Wissenschaftskosmos vgl. insbesondere die Prologe zu den Aristoteles-Kommentaren des Thomas, in deutscher Übersetzung zugänglich in F. Cheneval/R. Imbach ([2]2014).

[147] Thomas, *S.th.* I 1,7 c.: „Gott [ist] wahrhaft der Gegenstand dieser Wissenschaft (*subiectum huius scientiae*) . Dies aber wird [...] aus den Prinzipien dieser Wissenschaft (*ex principiis huius scientiae*) offenbar, welches die Artikel des Glaubens sind, der sich auf Gott richtet. Der Gegenstand der Prinzipien und der gesamten Wissenschaft (*subiectum principiorum et totius scientiae*) aber ist derselbe, denn die gesamte Wissenschaft ist der Möglichkeit nach in den Prinzipien enthalten."

naturalis rationis), sondern „aufgrund des Lichtes der Offenbarung" (*lumine divinae revelationis*) bekannt.[148] Indem die Theologie diese als von Gott geoffenbarte Prinzipien (*principia revelata sibi a Deo*) glaubt, stützt sie sich auf ein höheres Wissen, nämlich auf das Wissen Gottes und der Heiligen (*scientia Dei et beatorum*)[149] und hat daher den Charakter einer „subalternen", d.h. der offenbaren Erkenntnis Gottes und der Heiligen „untergeordneten" Wissenschaft.[150]

Aufgrund ihrer umfassenden Perspektive, in der die Theologie so alles unter dem Gesichtspunkt Gottes (*sub ratione Dei*)[151] – „insofern es durch das göttliche Licht erkennbar ist" (*prout sunt divino lumine cognoscibilia*) – wahrnimmt, umfaßt sie nicht nur (a) die grundlegende Unterscheidung von *theoretischen* und *praktischen* Wissenschaften[152] und überschreitet diese.[153] Sie läßt sich auch in ihrem Vorrang ihnen gegenüber (b) im Hinblick auf ihre Gewißheit (*certitudo*) wie (c) die Würde (*dignitas*) ihres Gegenstandes ausweisen: (b) Denn kraft göttlichen Wissens ist sie anders als diese nicht irrtumsanfällig und kann daher nicht fehlgehen und (c) überschreitet mit der Höhe ihres Gegenstandes die Vernunft grundsätzlich, der die Gegenstände der anderen Disziplinen doch stets untergeordnet sind.[154]

Ein Einwand, der in diesem Zusammenhang gegen die Feststellung einer solchen Gewißheit mögliche *Zweifel* an den Glaubensartikeln anführt, gibt Thomas die Gelegenheit zur Anwendung einer bereits von Aristoteles getroffenen Unter-

---

[148] Vgl. *ebd.*, I 1,1 ad 3.

[149] Vgl. *ebd.*, I 1,2 c.

[150] Als Analogien aus dem Bereich der natürlichen Wissenschaften dienen die Beispiele der Perspektivik und der Musik, die ihre Prinzipien der Geometrie bzw. der Arithmetik entnehmen. – Zum Einfluß von Robert Grosseteste auf die Anwendung des aristotelischen Konzepts von Subalternation (vgl. *Analytica posteriora* I 2, 72a14-20; I 13, 78b35-39) auf die Theologie bei Thomas vgl. J. Goering (1998), 133f.

[151] Thomas, *S.th.* I 1,7 c.

[152] Vgl. *ebd.*, I 1, 4 c.: „[S]acra tamen doctrina comprehendit sub se utramque; sicut et Deus eadem scientia se cognoscit, et ea quae facit. Magis tamen est speculativa quam practica, quia principalius agit de rebus divinis quam de actibus humanis; de quibus agit secundum quod per eos ordinatur homo ad perfectam Dei cognitionem, in qua aeterna beatitudo consistit."

[153] Vgl. *ebd.*. I 1,5 c.

[154] Vgl. *ebd.* – Für die praktische Seite: „Finis autem huius doctrinae inquantum est practica, est beatitudo aeterna, ad quam sicut ad ultimum finem ordinantur omnes alii fines scientiarum practicarum."

scheidung, die für sein eigenes Verständnis der Größe und Grenze unserer Erkenntniskraft im Bereich von Wissen und Theologie von elementarer Bedeutung ist:

> *Nichts spricht dagegen, daß dasjenige, was der Natur (secundum naturam) nach gewisser ist, im Hinblick auf uns (quoad nos) weniger gewiß ist, aufgrund der Schwäche unseres Geistes, der sich zu dem Offenkundigsten in der Natur verhält wie das Auge des Nachtvogels zum Licht der Sonne, wie es in Metaphysik II heißt.*
>
> *Daher besteht ein Zweifel, den manche im Hinblick auf die Glaubensartikel haben, nicht aufgrund der Ungewißheit des Gegenstandes (propter incertitudinem rei), sondern aufgrund der Schwäche des menschlichen Verstandes (propter debilitatem intellectus humani). Und dennoch ist das Geringste, was man an Erkenntnis von den höchsten Dingen besitzen kann, erstrebenswerter (desiderabilius) als die sicherste Erkenntnis, die man von den geringsten Dingen haben kann, wie es im 11. Buch von De partibus animalium heißt.*[155]

In diesem Hinweis auf die prinzipielle Unvollkommenheit und Unabgeschlossenheit des menschlichen Erkenntnisvermögens hat Josef Pieper ein Grundmotiv erkannt, das das Denken des Thomas von Grund auf bestimmt und es gegen den Verdacht sichert, es sei „allzu rational, ja: geradezu rationalistisch" konzipiert und habe „für alle Fragen eine ohne Rest aufgehende, gar zu glatte Erklärung und Lösung bereit"[156]. Pieper hat hier vom „negativen Element in der Weltsicht des Thomas von Aquin" gesprochen und es mit dem Bild vom „unaustrinkbaren Licht" illustriert: „Nicht das Dunkle macht uns die Dinge unbegreiflich, sondern daß ihre Helligkeit unausschöpflich ist."[157]

---

[155] Thomas, *S.th.* I 1,5 ad 1. – Vgl. Aristoteles, *Metaphysik* II 1 (993b9); *De partibus animalium* I 5 (644b31); für die Wissenschaftstheorie v.a. *An. post.* I 2 (71b32-72a5). – Zum aristotelischen Bild vom Nachtvogel und seiner Verwendung bei Albert und Thomas vgl. C. Steel (2001).

[156] J. Pieper (^{2}1987), 36.

[157] Vgl. ders. (1997), 142; vgl. grundlegend (2001a), 129: „Die Unerkennbarkeit des Wesens der Dinge [...] bedeutet so wenig objektive Unzugänglichkeit, Verschlossenheit, Dunkelheit der Dinge, daß, im Gegenteil, dieses paradox Scheinende gesagt werden kann: die Dinge sind, in ihrem letzten Grunde, unerkennbar für den Menschen, weil sie – zu sehr erkennbar sind" (44 f.). – Dementsprechend bei Thomas das wiederkehrende Adagium: „Rerum essentiae nobis sunt ignotae": vgl. *De ente* 5 (Z. 76–81); *Q. de ver.* 4, 1 ad 8; 10, 1 c.; 10, 2 ad 6; *Exp. Post.* I 4 (Z 305–310); II 13 (119 f.); *Super Metaph.* VII 12 (n. 1552); *S.th.* I 29, 1 ad 3; I 77,1 ad 7; I-II 49, 2 ad 3 u.ö.

Wenn die Theologie trotz dieses prinzipiell „negativen Elements" gleichwohl *argumentative Gestalt* besitzt und sich als „Glaubenswissenschaft" rechtfertigen läßt, so erbringt sie folglich keine Rechtfertigung ihrer Prinzipien, der Glaubensartikel, sondern nimmt diese zur Grundlage, um aus ihnen weitere Schlußfolgerungen abzuleiten: *ex articulis fidei haec doctrina ad alia argumentatur.*[158] – Dieser Grundsatz bestimmt zumal den Umgang mit *Gegnern des Glaubens* und ihren Argumenten: solange sie, wie die Häretiker, einen bestimmten Glaubensartikel leugnen, andere jedoch noch annehmen, kann man gegen sie theologisch argumentieren. Werden hingegen die geoffenbarten Glaubensaussagen gänzlich abgelehnt, so läßt sich ihre Wahrheit nicht *positiv* durch die Vernunft begründen; es bleibt vielmehr nur *negativ* die Aufgabe, die vom Gegner gegen den Glauben vorgebrachten Argumente rational zu entkräften und sie als Scheingründe zu entlarven. Mit diesem Konzept, das strikt am Offenbarungscharakter der Glaubenprinzipien festhält und damit die Grenze zwischen Theologie und Philosophie wahrt, setzt sich Thomas dezidiert von Versuchen ab, die zentralen Inhalte des Glaubens (wie etwa die Trinität oder die Inkarnation) positiv mit sog. „zwingenden Vernunftgründen" (*rationes necessariae)* zu beweisen.[159]

Weil in der heiligen Lehre „alles [...] unter dem Gesichtspunkt Gottes behandelt wird, sei es, weil es sich um Gott selbst handelt, sei es, daß es eine Hinordnung auf Gott als Ursprung und Ziel besitzt"[160], orientiert sich die *systematische Darstellung* der Theologie *im ganzen* sinnvollerweise am Modell des Ausgangs der Geschöpfe aus Gott und ihrer Rückkehr zu ihm (*exitus-reditus*)[161]. Im Aufbau der *Summa theologiae* findet dieses Modell

---

[158] *Ebd.*, I 1,8 ad 1. – So hat etwa bereits der Apostel Paulus, der „erste Theologe", in 1 *Kor* 15 aus der Auferstehung Christi die allgemeine Auferstehung bewiesen: vgl. *ebd.*, I 1,8 c.

[159] Für solche Versuche steht etwa Anselm von Canterbury, *Monologion* prol. (ed. Schmitt I 7,7-11); dazu J. Pieper (2001c), 348-359. – Von diesen „zwingenden Vernunftgründen" zu unterscheiden sind allerdings sog. „Konvenienzbeweise", die aufgrund des angenommenen Offenbarungsinhalts diesen als in sich schlüssig sichtbar machen.

[160] Thomas, *S.th.* I,1 7 c.

[161] Vgl. *ebd.*; vgl. I 2 prol; I-II prol. – Thomas setzt sich damit explizit von anderen Modellen ab, die er freilich zugleich zu integrieren beansprucht: „Quidam vero, attendentes ad ea quae in ista scientia tractantur, et non ad rationem secundum quam considerantur, assignaverunt aliter subiectum huius scientiae, vel res et signa; vel opera reparationis; vel totum Christum, idest caput et membra. De omnibus enim istis tractatur

im dritten Teil seine Ergänzung durch die Betrachtung Christi, des Mensch gewordenen Wortes, der „uns in sich selbst den Weg der Wahrheit gezeigt hat, durch den wir zur Glückseligkeit des unsterblichen Lebens durch die Auferstehung gelangen können"[162]. – Mit diesem dreiteiligen Aufbau aber zeigt die *Summa* eine bemerkenswerte strukturelle Analogie zur o.g. Einteilung der Artikel des Glaubensbekenntnisses nach ihrem Bezug (a) auf Gott (= *Ia* und *IIa Pars*) und (b) die Menschheit Christi (= *IIIa Pars*).[163] In der Gliederung des Apostolischen Credo läßt sich mithin die Basis für die Entfaltung der Theologie nach wissenschaftlichem Muster erkennen, und die Glaubensartikel werden so auch in struktureller Hinsicht als Prinzipien der Theologie sichtbar. In solchem Sinne kann man die *Auslegungen zum Apostolischen Glaubensbekenntnis* durchaus als „Theologie im Ursprung" und Einführung in die *Summa theologiae* lesen – und diese als deren Entfaltung.

Vor allem jedoch steht der thomanische Entwurf der Theologie als Glaubenswissenschaft unter dem Vorzeichen der *Heilslehre*: So hebt Thomas im allerersten Artikel der *Summa* als erstes und entscheidendes Argument für die Notwendigkeit ihrer Existenz die Bedeutung der Theologie für das Heil des Menschen (*ad humanam salutem*) hervor:

> *Der Mensch ist von Gott auf ein Ziel hingeordnet, das die Fassungskraft der Vernunft überschreitet. [...] Daher war es dem Menschen zum Heil notwendig, daß ihm etwas durch göttliche Offenbarung kund wurde, das über die menschliche Vernunft hinausgeht. [...]*

---

in ista scientia, sed secundum ordinem ad Deum." (I 1,7 c.) – Vgl. dazu den kurzen Überblick über die Diskussion um die Gliederung der Summa und den Aufbau der Theologie im Mittelalter bei J.-H. Tück (2009) 34-38; ferner H.-G. Nissing (2018), XXVI-XXIX.

[162] Thomas, *S.th.* III prol.

[163] Vgl. N. Ayo (1988), 179: „The first half of the articles (either six or seven of them) deals with the divinity of God just as the Prima Pars; the second half of the creed deals with the humanity of Christ, just as the Tertia Pars. The Secunda Pars of the *Summa* is absent from the creed, which does not treat explicitly the rational and moral behavior of humanity in its return to God." – Dagegen wäre immerhin darauf zu verweisen, daß mit dem Artikel vom Gericht Christi durchaus das Thema von Gut und Böse sowie eines entsprechenden menschlichen Verhaltens angesprochen ist und mit dem Artikel vom Ewigen Leben die für die thomanische Ethik grundlegende Frage nach dem Glück.

Von der Erkenntnis der Wahrheit hängt das gesamte Heil des Menschen ab, das in Gott ist. Damit also dieses Heil den Menschen in größerer Zahl und mit größerer Sicherheit zuteil werde, war es nötig, daß sie über die göttlichen Dinge durch göttliche Offenbarung unterrichtet wurden.

Daher war [...] eine heilige Lehre notwendig, die auf göttlicher Offenbarung gründet.[164]

Somit zeigt sich die Theologie als Wissenschaft von Grund auf vom selben Anliegen beseelt, das auch die Predigten des Aquinaten bestimmt: von der Sorge um die Seelen (*cura animarum*).

5. Die *Collationes in Symbolum Apostolorum* – Ihr Aufbau und formale Kennzeichen

(1) Wie bereits gesagt, gliedert sich der Text der *Collationes in Symbolum Apostolorum* in fünfzehn Abschnitte:[165] Nach dem einleitenden Prooemium zur Notwendigkeit des Glaubens und seinen Wirkungen folgen *vierzehn* Predigten zu den einzelnen Artikeln des Apostolischen Glaubensbekenntnisses. Diese Einteilung ist durch die von H. Dondaine für die Editio Leonina erstellte vorläufige kritische Edition des Textes sowie durch verschiedene lateinische Ausgaben belegt.[166] Ihr gegenüber ist die Einteilung in *zwölf* Predigten (entsprechend den *zwölf* Artikeln des Glaubensbekenntnisses), wie sie sich etwa in der Ausgabe des Turiner Verlages Marietti (*S. Thomae Aquinatis Opuscula theologica*, vol. 2, ed. R.M. Spiazzi, Turin – Rom ²1953, 191-217) findet, eine nachträgliche. Letztere bietet bis zum Erscheinen der definitiven kritischen Textversion in der Editio Leonina gleichwohl den relevanten zitierfähigen Text.

(2) Die einzelnen Predigten folgen parallel einem dreigliedrigen Aufbau:

(a) Auf die allgemeine *Darstellung des jeweiligen Glaubensartikels* mit Schriftbeleg, Argument oder Beispiel folgt

---

[164] Thomas, *S.th.* I 1,1 c.

[165] N. Ayo (1988), 8: „It would be reasonable to assume that each section represents one sermon, and the sermon as actually delivered would have been longer than the manuscript text rather than shorter. The Scripture texts in particular are quite abbreviated. These biblical references apparently represent a secretarial shorthand, and in the delivery the text of the sermon must have been amplified."

[166] Vgl. dazu oben S. XXXVIff.

(b) seine *Erläuterung* oder *Begründung*, die häufig in Auseinandersetzung mit Irrtümern und Häresien oder Einwänden geschieht, ehe

(c) eine *Anwendung auf das geistliche Leben* erfolgt.[167] Diese wird vereinzelt mit konklusiven Bemerkungen oder einer Gebetsaufforderung beendet.[168]

Zumal Teil (b) zeigt dabei eine typisch scholastische Vorgehensweise, die mit Fragen (*quaestiones*), Einwänden (*obiectiones*) und Antworten (*responsiones*) arbeitet und an bestimmten Signalwörtern zu erkennen ist. So deuten die Wendungen „Sed", „Contra", „Si dicas", „Respondeo", „Considerandum", „Sic ergo patet"[169] – ggf. verbunden mit der Aufzählung von Argumenten „primo", „secundo", „tertio" ...[170] – das typische Procedere von Argument, Einwand und Antwort an, „Sciendum est" hebt überdies die Wichtigkeit eines Gedanken hervor.[171]

Ebenso gehören der Ansatz der Überlegungen bei Worterklärungen[172] und der Versuch, mit sog. „Konvenienzbeweisen" darzulegen, daß ein Glaubensgeheimnis sinnvoll sei[173], zum festen Repertoire des Thomas.

(3) Ein besonderes Kennzeichen der *Collationes in Symbolum Apostolorum* ist darüber hinaus der *extensive Gebrauch der Heiligen Schrift*: Wie bereits einleitend bemerkt, besteht fast die Hälfte des Textes aus Bibelzitaten![174] Thomas, der weder Hebräisch noch Griechisch konnte, zitiert nach der lateinischen Vulgata-Übersetzung, die er freilich auswendig konnte.[175] Seine Schrift-

[167] Vgl. etwa Thomas, *Coll. in Symb. Apost.* 4 (n. 905): „Possumus autem sumere ex his aliqua ad eruditionem"; 6 (n. 930): „Ex iis ad instructionem nostram possumus accipere"; 7 (n. 940): „Possumus autem ex his quatuor ad nostram eruditionem accipere."

[168] Vgl. etwa *ebd.* 2 (n. 886); 7 (n. 943); 14 (n.1018). – Einzig das Prooemium weicht von diesem Schema ab: „Aquinas may have wanted in his initial sermon to capture quickly the hearts as well as the minds of his congregation." (N. Ayo [1988], 14, Anm. 16).

[169] Vgl. z.B. Thomas, *Coll. in Symb. Apost.* 1 (n.864 und 867); 3 (n. 888); 5 (n. 912f. und 915); 9 (n. 948); 14 (n. 1010 und 1018).

[170] Vgl. z.B. *ebd.*, 6 (926ff).

[171] Vgl. z.B. *ebd.*, 3 (n. 892); 11 (n. 972f.); 13 (n. 1018 und 1019).

[172] Vgl. *ebd.*, 1 (n. 869: „Gott"); 11 (n. 972: „Kirche").

[173] Vgl. *ebd.* 5 (n. 913 und 918); 6 (n. 926).

[174] „He frequently ends his paragraphs with a Scripture quotation to summarize. Often he seems to be quoting from memory, and sometimes from the liturgy." (N. Ayo [1988], 9).

[175] „He knew the texts from long familiarity, and he had a sense of the overall direction of the whole of the Bible. Aquinas approached the Bible

kommentare bezeugen überdies ein Bewußtsein für die Kontexte der angeführten Stellen und belegen, daß es sich keineswegs um eine okkasionelle „Steinbruchexegese" handelt.

Von den mehr als 300 Schriftzitaten entfallen etwa 200 auf das Neue Testament. Dabei sind die Evangelien mit ca. 70 Zitaten etwa zu einem Drittel vertreten: davon stammt die eine Hälfte aus dem *Johannes-Evangelium*, die andere von den übrigen drei Evangelisten, wobei *Markus* am wenigsten zitiert wird. Noch häufiger als die vier Evangelien werden die Briefe des Apostels Paulus angeführt, unter ihnen vor allem der 1. *Korintherbrief* (18x), der *Römerbrief* (17x), der *Epheserbrief* (15x) und der *Hebräerbrief* (12x), den Thomas ebenfalls auf die Autorschaft des Völkerapostels zurückführt, ja: dem er die erste Stelle im *Corpus Paulinum* zuerkennt.[176] Allein aus 1 *Kor* 15 und *Römer* 6 finden sich mehr als ein halbes Dutzend Zitate.

Aus dem Alten Testament wird vor allem die Weisheitsliteratur zitiert: zuvorderst die *Psalmen* (allein 29x), ferner das *Buch der Weisheit* (20x), *Hiob* (12x), das *Buch der Sprichwörter* (8x) und *Jesus Sirach* (7x). Texte der Propheten finden sich an 28 Stellen, zur Hälfte stammen sie aus dem Buch *Jesaja*. Die Tora hingegen wird nur dreimal angeführt, zweimal in Zitaten aus der *Genesis*.[177]

(4) Ergänzend zu den Belegen aus der Heiligen Schrift greift Thomas auf *Zitate patristischer Autoren* zurück. Wie sein Lehrer Albert gehört er zu den wenigen Theologen seiner Zeit, die die kirchlichen Schriftsteller der ersten Jahrhunderte ausgiebig in ihren Quellen studiert und rezipiert haben.[178] Gelegenheit dazu bot ihm insbesondere die Zeit als Konventslektor in Orvieto, wo er zugleich Zugang zu den dortigen Archiven der päpstlichen Kurie hatte. Frucht dieser Studien war vor allem die *Catena aurea* (1262-68), ein aus Kirchenväterzitaten zusammengefügter Kommentar zu den vier Evangelien, den Thomas auf Bitten von Papst Urban IV. (1261-1264) verfaßt hat. Zumal diese extensive Kirchenväterrezeption, die konstitutiv in die Theologie des Thomas eingeht, läßt die in der Gegenwart immer wieder anzu-

---

both from his systematic theological framework and from his meditation and prayer as a monk and a holy man" (N. Ayo [1988], 10).

[176] Vgl. Thomas, *Super Ad Rom.* prol (n. 11). – Zur besonderen Bedeutung von *Hebr* für die Christologie und Eucharistietheologie des Thomas vgl. T. Marschler (2003); H.-G. Nissing (2018), XXXIXf.

[177] Zum Ganzen vgl. N. Ayo (1988), 10, mit der summarischen Feststellung „Without doubt, the two works most frequently referred to in the Aquinas commentary on the creed are the Psalms (29) and the Gospel of John" (32).

[178] Vgl. J.-P. Torrell (1995), 154-159.

treffenden Versuche, Patristik und Scholastik einander entgegenzusetzen, zumindest in Frage stellen. Von den Kirchenvätern werden in den Credo-Auslegungen vor allem Augustinus (6x) und Gregor der Große (3x) zitiert, ferner Origenes und Ps.-Dionysius Areopagita. Allerdings scheinen ihm die klassischen Kommentare zum Glaubensbekenntnis, wie jene von Rufinus und Augustinus, nicht bekannt gewesen zu sein.[179]

Für diese Zitate gilt im Übrigen Ähnliches wie für die Belege aus der Heiligen Schrift: die Texte werden mitunter aus der Erinnerung zitiert, nach ihrer Verwendung in der Liturgie oder in einer geläufigen, populären Formulierung.[180] Dies gilt auch für die expliziten *Reminiszenzen an Texte der Liturgie*, die sich verschiedentlich finden.[181]

(5) In seiner *Auseinandersetzung mit Irrtümern und Häresien* folgt Thomas dem von ihm selbst formulierten o.g. Prinzip: Die Häresien werden (a) mit Belegen aus der Heiligen Schrift und (b) mit Formulierungen aus dem Glaubensbekenntnis widerlegt, wobei er ergänzend zu den Formulierungen des Apostolikums die Aussagen des Nizäno-Konstantinopolitanums, des sog. *symbolum patrum*, heranzieht[182] und sie dabei Wort für Wort in ihrer Bedeutung für das Verständnis des rechten Glaubens zugänglich macht. Die Darstellung der verschiedenen Häresien ist darüber hinaus wiederholt didaktisch aufgebaut, so daß – bei „groben" Häresien angefangen – Schritt für Schritt die Entwicklung zu immer feineren, differenzierteren Irrtümern nachvollziehbar wird. Wenn sich Thomas dabei vor allem an den Irrtümern orientiert, die in der frühen Kirche aufgetaucht sind, so zeigt sich darin ein Vorgehen, das sich parallel auch in seinen Aristoteles-Kommentaren beobachten läßt, wo er sich v.a. auf die „klassischen" Kommentare konzentriert und „neuere" Auslegungen unberücksichtigt bleiben. Es ist geleitet von der Einsicht, daß sich die wesentlichen Irrtümer in unmittelbarer Nähe zum Ursprung der Lehre lokalisieren lassen, alle späteren Irrtümer nur die logischen Konsequenzen der früheren sind und daher direkt in ihren Anfängen zu bekämpfen sind.[183] Dementsprechend heißt es bereits zu Beginn des frühen

[179] N. Ayo (1988), 10. – Zur Auslegungstradition des Apostolischen Credo vgl. *ebd.* 172ff.

[180] Vgl. *ebd.*, 9f.

[181] Vgl. Thomas, *Coll. in Symb. Apost.* 5 (n. 910); 11 (n. 977f.).

[182] Vgl. *ebd.* 2 (n. 879); 3 (n. 888ff.); 4 (n. 898-903); 10 (n. 960-964); 11 (n. 972-986); 12 (n. 989).

[183] Vgl. dazu sowie zu Thomas' Begründung in der *S.c.G.* R.-A. Gauthier (1989), 82*.

Opusculums *De ente et essentia* programmatisch mit dem bekannten Aristoteles-Zitat aus *De caelo et mundo*: „Ein kleiner Irrtum zu Beginn wird am Ende ein großer sein."[184]

(6) Freilich finden vereinzelt auch *zeitgenössische akademische Debatten* einen Reflex in den Auslegungen zum Apostolischen Glaubensbekenntnis, so die Auseinandersetzung mit der These von der Ewigkeit der Welt oder der Verneinung einer umfassenden Vorsehung Gottes, wie sie im Kreis der „lateinischen Averroisten" vertreten wurden[185], ferner mit der Geschichtstheologie Joachims von Fiore (um 1130/5-1202), die im Hintergrund des Mendikantenstreits stand.[186]

(7) Schließlich ist aber auch Thema, was die Zuhörer der Predigten des Thomas unmittelbar bewegt: *ihr Leben, ihr Alltag und der unmittelbare Erfahrungshorizont der mittelalterlichen Welt.*[187] An ihn knüpft Thomas bewußt an.[188]

Summarisch hat J.-P. Torrell daher den Stil der Predigten des Thomas wie folgt zusammengefaßt:

> *Thomas [...] unterscheidet sich von der Mehrheit seiner Zeitgenossen durch seine Einfachheit und Nüchternheit. Er verwendet kaum scholastische Spitzfindigkeiten und Fachbegriffe. [...] [Auch] findet man in seinen Predigten keine Anekdoten (exempla), die sonst bei den Predigern sehr beliebt waren. [...] Es erstaunt ferner, daß die Predigten eines Intellektuellen wie Thomas so konkret sind [und] sich auf tägliche Erfahrung stützen [...]. Zwar spiegeln sie die Mentalität seiner Zeit [...], aber sie zeugen auch von einem starken Zug auf die Bibel und einer tiefen Liebe zum Wort Gottes.*[189]

---

[184] Thomas, *De ente* prol. (1-15). – Vgl. Aristoteles, *De caelo et* I 9 (271b8-13).

[185] Vgl. Thomas, *Coll. in Symb. Apost.* 1 (n. 869f.) und 2 (n. 880f.). – Dazu oben S. XVI.

[186] Vgl. dazu H. Schachten (1980).

[187] So taucht etwa die Vorstellungswelt von Rittern und Burgen wiederholt auf, vgl. etwa Thomas, *Coll. in Symb. Apost* 6 (n. 928). Dazu E. Synan (1988). – Astrologie, Divination, Dämonenkult und Zaubereien werden ferner als Gründe für den Polytheismus genannt: vgl. zusammenfassend *ebd.* 1 (n. 877) u.a.m. – Zum Ganzen vgl. J.-P. Torrell (1982), 228-231.

[188] Vgl. von hier aus den Reflex der mittelalterlichen Alltagswelt nicht nur in den *Quaestiones quodlibetales,* sondern auch in den Themen der vielfältigen Gutachten, um die Thomas gebeten wurde. Vgl. dazu U. Horst (2017), 113-126.

[189] J.-P. Torrell (1995), 92f.

6. Zentrale inhaltliche Aussagen der *Collationes in Symbolum Apostolorum*

Erste Hinweise auf die inhaltlichen Schwerpunkte der *Collationes* mag man bereits der Einteilung der einzelnen Predigten entnehmen. So ist etwa bemerkt worden, daß Thomas den ersten Glaubensartikel eigens mit zwei Predigten bedenkt und dem Thema der Höllenfahrt Christi eine ganze Auslegung widmet.[190] Auch sind manche Predigten offensichtlich stärker ausgearbeitet und mit größerem persönlichen Nachdruck versehen als andere.[191]

6.1. Das Leitmotiv: Menschliches Erkenntnisverlangen und göttliches Wort

Vor allem jedoch erscheint es sinnvoll, die Entfaltungen der Predigten von jenem Leitmotiv her zu verstehen, das wie ein Schlüssel fungiert und sich wie ein „roter Faden" durch die verschiedenen *Collationes* zieht. Es eröffnet sich – gemäß dem *anthropologischen Ansatzpunkt*, der auch ansonsten das Denken des Thomas von Grund auf prägt[192] – mit Blick auf das Streben des Menschen nach Erkenntnis, Wahrheit und Wissen, dem der christliche Glaube mit seinen Inhalten entgegenkommt: er vermittelt (1) „die Erkenntnis der ewigen und unwandelbaren Wahrheit" (wie es gleich zu Beginn mit einem Augustinus-Zitat heißt), ist für uns (2) der Beginn des Ewigen Lebens und der Glückseligkeit, die in der Schau Gottes besteht, und hat daher auch (3) als ethische Richtschnur und (4) Schutz gegen Versuchungen in diesem Leben großen Nutzen.[193]

Dementsprechend betont Thomas *auf Seiten des Menschen* immer wieder die Begrenztheit und Unvollkommenheit der Erkenntnis – am pointiertesten in der Feststellung, unsere Erkenntnis sei „so schwach, daß kein Philosoph die Natur einer einzigen

[190] Vgl. N. Ayo (1988), 8, der dafür hält, daß Thomas im Grundduktus seiner Predigten der 12er-Einteilung der Credo-Artikel folgt und diese punktuell erweitert.

[191] Vgl. etwa Thomas, *Coll. in Symb. Apost* 2; 3; 5; 9 oder 14.

[192] Vgl. dazu H.-G. Nissing (2006), 53-69. Der Grund hierfür ist wohl nicht nur in der pädagogischen Bedeutung zu sehen, in der der Mensch und seine Seele nach Aristoteles das sich selbst Bekannteste sind und bei denen die Erkenntnisvermittlung sinnvollerweise anzusetzen hat, sondern auch in der *cura animarum* des Dominikaners.

[193] Vgl. Thomas, *Coll. in Symb. Apost.* prooem. (n. 860-864).

Mücke vollkommen zu ergründen vermocht hat".[194] Der hyperbolische Charakter dieser Feststellung sowie die Tatsache, daß sie ganz am Anfang der Auslegungen erscheint, mag noch einmal deutlich belegen, wie sehr dieses „negative Element" das Denken des Thomas prägt und seinen Sinn für die Geheimnishaftigkeit allen Seins zum Vorschein bringt.[195]. Sein Echo findet dieses erkenntnistheoretische Motiv am Ende der *Collationes* im Hinweis auf die glückseligmachende Erkenntnis im Jenseits, in der uns die Wesenheiten der Dinge bekannt sein werden[196] – womit der große Rahmen der Predigtreihe und der Entfaltung jener Erkenntnis, die der Glaube vermittelt, abgesteckt ist.

Es entspricht der Erkenntnissituation des Menschen *von Seiten Gottes*, daß dieser ihm gerade und vor allem *als Erkennender* entgegentritt.

(1) Bereits in der Erklärung des Namens „Gott" als „vorausschauender Lenker aller Dinge (*gubernator et provisor rerum omnium*)" erscheint er als solcher.[197] Entsprechend gewinnt sein Schöpfungswerk als Produkt seines Erkennens Profil: Gott „sah" oder „sprach" – „und es wurde".[198]

(2) Vor allem die Vorstellung des Sohnes als *ewiges und schöpferisches Wort* wird von hier aus zum Nukleus der Auslegungen und ist wiederholter Bezugspunkt der Predigten. Thomas erschließt ihn wiederum von der menschlichen Selbsterfahrung aus:

> *Nichts […] ist Gott so sehr ähnlich wie die Seele des Menschen. Die Weise, etwas in der Seele hervorzubringen, besteht darin, daß der Mensch in seiner Seele etwas denkt, und das*

---

[194] *Ebd.* prooem. (n. 864); vgl. später den ähnlichen Hinweis v.a. bei den christologischen Mysterien von Menschwerdung, Leiden, Tod und Auferstehung: 4 (n. 897); 5 (n. 910); 7 (n. 935).

[195] Vgl. J. Pieper ([2]1987): „Im Werke des heiligen Thomas münden alle Wege geschöpflichen Erkennens in das Geheimnis." – Pieper hat wiederholt darauf hingewiesen, daß auch einer der ersten Sätze der Gotteslehre der *Summa theologiae* lautet: „Weil wir nicht vermögen, von Gott zu wissen, was er sei, sondern nur, was er nicht sei, darum können wir nicht betrachten, wie Gott sei, sondern vielmehr, wie er nicht sei." (*S.th.* I 1,3 c.). – Sein letztes Fundament hat dieses „negative Element" im Übrigen in der Wahrheitslehre, insbesondere in der Lehre von der Wahrheit der Dinge: vgl. J. Pieper (1997). – Zum Ganzen: H.-G. Nissing (2017c), v.a. 103-106.

[196] Vgl. Thomas, *Coll. in Symb. Apost.* 14 (n. 1013).

[197] Vgl. *ebd.*, 1 (n. 869).

[198] Vgl. *ebd.* 3 (n. 894).

> *nennt man Empfängnis des Verstandes. Diese Empfängnis wird durch die Seele gezeugt wie durch einen Vater, und diese Empfängnis heißt „Wort" des Verstandes oder des Menschen. Die Seele zeugt durch das Denken ihr Wort.*
>
> *So ist auch der Sohn Gottes nichts anderes als das Wort Gottes. Nicht wie ein nach außen hin gesprochenes Wort, welches vergeht, sondern er ist das innerlich empfangene Wort. Deshalb ist das Wort Gottes eines Wesens mit Gott und Gott gleich.*[199]

Entsprechend werden die ersten Verse des *Johannes-Prologes,* die von diesem ewigen Wort sprechen, das im Anfang war (vgl. *Joh* 1,1-3) ausdrücklich in ihrer besonderen Bedeutung für ein richtiges Glaubensverständnis gewürdigt.[200] Die abgeleiteten Folgerungen für den Umgang mit dem Wort Gottes[201], wie es sich in der Heiligen Schrift findet (denn „alle Worte sind ein Abbild dieses Wortes"), enthalten nicht nur Ratschläge für das geistliche Leben, sondern markieren zugleich die entscheidenden Voraussetzungen für denjenigen, der Theologie als Wissenschaft betreiben will - ist diese doch von ihrem Wesen her, wie gesehen, nichts anderes als die „Interpretation von Offenbarung"[202].

Als wiederholter Bezugspunkt für Erklärungen und Vergleiche begleitet das *Motiv des Wortes* von daher die weiteren Auslegungen:

- So erscheint die Schöpfung als Kunst Gottes, denn „wie der Künstler alles durch die Form schafft, so schafft Gott alles durch sein Wort gleich wie durch seine Kunst"[203].

- Die Mutter Gottes gilt als hervorragendes Beispiel für den Umgang mit dem Wort, indem sie dieses vernahm, gläubig einwilligte, es in ihrem Schoße trug, zur Welt brachte und nährte.[204]

- Die Fleischwerdung des Wortes selbst wird im Vergleich mit seinem ewigen Hervorgang aus Gott mit dem Unterschied zwischen äußerem (gesprochenem) und innerem (gedachtem) Wort bzw. mit der Differenz von geschriebenem und gesprochenem Wort analogisiert: „So ist das Wort sichtbar und greifbar geworden, als es gleichsam in unser Fleisch hineingeschrieben wurde"[205].

---

[199] *Ebd.* 3 (n. 892).

[200] Vgl. *ebd.* - Zum Ganzen vgl. H.-G. Nissing (2017), auch dazu, inwieweit der Name „Wort" für Thomas die biblische „Lieblingsbezeichnung" für Christus ist (XIX-XXIV); vgl. Thomas, *Super Ioan.* I 1 (n. 42).

[201] Vgl. Thomas, *Coll. in Symb. Apost.* 3 (n. 895).

[202] Zum Ganzen vgl. J. Pieper (2000).

[203] Thomas, *Coll. in Symb. Apost.* 3 (n. 894).

[204] Vgl. *ebd.* 3 (n. 896).

[205] Vgl. *ebd.*, 4 (n. 897). - Vgl. als Hintergrund: Augustins Lehre vom *Verbum mentis;* dazu: H.-G. Nissing (2006), 123-130.

– Die Christus in seiner Passion zugefügten Leiden und seine Tötung sind daher wie das Zerreißen einer Urkunde, auf die der König sein Wort geschrieben hat.[206]

– Am Kreuz stirbt das Wort „mit lauter Stimme" (*magna voce*; vgl. *Mt* 27,50) und zeigt darin nicht nur an, daß „er aus eigener Kraft sein Leben dahingibt und es wieder an sich nimmt", sondern ruft zugleich das Bekenntnis des Hauptmanns hervor: „In Wahrheit, der war Gottes Sohn" (*Mt* 27,54).

– Daher kann Thomas die Glaubenslehre bereits zu Beginn als ganze als Brief Gottes bezeichnen, die mit dem Siegel Gottes beglaubigt worden ist: „Das sind die Wunder, durch die Christus die Verkündigung der Apostel und der Heiligen bekräftigt hat."[207]

(3) Schließlich wird vom ewigen Wort her – im Gefolge der sog. „psychologischen Trinitätslehre" Augustins[208] – auch die Wirklichkeit *der dritten göttlichen Person* zugänglich:

> *[D]as Wort Gottes ist der Sohn Gottes, wie auch das Wort des Menschen vom Verstande gezeugt ist. Es kann aber geschehen, daß das Wort des Menschen tot ist, nämlich wenn er erwägt, was er tun muß, aber nicht den Willen zur Ausführung hat; das ist dasselbe, wie wenn der Mensch zwar glaubt, aber nicht nach dem Glauben handelt. […] Das Wort Gottes aber ist lebendig: „Lebendig ist Gottes Rede" (Hebr 4,12). Deswegen muß in Gott notwendig Wille und Liebe sein. Daher sagt Augustinus im Buch über die Dreifaltigkeit: „Das Wort, das wir einem anderen mitzuteilen trachten, wird mit Liebe kundgegeben." Wie aber das Wort Gottes der Sohn Gottes ist, so ist die Liebe Gottes der Heilige Geist.*[209]

Unter dem Gesichtspunkt der Lebendigkeit und Leben spendenden Kraft des Heiligen Geistes kann Thomas diesen – der anthropologischen Analogie von Leib und Seele entsprechend – als Prinzip und Seele der Kirche und diese (a) als mystischen Leib mit seinen Eigenschaften der Einheit, Heiligkeit, Katholizität und Apostolizität[210], sowie (b) als Organismus der Glieder

---

[206] Vgl. Thomas, *Coll. in Symb. Apost* 5 (n. 912).

[207] *Ebd.* prooem. (n. 866).

[208] Vgl. M. Schmaus (1927)

[209] *Ebd.* 10 (n. 958).

[210] Vgl. *ebd.* 11 (n. 971): „Wie der Mensch eine Seele und einen Leib hat, aber verschiedene Glieder, so ist die katholische Kirche ein Leib, hat aber verschiedene Glieder. Die Seele aber, die diesen Leib lebendig macht, ist der Heilige Geist. […] Deswegen fährt das Glaubensbekenntnis fort: ‚Die heilige katholische Kirche'."

untereinander und „Gemeinschaft der Heiligen“[211] sichtbar machen. Weil der Heilige Geist die Kirche nicht nur in den Seelen, sondern auch an den Leibern heiligt, erscheint er schließlich (c) auch in seiner eschatologischen Bedeutung als wiederbelebende Kraft bei der Auferstehung des Fleisches.[212]

Das beschriebene Zueinander von *anthropologischem Ansatz* und *theologischer Entsprechung*[213], das die Überlegungen leitet, ist dabei nicht nur ein einseitiges, sondern ein wechselseitiges: Nicht nur gilt die geschöpfliche Analogie als Basis, um zum Verständnis Gottes emporzusteigen. Die Gotteserkenntnis im Glauben bringt auch eine vertiefte Selbsterkenntnis des Menschen mit sich. In diesem Sinne ist gerade der jeweilige dritte Teil der Predigten mit seiner Anwendung auf das geistliche Leben keineswegs nur als erbauliches Supplement und moralische Anweisung zu verstehen, sondern zugleich (und zuvor noch) als theologischer Zuschuß zum Selbstverständnis des Menschen, etwa im Hinblick auf seine Würde, die erst im Lichte des Schöpfungsgedankens wie des Inkarnationsgeschehens ganz verständlich wird.[214] So sind in den einzelnen Teilen der Auslegung jeweils (A) die *theologische Erschließung* und (B) die *anthropologische Relevanz* der Aussagen zu unterscheiden.

Läßt sich im ganzen trotz der o.g. anderweitigen Strukturierung der Artikel des Glaubensbekenntnisses am Ende der *Collationes in Symbolum Apostolorum* eine Leitmotivik ausmachen, die im „klassischen“ dreiteiligen Aufbau des Credo ihre Angelpunkte besitzt, so wird es möglich, die wesentlichen inhaltlichen Aussagen in diesem Rahmen zu verorten.

---

[211] Vgl. *ebd.* 12 (n. 987): „Wie im natürlichen Leib das Wirken eines Gliedes dem ganzen Leib zugute kommt, so ist es im geistigen Leibe, nämlich in der Kirche. Weil alle Gläubigen ein Leib sind, wird das Gut des einen dem andern mitgeteilt. [...]. Und das nennt man ‚die Gemeinschaft der Heiligen‘“.

[212] Vgl. *ebd.* 13 (n. 999).

[213] Bemerkenswert ist in diesem Zusammenhang, daß der Glaube gleich zu Beginn mit einem Zitat aus *Hos* 2,20 in einen gedanklichen Zusammenhang mit der Ehe gebracht wird: Durch ihn „geht die christliche Seele gleichsam einen Ehebund mit Gott ein“ (prooem., n. 860). Nicht nur klingen hier für Thomas ungewohnte Töne einer „Brautmystik“ an, vor allem werden die *interpersonalen Dimensionen* des Glaubens in den Vordergrund gestellt.

[214] Vgl. dazu unten S. LVIII und LXIIIff.

6.2. Inhaltliche Schwerpunkte der Collationes in Symbolum Apostolorum

6.2.1. Gotteslehre (Art. 1-2)

(A) *Theologische Erschließung*. – Mit der Etymologie des Namens Gottes als „vorausschauender Lenker aller Dinge"[215] stellt Thomas seiner Auslegung der beiden ersten Artikel eine summarische Begriffsbestimmung[216] voran, die er in drei Hinsichten entfaltet:

(1) Mit dem argumentativen Nachweis einer *umfassenden Vorsehung Gottes* entspricht er nicht nur den Anfragen, die sich zu allen Zeiten an diese Aussage knüpfen. Zugleich reflektiert er damit, wie bereits gesagt, zeitgenössische akademische Streitfragen, die von Seiten der arabischen Aristoteles-Auslegung aufgeworfen waren, im Umkreis des „lateinischen Averroismus" diskutiert wurden und um die Begriffe der Notwendigkeit und Kontingenz bzw. um das Verhältnis von göttlicher Allmacht und menschlicher Freiheit kreisten (vgl. Art. 1, n. 869-871).[217]

(2) Die mit der umfassenden Vorsehung Gottes verbundene *Einzigkeit Gottes* besagt – im Sinne des jüdisch-christlichen Monotheismus – „daß es um die Fügung der Menschengeschicke wohlbestellt ist", denn: hier findet man das Viele gefügt und gelenkt durch den Einen"[218]. Die Erklärung verschiedener Gründe für die Annahme eines *Polytheismus* besitzt dabei einer-

---

[215] Zur Herkunft dieser Etymologie vgl. Johannes Damascenus, *De fide orthodoxa* I 9; zu ihrer Deutung durch Thomas: vgl. *S.th.* I 13,8 c. et ad 2. – Anknüpfungspunkt für den Gottesbegriff ist also weniger das aristotelische Konzept des reinen Aktes (*actus purus*) oder das des *ipsum esse subsistens*, sondern eher dasjenige des *intelligentiae intelligentia*; vgl. dazu Aristoteles, *Metaphysik* XII 9 (1074b34).

[216] Vgl. Thomas, *Comp. theol.* I 35 (Z. 2-11): „Deus est unus, simplex, perfectus, infinitus, intelligens et volens. Quae quidem omnia in symbolo fidei brevi articulo comprehenduntur, cum nos profitemur credere *in Deum unum omnipotentem*. Cum enim hoc nomen Deus a nomine Graeco quod dicitur Theos, dictum videatur, quod quidem a theaste dicitur, quod est videre vel considerare; in ipso Dei nomine patet quod sit intelligens, et per consequens volens."

[217] Unter dem Gesichtspunkt modallogischer Erörterung waren sie in den letzten Jahrzehnten intensiver Gegenstand der Interpretation philosophischer wie theologischer Mittelalterforschung. Einen *locus classicus* der Diskussion bildete dabei die Lehre von den sog. *futura contingentia* in Aristoteles, *Peri hermeneias* 9. – Vgl. zum Ganzen den Überblick bei H. Goris (1996), 257-265; zusammenfassend H.-G. Nissing (2006), 430-435.

[218] Vgl. Thomas, *Coll. in Symb. Apost.* 1 (n. 872).

seits „kulturhistorische" Implikate, nimmt aber offenbar andererseits zugleich Bezug auf das Alltagsverhalten der Zuhörer, so etwa im Hinblick auf astrologische oder divinatorische Praktiken[219] (vgl. Art. 1, n. 872-878).

(3) Seine Erläuterungen zum *Schöpfertum Gottes* schließlich beginnt Thomas mit einer popularisierten Formulierung (*rudi exemplo*) seines „Gottesbeweises", wie er ihn klassischerweise in den sog. „fünf Wegen (*quinque viae*)" in der *Summa theologiae* entwickelt hat.[220] Er macht den Grundduktus der dortigen Überlegungen sichtbar, insofern „aus der Größe und der Schönheit der Geschöpfe durch Vergleich deren Schöpfer zu erkennen" ist (*Weish* 13,5; vgl. auch den von Thomas wiederholt zitierten Vers *Röm* 1,20: „Das Unsichtbare Gottes wird durch die geschaffenen Dinge geistig erschlossen"; vgl. Art. 2, n. 878)[221]. – Auf dieser Basis wird der Schöpfungsbegriff selbst in *drei Richtungen* profiliert:

(a) gegen den dualistischen Irrtum der Manichäer, die ein gutes und ein böses Schöpfungsprinzip annahmen, stellt Thomas die umfassende Güte der materiellen wie geistigen Schöpfung heraus,

(b) gegen die Lehre von einer Ewigkeit der Welt, wie sie die Averroisten vertraten[222], deren zeitlichen Anfang durch eine entsprechende göttliche Initiative,

(c) gegen die Vorstellung, Gott habe aus bereits vorhandenem Stoff geschaffen, die Lehre von der Schöpfung aus dem Nichts (vgl. Art. 2, n. 879-881).

---

[219] Vgl. hierzu auch die thomanischen Opuscula *De sortibus, De iudicis astrorum* oder *De operationibus occultis naturae*; dazu U. Horst (2017), 123f.

[220] Vgl. Thomas, *S.th.* I 2,3 c.; weiterhin im Werk des Thomas: *Super I Sent.* d. 3 div. prim. part. textus; *S.c.G.* I 13; *Super Phys.* VII 2; VIII 9ff; *Super Metaph.* XII 5ff; *Super Ioan.* prol.; *Comp. theol.* 3.

[221] Der Grundduktus der *quinque viae* folgt dabei dem Ansatz (1) bei der Sinneserfahrung, die Kontingenz bezeugt, und erschließt unter (2) Hinzufügung eines allgemeinen Prinzips, nach dem Kontingenz nicht ihr eigener Letztgrund sein kann, und (3) unter dem Ausschluß der Möglichkeit eines *regressus in infinitum* ein Erstes, (4) „und das nennen alle Gott".– Der Gottesbeweis in den *Coll. in Symb. Apost.* ähnelt dabei am meisten der *quarta via*, die Gott mit Hilfe des Stufungsgedankens erschließt und ihr Vorbild u.a. im *Symposion* Platons hat (vgl. 209e-212c). – Immerhin: auch der Gottesbegriff Anselms von Canterbury, dessen darauf aufbauender Gottesbeweis gewissermaßen die große Alternative zu den thomanischen repräsentiert, findet Erwähnung: vgl. 2 (n. 882): „[Q]uidquid potest intelligi vel cogitari, minus est ipso Deo".

[222] Vgl. dazu Thomas, *S.th.* I 46,2. – Zum Ganzen A. Zimmermann (1976); R.C. Davis (1990).

Im Kern besagt Schöpfung, so Thomas, die *Mitteilung von Sein* - und zwar an jedes einzelne Geschöpf.[223] Zentrale Bedeutung für ein angemessenes Verständnis kommt dabei der begrifflichen Unterscheidung von „erschaffen (*creare*)" und „machen (*facere*)" zu:

> *Denn darin unterscheiden sich „erschaffen" und „machen", daß „erschaffen" aus nichts etwas machen bedeutet; „machen" aber bedeutet, eins aus dem andern machen. Wenn er also die Dinge aus nichts geschaffen hat, dann müssen wir glauben, daß er alles neu schaffen kann, wenn es zerstört wird. Er kann also einem Blinden das Augenlicht geben, einen Toten auferwecken, kurzum Wunder wirken: „Das Können steht dir zu Gebote, wenn du willst" (Weish 12,18).*[224]

Durch den eingangs genannten Ansatz der Gotteslehre bei der Vorsehung ist überdies die *Einheit von Schöpfung und Erhaltung* des Geschaffenen durch die Vorsehung von vorneherein verbürgt, die auch in der Schöpfungslehre der *Summa theologiae* die große Klammer bildet:[225] Schöpfung meint keineswegs deistisch ein einmaliges äußerliches Ingangsetzen der Dinge durch einen *Deus extramundaneus* (wie das Aufziehen eines Uhrwerks), sondern ein beständiges Tätigsein in der Weise der *creatio continua*: fortwährendes schöpferisches Erkennen, in dem Gott mit der Kreatur innerlich aufs engste verbunden ist und in ihr wirkt.[226]

Darüber hinaus illustriert das soeben angeführte Zitat die elementare und grundlegende Funktion, die der Schöpfungsgedanke bei Thomas für das Verständnis weiterer Glaubensinhalte, wie den Glauben an Wunder oder das Erlösungsgeschehen, besitzt. J. Pieper hat daher vom „Notenschlüssel Kreatürlichkeit"[227] gesprochen, der über dem Denken des Thomas im gan-

---

[223] Vgl. dazu bereits Thomas, *Coll. in Symb. Apost* 2 (n. 878). - Zum Ganzen vgl. H.-G. Nissing (2006), 396-403.

[224] Thomas, *Coll. in Symb. Apost* 2 (n. 881).

[225] Vgl. Thomas, *S.th.* I 44-49 und I 103-119.

[226] Vgl. Thomas, *Super Ioan.* I 5 (n. 133): „Deus vero operatur in omnibus ut interius agens, quia agit creando. Creare autem est dare esse rei creatae. Cum ergo esse sit intimum cuiuslibet rei, Deus, qui operando dat esse, operatur in rebus ut intimum agens".

[227] „Kreatürlichkeit" besagt dabei nach J. Pieper (2001c), 441: „[d]aß die Welt die Seinsqualität von etwas Erschaffenem habe und daß es außer dem Schöpfergott und seiner Kreatur nicht etwas Drittes gebe noch auch geben könne" - Zu den verschiedenen Dimensionen von „Kreatürlichkeit" auf Seiten der Geschöpfe vgl. zusammenfassend H.-G. Nissing

zen steht und zustimmend den Vorschlag G.K. Chestertons aufgenommen, man solle in Anlehnung an die Beinamen, die man anderen Heiligen gegeben habe – z.B. „Johannes vom Kreuz", „Theresia vom Kinde Jesu" – mit Blick auf den Aquinaten von „Thomas vom Schöpfer", „Thomas a Creatore", sprechen.[228]

(B) *Anthropologische Relevanz.* – Die Auswirkungen dieses Grundmotivs werden nicht zuletzt in den ausführlichen Anwendungen auf das geistliche Leben sichtbar, in welche die Darlegungen zum ersten Teil des Credo auslaufen. Sie zeichnen den *Menschen* nicht nur als einen von der göttlichen Majestät großzügig bedachten und beschenkten, dessen grundlegende Haltung daher die Dankbarkeit ist, ferner die Geduld und der rechte Gebrauch alles Geschaffenen zur Verherrlichung Gottes.[229] Sondern vor allem „werden wir zur Erkenntnis der menschlichen Würde geführt":

> *[W]egen seiner Seele, die einen freien Willen hat und unzerstörbar ist, […] ist der Mensch Gott ähnlicher als alle übrigen Geschöpfe. Wir müssen also […] die Würde des Menschen für höher erachten als die der übrigen Geschöpfe; und wir dürfen in keiner Weise unsere Würde erniedrigen durch Sünde und ungeordnete Hinneigung zu den leibhaften Dingen, die geringer sind als wir und zu unserem Dienst gemacht. Wir müssen uns so halten, wie Gott uns geschaffen hat. Gott schuf ja den Menschen, damit er über alles auf Erden herrsche und selber Gott untertan sei. Wir müssen also über die Schöpfung herrschen, Gott aber untertan sein, gehorchen und dienen und dadurch zum Genusse Gottes kommen, was uns der Allmächtige gewähren möge.*[230]

6.2.2. Christologie (Art. 3-9)

(A) *Theologische Erschließung.* – Daß der Großteil der *Collationes* den christologischen Inhalten des Glaubensbekenntnisses gewidmet ist, mag einerseits seinen Grund darin haben, daß die-

(2017c), 85f. – Im Ganzen macht gerade der Schöpfungsgedanke eine gewisse Großzügigkeit im Gottesbild sichtbar, und über allem spürt der Leser etwas von der Atmosphäre des ersten Schöpfungsmorgens.

[228] Vgl. J. Pieper (2001d), 441; G.K. Chesterton (1960), 85.

[229] Vgl. Thomas, *Coll. in Symb. Apost* 2 (n. 885).

[230] *Ebd.*, 2 (n. 886). – Vgl. parallel dazu *S.th.* I-II prol.

sen Inhalten die meisten Artikel gewidmet sind. Zugleich zeigt sich darin freilich auch die besondere *Christozentrik* der thomanischen Theologie, die bereits anhand der kardinalen Stellung der Lehre vom schöpferischen Wort erkennbar wurde. In seinen Darlegungen orientiert sich Thomas an einer Unterscheidung, die er auch der Christologie der *Summa theologiae* zugrundegelegt hat: (1) Zunächst werden mit der Frage nach dem Geheimnis der Menschwerdung selbst Gottheit und Menschheit Jesu Christi in ihrem Verhältnis zueinander bestimmt (Art. 3-4), ehe (2) die Ereignisse seines Leidens und Sterbens, seiner Auferstehung und Erhöhung betrachtet werden (Art. 5-9).[231] Dies hat zur Folge, daß die Ausführungen des ersten Teils einen stärker dogmatischen (und mitunter apologetischen), diejenigen des zweiten dagegen einen eher paränetischen Charakter haben.

(1) *Die Menschwerdung des Wortes*. – Mit Blick auf die Verhältnisbestimmung von Gottheit und Menschheit in Christus hat man treffend vom Konzept einer „Personchristologie" bzw. einer „Lehre vom Persongeheimnis Christi"[232] gesprochen – kommt dem Begriff der „Person" für die Erhellung der Vereinigung von göttlicher und menschlicher Natur in Christus doch die zentrale Bedeutung zu. Er ist Einheits- und Bezugspunkt, auf den hin die begrifflichen Unterscheidungen getroffen werden. – Die betreffenden Ausführungen der *Collationes* selbst haben dabei zwei Teile:

(a) Zunächst werden gegen verschiedene altkirchliche Häresien (Adoptianismus, Modalismus, Arianismus) die *Göttlichkeit Christi* als Sohn, seine Unterschiedenheit vom Vater als Person und seine Gleichwesentlichkeit mit dem Vater in der göttlichen Natur exponiert (vgl. Art. 3, n. 888-891). Hierbei hat die Lehre vom Wort die zentrale erschließende Funktion: Das Wort ist die zweite göttliche Person (vgl. Art. 3, n. 892-894).

(b) Im Anschluß wird – wiederum in der Auseinandersetzung mit einer Reihe von Irrtümern (Photinismus, Manichäismus, Valentinismus, Arianismus und Apollinarismus) – der genaue Sinn der *Menschwerdung* konturiert: In seiner Inkarnation hat der göttliche Sohn, als er vom Himmel herabgestiegen ist, keinen Schein-Leib angenommen, er wurde vom Heiligen Geist und nicht durch natürliche Zeugung empfangen auf das aktive Ja-Wort Mariens hin, und er besaß eine menschliche Seele mit

[231] Vgl. in der *S.th.* die „Personchristologie" in III 1-26 und die „Mysterien des Lebens Jesu" in III 27-59.

[232] O.-H. Pesch (1988), 332.

Leidenschaften, Verstand und Wille: „Mithin hatte er im wahrsten Sinne alles, was der Mensch hat, ausgenommen die Sünde".[233] Der die Ausführungen abschließende Rekurs auf die Irrlehren des Eutyches (378-454), der eine Vermischung von göttlicher und menschlicher Natur lehrte, und des Nestorius (386-451), der eine Zwei-Personalität in Christus annahm, deutet summarisch auf die zentrale Bedeutung hin, die die Begriffe „Person" und „Natur" für die Erörterungen der Menschwerdung haben und reflektiert noch einmal die „Geburt" des Personbegriffs im Horizont der Christologie (vgl. Art. 4, n. 897-904).[234]

(2) *Das Erlösungswerk.* - Eingeflochten in die Erörterungen zur Personchristologie, ja: ihnen eigentlich sogar als Vorzeichen vorangestellt, ist

(a) die Frage nach dem *Motiv der Menschwerdung*, das Thomas - ganz im Sinne der Formulierungen des Credo - mit dem Hinweis auf die Erlösung des Menschengeschlechts beantwortet: „Für uns Menschen und zu unserem Heil ist er vom Himmel herabgestiegen"[235]. Dementsprechend gehen die Aussagen des Glaubensbekenntnisses selbst ja auch von der Geburt Jesu unmittelbar zu seinem Leiden und Sterben über, ohne das irdische Leben Jesu in seiner Eigenbedeutung zu bedenken. Thomas, der in seinen Auslegungen diesem Grundduktus folgt, nutzt gleichwohl die Gelegenheit, gerade diesen Gesichtspunkt des irdischen Lebens Jesu wiederholt zu akzentuieren - gilt doch den „Mysterien des Lebens Jesu" innerhalb der *Summa theologiae* sein besonderes Augenmerk, die sie zum eigentlich innovativen Teil seiner Christologie machen.[236] Von daher erhält nicht nur das Motiv der Menschwerdung eine deutliche Modifikation durch den Gedanken der *Gottesfreundschaft*. Denn es gibt „kein anderes so offenkundiges Zeichen für die göttliche Liebe, als daß Gott, der Allschöpfer, Geschöpf geworden ist. Unser Herr ist unser Bruder (*frater noster*) geworden"[237], der „sein Leben für seine Freunde (*pro amicis suis*) dahingibt"[238] und dessen Freundschaft so weit reicht, daß er „allen seinen Freunden (*suis amicis omnibus*) in vollkomme-

[233] Thomas, *Coll. in Symb. Apost.* 4 (n. 903).

[234] Vgl. Boethius, *Tractatus V: Contra Eutychen et Nestorium* 4 (Z. 8-9): „[P]ersona vero rationabilis naturae individua substantia".

[235] Vgl. Thomas, *Coll. in Symb. Apost.* 4 (n. 898)

[236] Vgl. J.-P. Torrell (1995), 274.

[237] Thomas, *Coll. in Symb. Apost.* 4 (n. 907).

[238] *Ebd.* 5 (n. 920).

ner Weise zu Hilfe kommen wollte" – nicht nur in dieser, sondern auch in der Unterwelt (wo diese Freundschaft ihre Vollendung findet).[239] Nicht erst das Heilswerk der Erlösung, sondern bereits der Wandel unter den Menschen, der Umgang mit ihnen (vgl. *Bar* 3,38: „cum hominibus conversatus est")[240], kurz: die „Freude, bei den Menschen zu wohnen", gewinnt als Motiv der Menschwerdung ein Profil.[241] Mit seiner Vorstellung der Gottesfreundschaft, mit der Thomas die theologische Tugend der Liebe (*caritas*) in der *Summa theologiae* deutet, geht er dabei zugleich entschieden über Aristoteles hinaus, für den eine Freundschaft zwischen Göttern und Menschen unvorstellbar war.[242] – Entsprechend dieser *Nähe* des menschgewordenen Wortes zu seinen Brüdern gewinnt auch der von Thomas nachdrücklich wiederholte Hinweis auf die *Vorbildlichkeit Christi* im praktischen Verhalten seinen vertieften Sinn.[243] Wenn dabei insbesondere der *gekreuzigte Christus* und seine *Demut* als Leitbilder erscheinen, so wird man den besonderen Einschlag dominikanischer Spiritualität (und damit einen Reflex der eigenen Berufung des Thomas) nicht verkennen können.[244]

(b) Gleichwohl erscheint Christus in seinem *Leiden, Sterben und Auferstehen* und in seiner *Himmelfahrt* als Souverän. Hierauf weist bereits das mehrfach verwendete *Bild des Königs* hin, das die Auslegungen durchzieht.[245] Wie er nicht aus Schwäche oder Zwang, sondern aus eigener Kraft und freiwillig gestorben ist, „[w]ie er aus eigener Kraft sein Leben dahingab, so nahm er es aus eigener Kraft auch wieder an sich. Deswegen heißt es: ‚Er

[239] Vgl. *ebd.* 6 (n. 927); ferner *ebd.* (n. 930 und 933).

[240] Von daher heißt es in der zweiten Strophe des *Fronleichnamshymnus „Pange lingua"*: „[...] Et in mundo conversatus, sparso verbi semine."

[241] Zu einem erweiterten Motiv der Menschwerdung vgl. bereits oben S. XVII mit Bezug auf Thomas, *S.th.* III 40,1 c.

[242] Vgl. *S.th.* II-II 23,1. – Entscheidende Vermittlungsinstanz ist die Menschwerdung Gottes, durch die eine solche Freundschaft möglich wird.

[243] Vgl. dazu insbesondere Thomas, *Coll. in Symb. Apost.* 5 (n. 918-924); ferner 6 (n. 933).

[244] Typisch dominikanisch sind neben den genannten Ausführungen *ebd.* 5 (n. 920ff.) der besondere Hinweis auf die Demut Christi in 8 (n. 946) sowie die Bezeichnung der Mendikanten als „Arme" in 9 (n. 952)

[245] Vgl. *ebd.*, prooem. (n. 866); 3 (n. 896); 4 (n. 897; 909); 5 (n. 912; 918); 9 (n. 948; 956), v.a. 5 (n. 924), wo das Bild des (eschatologischen) Königs mit dem des Wortes gemäß *Offb* 19,11ff. zusammenfällt. Dieses Motiv steht im Übrigen als Vorzeichen über der ersten Strophe des *Hymnus „Pange lingua"*. – Vgl. von hier aus auch die wiederholten Bezüge auf den Kampf mit dem Teufel, z.B. prooem. (n. 863); 1 (n. 876); 6 (n. 928); 8 (n. 946); 11 (n. 986); 12 (n. 998); 13 (n. 1001).

erstand wieder' und nicht, er sei wie von einem anderen auferweckt worden"[246] (vgl. Art. 5-8, n. 910-947). – Folgerichtig gilt die besondere Aufmerksamkeit dem *eschatologischen Herrn*, der in seiner Himmelfahrt die Menschheit zur Vollendung gebracht hat[247] und als *rex gloriae* zum Gericht wiederkommen wird. Denn: „Zum Amt des Königs und Herrn gehört es, Gericht zu halten"[248]. Gerade die Auslegungen zum Artikel von der Wiederkunft Christi sind dabei als kleine christologische „Summe" gestaltet, die die verschiedenen Aspekte der Auslegungen bündelt:[249] Nicht nur taucht – als Konsequenz der Vorstellung Gottes als *provisor* und insbesondere der *Verbum*-Lehre – das Motiv des Blicks des göttlichen Richters auf, durch den alles Böse zerstreut wird[250], und vor dem alles bloß und offen darliegt.[251] Auch die Menschwerdung erscheint in einer konstitutiven Bedeutung für das Gericht: Richter ist Christus „nicht nur als Gott, sondern auch als Mensch"[252]. Dies aber ist nicht zuletzt notwendig, „damit die zu Richtenden den Richter sehen"[253] und „damit die Verzweiflung von den Menschen weiche, wenn sie von einem Menschen gerichtet werden; würde nämlich Gott allein Gericht halten, dann würden die Menschen vor Schreck verzweifeln"[254]. Dementsprechend erscheint auch die eigens thematisierte Furchtbarkeit des Gerichts, das über Gedanken,

---

[246] Vgl. *ebd.* 7 (n. 936). – Diese Eigenschaft begründet als erste von vieren die Einzigartigkeit der Auferstehung Christi, die sich ferner in der völligen Unvergleichlichkeit des neuen Lebens, zu dem sie führt, in ihrer Frucht und Wirksamkeit für andere und in ihrem Zeitpunkt in der Mitte der Zeiten zu anderen Auferstehungen unterscheidet.

[247] Vgl. in diesem Zusammenhang das o.g. *exitus-reditus*-Motiv als Schlüssel zum Leben Jesu in Thomas, *Coll. in Symb. Apost.* 8 (n. 946).

[248] Vgl. *ebd.* 9 (n. 948).

[249] Vgl. auch den sehr scholastischen Aufbau der Predigt im Hinblick auf (1) das Gerichtsverfahren, (2) die Furchtbarkeit des Gerichts und (3) unsere Vorbereitung darauf sowie die Gliederung des ersten Aspekts nach (1.1) Richter, (1.2) Gerichteten und (1.3) Gegenstand der Verhandlung. – Man denke in diesem Zusammenhang auch an die Bedeutung, die der eschatologische Christus für die Eucharistietheologie des Thomas hatte und an die Gewohnheit des Thomas, bei jeder Elevation die Worte aus dem *Te Deum* zu sprechen: „Tu rex gloriae, Christe". Vgl. dazu H.-G. Nissing (2018), XXXVIIIf.

[250] Vgl. Thomas, *Coll. in Symb. Apost.* 9 (n. 948) mit einem Zitat aus *Spr* 20,8.

[251] Vgl. *ebd.* 9 (n. 953) mit einem Zitat aus *Hebr* 4,13.

[252] Vgl. *ebd.* 9 (n. 949).

[253] Vgl. *ebd.*: „Die Gottheit aber ist so beglückend, daß niemand sie ohne Freude schauen kann. Deswegen wird kein Verdammter sie schauen, weil er dann Freude empfände. Deswegen muß er in Menschengestalt erscheinen, um von allen gesehen zu werden."

[254] *Ebd.*

tisierte Furchtbarkeit des Gerichts, das über Gedanken, Worte und Werke ergeht und einen vierfachen Unterschied unter den zu Richtenden kennt,[255] spürbar temperiert: „Den Gerechten wird er milde und beglückend erscheinen: ‚Sie werden den König in seiner Herrlichkeit schauen' (*Jes* 33,17)"[256] (vgl. Art. 9, n. 948-957).

(B) *Anthropologische Relevanz.* – Zugleich führt die Betrachtung Christi in anthropologischer Hinsicht vielfältig zu einer Vertiefung des menschlichen Selbstverständnisses:

(1) Im Licht der *Personchristologie* erscheint zunächst der Gedanke der Würde des Menschen, der schon schöpfungstheologisch angelegt war im Hinweis auf die Herrschaft des Menschen (die freilich zuallererst eine Herrschaft über sich selbst, ein *dominium sui actus,* beinhaltet[257]), christologisch untermauert:

> *So sehr wurde unsere Natur durch die Verbindung mit Gott geadelt und erhöht, daß sie zur Gemeinschaft mit einer göttlichen Person erhoben wurde. [...] Daher muß der Mensch, der diese Erhöhung ehrfürchtig betrachtet, verschmähen, sich und seine Natur durch die Sünde zu entwürdigen.*[258]

Aufgrund der dynamischen Struktur des Menschseins, das zwischen wesenhafter Wirklichkeit (*actus primus*) und tathafter Verwirklichung (*actus secundus*), zwischen Gegeben- und Aufgegebensein angesiedelt ist, kommt dabei den *Tugenden* eine zentrale Bedeutung zu: als Habitus sind sie Weisen, „sich in sich zu halten" bzw. sich „so [zu] halten, wie Gott uns geschaffen hat" (wie es oben hieß) – Dispositionen, in denen der Mensch sich selbst besitzt und zugleich ausgerichtet ist auf das Gute.[259] Dementsprechend werden vor allem die *theologischen Tugenden* des Glaubens, der Hoffnung und der Liebe von Thomas herausgestellt, da sie, wie gesehen, Gott zum Gegenstand haben und

---

[255] Vgl. *ebd.* 9 (n. 951f.) mit Gregor dem Großen.

[256] Vgl. *ebd.* 10 (n. 966).

[257] So die grundlegende phänomenologische Bestimmung der Person in Thomas, *S.th* I 29,1 c.: „[Personae] habent dominium sui actus, et non solum aguntur, sicut alia, sed per se agunt."

[258] Thomas, *Coll. in Symb. Apost.* 4 (n. 908).

[259] Daher kann J. Pieper (2005b) die Tugendlehre als „Aussage über den Menschen" bezeichnen, denn Tugend besagt „eine besondere Weise des Sich-selber-Habens, des Selbstbesitzes, wodurch sich der Mensch dessen, was er ist, erst eigentlich versichert" (244).

den Menschen in seinem Erkennen und Streben auf Gott hinordnen (vgl. Art. 4, n. 95-907).[260]

(2) Angesichts des Geschehens von *Leiden, Tod und Auferstehung Christi* gewinnt dieses grundlegende Bild vom Menschen seine weiteren Konturen – in seiner existentiellen Wendung prononciert ausgesprochen im vorangestellten Zitat aus dem österlichen *Exsultet*: „Umsonst wären wir geboren, hätte uns nicht der Erlöser gerettet"[261]. In diesem Bild erscheint der Mensch einerseits

(a) *als Sünder*, der mit vielfachem Übel behaftet ist und des Erbarmens Gottes bedarf. Die „Theologie der Sünde", die Thomas skizziert, verrät dabei eine sensible Psychologie, wenn er etwa die Sünde zunächst einmal unter dem Gesichtspunkt der Selbstverfehlung und als eine Beeinträchtigung der Schönheit der Seele darstellt[262] oder die durch die Sünde bewirkte konstitutive Schwächung seiner Natur als ein sukzessives Abrutschen darstellt, in dem der Mensch es aus eigenem Vermögen nicht mehr schafft, sich zu erheben, „es sei denn aus göttlicher Kraft"[263] (vgl. Art. 5, n. 913-918). Die damit zugleich einhergehende Dramatik der Trennung von Christus und die Erfahrung der menschlichen Erbarmungswürdigkeit, aber auch die Hoffnung auf Erbarmen findet eine eigentümliche Identifikationsfigur im Schächer am Kreuz. Bereits in seinem Hymnus *„Adoro te devote"* hatte Thomas gedichtet:

In cruce latebat sola deitas,
sed hic latet simul et humanitas.
Ambo vere credens atque confitens,
peto quod petivit latro paenitens.[264]

Die Auslegungen zum Credo formulieren gewissermaßen die Antwort auf diese Bitte (vgl. *Lk* 23,42: „Herr, denk an mich, wenn du in dein Reich kommst"):

Gott wurde versöhnt, die Hinfälligkeit weggenommen, die Strafe ausgelöscht, die Verbannten wurden ins Reich zurück-

[260] Zur Tugendlehre im ganzen vgl. H.-G. Nissing (2009), 68ff. und 75-79.

[261] Vgl. Thomas, *Coll. in Symb. Apost* .5 (n. 910).

[262] Vgl. *ebd.* 5 (n. 914).

[263] *Ebd.* 5 (n. 916). – Zum Ganzen H.-G. Nissing (2019).

[264] Thomas, *Hymnus „Adoro te devote"*, 3. Strophe: „Am Kreuz verbarg sich nur die Gottheit,/ hier aber verbirgt sich zugleich auch die Menschheit./ Indem ich beide wahrhaft glaube und bekenne,/ bitte ich, was der reuige Schächer bat."

> *gerufen. Und so wird dem Schächer auf der Stelle (statim) gesagt: „Heute wirst du bei mir im Paradiese sein" (Lk 23,43). Früher ist solches nicht gesagt worden. Keinem wurde es gesagt, nicht Adam, nicht Abraham, nicht David, sondern heute (hodie), da das Tor sich auftut, erbittet und findet der Schächer Verzeihung. „Vertrauen habend auf den Einzug in das Allerheiligste durch das Blut Christi" (Hebr 10,19).*[265]

(b) Kann der Mensch von daher andererseits *im Licht der Erlösung* leben, so verleiht ihm der Abstieg Christi in die Unterwelt sichere Hoffnung auf Gott, die freilich gepaart ist mit Furcht vor Vermessenheit und Sorge, v.a. aber versehen mit dem Anliegen der Solidarität und Hilfe für diejenigen, die sich am Reinigungsort befinden (vgl. Art. 6, n. 930-934); die Auferstehung Christi bestärkt ihn im Bemühen um geistige Auferstehung durch Buße und um beständige schnelle Umkehr, um das neue Leben der Gerechtigkeit zu führen und schon jetzt am Ewigen Leben teilzuhaben (vgl. Art. 7, n. 940-943); die Himmelfahrt Christi macht unter dessen Führerschaft seine Zuversicht am endgültigen Ziel seines Strebens fest, versichert ihn der Fürbitte des Sohnes beim Vater und des Zuspruchs, unsere Herzen zu sich zu ziehen (vgl. Art. 8, n. 947); die Erwartung des Gerichts endlich ist für ihn mit vier Heilmitteln begleitet: rechtem Tun, Bekenntnis und Buße für das Vergangene, Almosen sowie Gottes- und Nächstenliebe (vgl. Art. 9, n. 957).[266] Denn:

> *Jetzt ist die Zeit des Erbarmens. [...] Darum ist das Jetzt unsere Zeit, dann aber wird einzig die Zeit Gottes sein.* [267]

Über allem steht dabei das Motiv der *Freundschaft mit Christus* und des Verlangens, zu ihm zu gelangen:

> *Da Christus unser Bruder (frater noster) ist, müssen wir verlangen, bei ihm (esse cum eo) und mit ihm verbunden zu sein (coniungi ei): [...] Auch der Apostel hatte das Verlangen, aufgelöst zu werden und bei Christus zu sein. Dieses Verlangen (desiderium) wächst in uns durch die Betrachtung seiner Menschwerdung.*[268]

---

[265] Thomas, *Coll. in Symb. Apost.* 5 (n. 918).

[266] Vgl. gerade in diesen Zusammenhängen auch den wiederholten Rekurs auf das Gewissen: *ebd.* 9 (n. 953); 14 (n. 1017).

[267] *Ebd.* 9 (n. 955).

[268] *Ebd.* 4 (n. 909).

6.2.3. *Pneumatologie (Art. 10-14)*

(A) *Theologische Erschließung*. – Die Predigten zum dritten Teil des Credo, d.h. zu jenen Artikeln, die den Heiligen Geist betreffen, können wohl als der originellste Teil der *Collationes in Symbolum Apostolorum* gelten – finden sich doch hier Darlegungen, die keine Entsprechungen im sonstigen Werk des Thomas haben. Dies gilt sowohl für die Darstellung des Heiligen Geistes wie für die Lehre von der Kirche.

(1) *Der Heilige Geist als dritte göttliche Person*. – Parallel zu den beiden ersten Teilen stellt Thomas zunächst gegen verschiedene altkirchliche Häresien (Manichäismus, Princillanismus, Montanismus) die *Göttlichkeit* und *Personalität* des Heiligen Geistes heraus, indem er auf die fünf Klauseln des Nizäno-Konștaninopolitanums verweist: (a) der Geist ist nicht geschaffener Engel, sondern „Herr", (b) er bewirkt die Verbindung zu Gott durch die Liebe, weil er selbst Liebe und „Lebendigmacher" ist, (c) er ist kein Geschöpf, sondern gleichen göttlichen Wesens mit den anderen beiden Personen, insofern er „aus dem Vater und dem Sohn hervorgeht", (d) entsprechend gebührt ihm die gleiche Verehrung wie ihnen, da er „mit dem Vater und dem Sohn angebetet wird" und (e) in den Propheten die Eingebung Gottes bewirkt hat, da er „gesprochen hat durch die Propheten". – Neben dem sog. *Filioque*, das in der Auslegung lediglich gestreift wird[269], verdient von diesen Eigenschaften vor allem die Charakterisierung des Heiligen Geistes als Lebendigmacher, als *Spiritus Creator*, Aufmerksamkeit[270] – ist sie doch Erschließungsgrundlage für die folgenden Artikel über die Kirche (vgl. Art. 10, n. 958-965).

(2) *Der Heilige Geist als Prinzip der Kirche*. – Denn wenngleich Thomas die Kirche zunächst etymologisch als „Zusammenscharung der Gläubigen (*congregatio fidelium*; vgl. *Hebr* 2,4)" erklärt, so wird diese Vorstellung doch sogleich mit dem anthropologischen Bild der Belebung des Leibes durch die Seele – und dementsprechend der Kirche durch den lebendigmachenden Heiligen Geist – überformt und auf das paulinische Bild vom mysti-

[269] Vgl. *ebd.* 10 (n. 962). Die Auseinandersetzung mit der Trinitätstheologie der Griechen führt Thomas insbesondere im Opusculum *Contra errores Graecorum* (1263/4). – Vgl. dazu einführend U. Horst (2017), 114f.; J.-P. Torrell (1995), 141ff.

[270] Vgl. Thomas, *Coll. in Symb. Apost.* 10 (n. 961f.) mit einem wiederholt bei Augustinus zu findenden Zitat; ferner (n. 966).

schen Leib (*corpus mysticum*; vgl. *Röm* 12,14ff; 1 *Kor* 12,12) mit Haupt und Gliedern hin vertieft.[271]

(a) Dieses Bild ist einerseits Bezugspunkt für die Erläuterung der *vier Wesensmerkmale* der Kirche:

(i) diese ist eine *Einheit* aufgrund des Glaubens der Hoffnung und der Liebe (was Thomas mit dem Bild der Arche Noah illustriert[272]);

(ii) sie ist *heilig* aufgrund der Erlösungstat Christi, der Salbung durch den Heiligen Geist und der Einwohnung der Dreifaltigkeit (wobei er wiederholt auf Formulierungen der Liturgie der Kirchweihe anspielt[273]);

(iii) sie ist *katholisch*, sofern sie alle Räume, alle Stände und alle Zeiten umfaßt[274];

(iv) und sie ist *fest*, weil sie sich auf das Fundament Christi und der Apostel gründet (vgl. Art. 11, n. 973-986).

Interessant ist in diesem letzten Zusammenhang neben der die Auslegungen bestimmenden Orientierung am urkirchlichen Vorbild[275] vor allem die Hervorhebung der Rolle des Petrusamtes. Ihm kommt für die Ekklesiologie des Thomas eine ganz besondere Rolle zu, die sich nicht nur aus der jurisdiktionellen Nähe der Mendikanten zum Papsttum und die ihnen durch dieses gewährte Privilegierung erklärt, sondern auch theologisch seinen Grund in der Notwendigkeit einer die Einheit des Glaubens und seiner Wahrheit verbürgenden Instanz hat:

> *Die Kirche Petri steht lebenskräftig im Glauben und ist von Irrtümern rein. Nicht verwunderlich, da ja der Herr zu Petrus gesprochen hat: „Ich habe für dich gebetet, Petrus, daß dein Glaube nicht schwach werde" (Lk 22,32).* [276]

---

[271] Dabei bot die organologische Auffassung politischer Ordnung, wie sie sich etwa in der Philosophie des Aristoteles fand, eine ideale Entsprechung.

[272] Vgl. Thomas, *Coll. in Symb. Apost.* 11 (n. 976).

[273] Vgl. *ebd.* 11 (n. 977).

[274] Vgl. *ebd.* 11 (n. 982ff.). – Räumlich werden dabei drei Bereiche unterschieden: auf Erden, im Himmel und am Reinigungsort.

[275] Vgl. dazu ferner *ebd.* 5 (n. 912); 12 (n. 998). – Nicht zuletzt der Hinweis auf die Gemeinsamkeit der Güter (vgl. n. 987) deutet darauf hin, daß Thomas die Kirche als ganze offenbar nach dem Vorbild der Bettelorden bzw. diese als „Kirche im Kleinen" versteht.

[276] *Ebd.* 11 (n. 986). – Zum Ganzen vgl. U. Horst (2017), 185-199; 231-248 und 273-291. Horst weist darauf hin, daß bei der Begründung des päpstlichen Primats für Thomas dem zitierten Wort aus *Lk* 22,32 eine fast noch größere Bedeutung zukommt als der „klassischen" Berufungsszene *Mt* 16,18ff. (246).

(b) Andererseits ist die Vorstellung von Haupt und Gliedern die Grundlage, die Kirche als „Gemeinschaft der Heiligen" zu exponieren, die sich vor allem durch die *Teilnahme an den Sakramenten* der Kirche verwirklicht. In diesen ist „die Kraft des Leidens Christi wirksam", und die Teilnahme an ihnen „bewirkt [...] die Mitteilung der Gnade zur Sündenvergebung"[277]. – Während sich die *Systematik der sieben Sakramente*, die Thomas in Analogisierung von leiblichem und geistigem Leben des Menschen entwickelt, auch in anderen seiner Schriften findet[278], verdienen die übrigen Ausführungen zur Ekklesiologie eine besondere Beachtung, weil sie als einzige Skizze einer Lehre von der Kirche im *Corpus thomisticum* eine singuläre Rolle einnehmen. In den großen systematischen Darstellungen zur Theologie, insbesondere in der *Summa theologiae*, findet sich dagegen kein eigener Traktat „De ecclesia"[279] (vgl. Art. 12, n. 987-998).

(3) *Der Heilige Geist als Prinzip des Ewigen Lebens.* – Mit den eschatologischen Wirkungen des lebendigmachenden Heiligen Geistes treten schließlich die *anthropologischen Dimensionen des Glaubensbekenntnisses*, die – wie gesehen – von Beginn an Ausgangs- und Bezugspunkt der Auslegungen waren, eindeutig in den Vordergrund der thomanischen Predigten.

[277] *Ebd.* 12 (n. 988). – Zur Sündenvergebung als besonderer Wirkung des *corpus mysticum* und insbesondere zur wechselseitigen Kommunikation im Guten auch über den Tod hinaus vgl. auch *ebd.* (n. 996-998).

[278] Vgl. Thomas, *S.th.* III 65,1; ferner *Super IV Sent.* d. 2,1,2; *S.c.G.* IV 58; *De art. fid.* II (Z. 25-69). – Dazu H.-G. Nissing (2018), XLVIIff. (mit Übersicht).

[279] Dies gilt unbeschadet der Tatsache, daß die *S.th.* verschiedentlich ekklesiologische Abschnitte enthält, insbesondere in der Lehre von den kirchlichen Ständen und Ämtern, in der die Tugendlehre der *II-IIae* ihren Schlußpunkt findet (vgl. II-II 183-189), oder in der Sakramentenlehre der *IIIa Pars* (vgl. III 60-90). – Der zentrale Grund für diese „ekklesiologische Lücke" ist wohl in einer Sichtweise kirchlicher Wirklichkeit zu suchen, die diese als von der Ursprünglichkeit der Nachfolge Christi bewegt und auf das endgültige Heil und die Erlösung des Menschen hingeordnet begreift. Das Ideal des Mendikantentums mag dabei den paradigmatischen Hintergrund des Kirchenbildes des Thomas gebildet haben. Jedenfalls handelt es sich um eine primär spirituelle und theologische Sicht, die sich von jenen institutionellen (juristischen, politischen oder soziologischen) Wahrnehmungen unterscheidet, wie sie ab dem Beginn des 14. Jahrhunderts in den Vordergrund treten und die zu jener Zeit erscheinenden expliziten Traktate über die Kirche dominieren werden. – Vgl. G. Sabra (1987), 187-197. – Zum Ganzen vgl. H.-G. Nissing (2017b), 151-154.

(B) *Anthropologische Relevanz.* – Bereits die *Collationes* zu den Artikeln über den Heiligen Geist als Person und die Kirche enthielten verschiedene *Anwendungen auf den Menschen*, etwa die Herausstellung der biblischen Lehre von den Früchten des Geistes, die in der *Summa theologiae* als Komplementum der Tugendlehre erscheint[280], die Individualisierung des Heiligkeitsattributs der Kirche im Hinblick auf die persönliche Heiligung von Leib und Seele unter dem Motiv des Tempels[281] oder die intensive geistliche Verbundenheit und die entsprechende wechselseitige Teilhabe der Kirchenglieder aneinander.[282]

Mit der Rolle des Heiligen Geistes bei der Wiedererweckung der Leiber[283] nun wird die existentielle Relevanz der „Letzten Dinge" nachdrücklich zur Sprache gebracht: Trauer und Schmerz über den Tod anderer wie auch die Furcht vor dem eigenen Tode und die Sehnsucht des Menschen nach Ewigkeit gelten Thomas dabei als zentrale Bezugspunkte der Erläuterung der besonderen Bedeutung des Glaubens an die Auferstehung und der damit gegebenen Hoffnung.[284] Integraler Bestandteil dieser kleinen Eschatologie, die mit Blick auf den ungeschriebenen Traktat der *Summa theologiae* ebenfalls eine Lücke füllt[285], ist – der hylemorphistischen Konzeption des Menschen zufolge – nicht nur die Beschreibung des *Auferstehungsleibes* und *seiner Eigenschaften*[286], sondern vor allem die Herausstellung des Ewigen Lebens als Ziel menschlicher Sehnsucht (vgl. Art, 13, n. 999-1009).[287]

Die *Collationes in Symbolum Apostolorum* enden daher mit einem eigenen Crescendo, in dem sogar der Polemiker Thomas kurz aufblitzt[288], und entfalten mit der Lehre von der voll-

---

280 Vgl. Thomas, *S.th.* I-II 70 nach *Gal* 5,22; in den *Coll. in Symb. Apost.* allerdings nur mit punktuellen Bezügen. – Von größerer systematischer Bedeutung ist demgegenüber bei Thomas die Lehre von den sieben Gaben des Heiligen Geistes nach *Jes* 11,1f.: vgl. *S.th.* I-II 68 und II-II prol.; zum Ganzen U. Horst (2001).

281 Vgl. Thomas, *Coll. in Symb. Apost.* 11 (n. 981).

282 Vgl. *ebd.* 12 (n. 997).

283 Vgl. *ebd.* 13 (n. 999).

284 Vgl. *ebd.* 13 (n. 1000-1003).

285 Bekanntlich hatte Thomas seine Arbeit an diesem Werk nach einer Vision am Nikolaustag 1273 mitten in der Sakramentenlehre im Traktat über die Buße abgebrochen: Vgl. *Liber de inquisitione super vita et conversatione et miraculis fratris Thomae de Aquino* (ed. Prümmer), n. 79 [Bartholomäus de Capua], 376-377.

286 Vgl. Thomas, *Coll. in Symb. Apost.* 13 (n. 1009).

287 Vgl. *ebd.* 14 (n. 1010).

288 Nämlich wenn es um die Frage des Ganztodes von Leib und Seele

kommenen Glückseligkeit in der Anschauung Gottes ein Lehrstück, das Thomas besonders am Herzen liegt. Dies wird an der mitunter sehr affektiven Färbung der Darlegungen sichtbar.[289] Vor allem entspricht es jener teleologischen Grundbestimmung menschlichen Daseins, in der der Mensch mit seinem natürlichem Verlangen auf die vollkommene Glückseligkeit als letztes Ziel hingeordnet ist. Sie bestimmt - von Aristoteles her - die Grundstruktur der thomanischen Anthropologie und Ethik.[290] Von daher tauchen zentrale Elemente der Glückseligkeitslehre, mit der Thomas den zweiten Teil der *Summa theologiae* begonnen hatte, hier in der Beschreibung des Ewigen Lebens wieder auf: es verleiht dem Menschen vollkommene Sättigung seines Verlangens, überreiche Erfüllung an allem, was Freude bringt (seien es Ergötzen, Ehre oder Wissenschaft[291]), vollkommene Sicherheit und Gemeinschaft mit allen Seligen, vor allem aber die Verbindung mit Gott in vollkommener Schau und höchstem Lobpreis - womit sich der Kreis zum Anfang schließt und das Ewige Leben als jene Erfüllung sichtbar wird, auf die der Glauben anfanghaft angelegt ist[292] (vgl. Art. 14, n. 1010-1018):

> *So wird wie ein Zeichen an den Schluß von allem gesetzt: „Das Ewige Leben", damit es sich immer mehr dem Gedächtnis einpräge. Zu diesem Leben möge uns führen der Herr Jesus Christus, Gott, hoch gelobt in Ewigkeit. Amen.*[293]

---

geht: vgl. *ebd.* 14 (n. 1010). Thomas gebraucht hier ein ähnlich „herzhaftes" Argument wie in der Debatte um den lateinischen Averroismus, wo er meint, die Vertreter der These einer Getrenntheit des Intellekts nicht ernst nehmen zu müssen - schließlich seien sie, ihren eigenen Prinzipien zufolge, gar nicht sie selbst es, die diese These vertreten.

[289] Vgl. dazu auch die letzte Strophe von Thomas' wohl persönlichstem Gebet, dem Hymnus *„Adoro te devote"*: „7. Iesu, quem velatum nunc aspicio,/ quando fiet illud quod tam sitio,/ ut te revelata cernens facie,/ Visu sim beatus tue gloriae".

[290] Vgl. H.-G. Nissing (2009), 58-61.

[291] Vgl. parallel Thomas, *S.th.* I-II 2,4-7, mit der aufsteigenden Durchmusterung verschiedener Gegenstände des Glücks, die allesamt der „Unersättlichkeit" des menschlichen Verlangens nicht zu genügen vermögen. - Vgl. parallel dazu die Zeichnung eines „ewigen Todes" als alternative Möglichkeit *ebd.* (n. 1017).

[292] Thomas, *Coll. in Symb. Apost.* 14 (n. 1013) mit der Hinordnung des Menschen auf die Erkenntnis der Wahrheit als Hintergrund: „Dort wirst du die vollkommenste haben, denn das Wesen aller Dinge und alle Wahrheit werden wir wissen und was immer sonst wir wünschen."

[293] *Ebd.* 14 (n. 1018).

7. Zur Textgestalt der vorliegenden Ausgabe

Der dieser Ausgabe zugrunde gelegte lateinische Text der *Collationes in Symbolum Apostolorum* folgt der bereits genannten Marietti-Ausgabe[294], der, wie gesagt, bis zum Erscheinen des Textes in der *Editio Leonina* die relevante Textfassung bietet. Die genannte vorläufige kritische Edition von H. Dondaine, die N. Ayo 1988 mit seiner englischen Übersetzung veröffentlicht hat, bringt überdies kaum wesentliche Varianten, auch wenn er näher am gesprochenen Wort des Predigers Thomas ist.[295] Einzig die wichtige Einteilung der Predigten in 15 statt in 13 wurde im folgenden übernommen. Aufgenommen wurden darüber hinaus die Korrekturen, die E. Alarcon an der von ihm auf der Homepage http://www.corpusthomisticum.org publizierten Version der Marietti-Ausgabe vorgenommen hat. Übernommen wurde aus der Marietti-Ausgabe schließlich die Numerierungssystematik, mit der die Herausgeber der Marietti-Ausgabe die größeren, nicht in Quaestionenform abgefaßten Werke versehen haben, um eine Übersichtlichkeit und leichtere Zitierbarkeit der thomanischen Texte zu gewährleisten, und die inzwischen kanonische Geltung besitzt. Überdies wurde der lateinische Text für die vorliegende Ausgabe mit bibliographischen Nachweisen der Kirchenväterzitate ergänzt.

Seine Wiedergabe orientiert sich an jenen geringfügigen Kürzungen, die Pieper, Raskop und Schulte vorgenommen haben und die ihren Grund im Anliegen haben, „eine den heutigen Menschen unmittelbar ansprechende Übersetzung"[296] zu erstellen, der die wesentlichen Gedanken der übersetzten Vorlage enthält.[297]

---

[294] *S. Thomae Aquinatis Opuscula theologica*, vol. 2, cura et studio R.M. Spiazzi, Turin - Rom ²1953, 191-217.

[295] Vgl. N. Ayo (1988), 6: „This text simplifies and somewhat shortens the Aquinas commentary on the creed by dropping later Scripture accretions and various explanatory glosses. It is a trim and authentic text, with the clutter of the centuries stripped away. Some Scripture quotations, especially from Luke and Ephesians are rerored. The abbreviated prayer at the end of each article is included. A final paragraph that talks of the divisions of the creed is placed in the text." – Zusammenfassend heißt es: „Nevertheless, the difference between the Leonine edition and previous editions does not seem sufficient to mark a revision of Aquinas's 'Collationes Credo in Deum'."

[296] Vgl. das Nachwort zur Erstauflage, 216.

[297] Diese Kürzungen betreffen v.a. Schriftzitate. Eine längere Passage wurde lediglich im Kommentar zum 13. Artikel ausgelassen, wo es um noch eine eingehendere Beschreibung der Gestalt des Auferstehungsleibes geht (vgl. n. 1004-1007). – Die Kürzungen sind im lateinischen und

Der Dank der Herausgeber gilt dem Leiter des Pneuma-Verlages, Dr. Dr. Thomas Schumacher, für die freundschaftliche Unterstützung des Projektes der Gesamtausgabe der Thomas-Übersetzungen Josef Piepers, der Josef-Pieper-Stiftung für die Gewährung eines Druckkostenzuschusses sowie Frederik Brand für die umsichtige und gründliche Hilfe bei den Korrekturarbeiten.

8. Abkürzungsverzeichnis der zitierten Werke des Thomas

Super I-IV Sent.	= *Scriptum super libros Sententiarum*
S.c.G.	= *Summa contra Gentiles*
S.th.	= *Summa theologiae*
Comp. theol.	= *Compendium theologiae*
Q. de ver.	= *Quaestiones disputatae de veritate*
Princ. I	= *Principium „Rigans montes"*
Super Matth.	= *Super Evangelium S. Matthaei lectura*
Super Ioan.	= *Lectura super Ioannem*
Super Ad Rom.	= *Lectura super Epistolam Pauli Apostoli ad Romanos*
Super I Ad Cor.	= *Lectura super Epistolam Pauli Apostoli ad Corinthios*
Super Ad Tit.	= *Lectura super Epistolam Pauli Apostoli ad Titum*
Exp. Post.	= *Expositio libri Posteriorum*
Super Phys.	= *Sententia super Physicam*
Super Metaph.	= *Sententia super Metaphysicam*
Contra impugn.	= *Contra impugnantes Dei cultum et religionem*
De perf.	= *De perfectione spiritualis vitae*
Contra retrah.	= *Contra doctrinam retrahentium a religione* [= *Contra retrahentes*]
De unitate	= *De unitate intellectus contra Averroistas*
De ente	= *De ente et essentia*
De art. fid.	= *De articulis fidei*
Coll. in dec. praec.	= *Collationes in decem praecepta*
Coll in Symb. Apost.	= *Collationes in Symbolum Apostolorum*

deutschen Text durch eckige Klammern gekennzeichnet, Einfügungen (wie die Angabe der *lectiones*) im deutschen Text durch spitze Klammern.

9. Literaturverzeichnis

A. *Übersetzungen der Auslegungen zum Apostolischen Glaubensbekenntnis*

Katechismus des Hl. Thomas von Aquin oder Erklärung des apostolischen Glaubensbekenntnisses, des Vaters Unsers, Ave Maria und der zehn Gebote Gottes, ed. A. Portmann/F.-X. Kunz, Luzern 1882; ND Kirchen/Sieg 1971 [deutsch].

Ich glaube an Gott. Eine Erklärung des Glaubensbekenntnisses und der Schriften über das Vaterunser und den Englischen Gruß, ed. W. Reich, Freiburg/Br. 1958 [deutsch].

Thomas von Aquin als Seelsorger. Drei kleine Werke, ed. F. Hoffmann, Leipzig 1989 ([2]1998), 31-115 [deutsch].

Three Greatest Prayers: Commentaries on the 'Our Father', the 'Hail Mary', and the 'Apostles' Creed', ed. L. Shapcote/T. Gilby, London 1937 ([2]1956), 3-98; erweiterte Neuausgabe: ed. L. Shapcote/R. McInerny, Manchester [New Hampshire] 1990 ([2]1997), ab 2000 u.d.T. *The Aquinas Catechism* [englisch].

The Catechetical Instructions of St. Thomas, ed. J.B. Collins, New York 1939, 3-66 [englisch].

The Sermon-Conferences of St. Thomas Aquinas on the Apostles' Creed: Translated from the Leonine Edition Pages, ed. N. Ayo, Notre Dame/Ind. 1988 [englisch].

Credo. Traduction et notes (= Collection Docteur Commun), ed. un moine de Fongombault, Paris 1969 [französisch].

Opuscoli spirituali: commenti al Credo, al Padre nostro, all'Ave Maria e ai dieci Comandamenti. In appendice L'Ufficio e la Messa del 'Corpus Domini' e le preghiere di San Tommaso. Traduzione e note, ed. P. Lippini (= Opere di San Tommaso, 11), Bologna 1999 [italienisch].

Credo. Commento al Simbolo degli Apostoli, ed. P. Lippini/ G.M. Carbone, Bologna 2012 [italienisch].

El Credo comentado, ed. J. Cinciarelli, Buenos Aires 1944 [spanisch].

Escritos de catequesis, ed. J.I. Saranyana (= Patmos. Libros de Espiritualidad, 155) Madrid 1975 ([2]1978); Neuausagabe: *Obras catequéticas: Sobre el Credo, Padrenuestro, Avemaría, Decálogo y los siete sacramentos. Estudio preliminar y anotaciones,* ed. J.I. Saranyana (= Biblioteca de Escritos Medievales, 2), Pamp-lona 1995 [spanisch].

El Credo, ed. S. Abascal Carranza (= Santo Tomás de Aquino, 1), Mexico-City 1989 [spanisch].

El Credo. Exposición del Símbolo de los Apóstoles, ed. M. Ortega, Madrid 1994 [spanisch].

Opúsculos y cuestiones selectas, IV, Teologia 2, ed. A. Osuna Fernández-Lsargo, Madrid 2007 [spanisch].
Credo. Tradução, préfacio, introdução e notas, ed. A. Trevisan, Rio de Janeiro 2006 [portugiesisch].

B. *Zitierte Werke des Thomas von Aquin*

Breve principium fratris Thomae de commendatione Sacrae Scripturae 'Rigans montes', in: *Opuscula theologica,* vol. 1, ed. R.A. Verardo, Turin - Rom 1954, 441-443.
Compendium theologiae seu Brevis compilatio theologiae ad fratrem Raynaldum: *Opuscula,* vol. 3, ed. H.-F. Dondaine/G. de Grandpré (= Editio Leonina, 42), Rom 1979, 1-205.
De articulis fidei Ecclesiae sacramentis ad archiepiscopum Panormitanum, in: *ebd.,* 207-257.
De ente et essentia, in: Opuscula, vol. 4, ed. H.-F. Dondaine (= Editio Leonina, 43), Rom 1976, 315-381.
De unitate intellectus contra Averroistas, in: *ebd.,* 243-314.
Expositio libri Posteriorum. Editio altera retractata, ed. R.-A. Gauthier (= Editio Leonina, 1*2), Rom - Paris 1989.
In duo praecepta caritatis et in decem legis praecepta expositio, in: *Opuscula theologica,* vol. 2, ed. R.M. Spiazzi, Turin - Rom [2]1953, 243-271.
In duodecim libros Metaphysicorum Aristotelis expositio, ed. M.R. Cathala, Turin - Rom [2]1971.
In octo libros Physicorum Aristotelis expositio, ed. M. Maggiòlo, Turin - Rom 1965 (1954).
In Symbolum Apostolorum, scilicet 'Credo in Deum' expositio, in: *Opuscula theologica,* vol. 2, ed. R.M. Spiazzi, Turin - Rom [2]1953, 191-217.
Liber Contra doctrinam retrahentium a religione, in: *Opuscula,* vol. 2, ed. H.-F. Dondaine (Editio Leonina, 41), Rom 1969-1970, Pars C.
Liber Contra impugnantes Dei cultum et religionem, in: *ebd.,* Pars A.
Liber De perfectione spiritualis vitae, in: *ebd.,* Pars B.
Liber de veritate catholicae Fidei contra errores infidelium seu Summa contra gentiles, ed. P. Marc/C. Pera/P. Caramello, 3 vol., Paris - Turin 1961.
Officium de festo Corporis Christi ad mandatum Urbani Papae IV dictum Festum istituentis, in: *Opuscula theologica,* vol. 2, ed. R.A. Verardo/R. Spiazzi, Rom - Turin 1954, 273-281.
Quaestiones disputatae de veritate, vol. 1-3, ed. A. Dondaine (= Editio Leonina, 22), Rom 1972-1976.
Scriptum super libros sententiarum Magistri Petri Lombardi, vol. 1-2, ed. P. Mandonnet; vol. 3-4, ed. M. F. Moos, Paris 1929-1947.
Summa theologiae (= Editio Leonina, 4-12), Rom 1888-1906.

Super Epistolam ad Romanos lectura, Super Epistolas S. Pauli lectura, vol. 1, ed. R. Cai, Turin - Rom [8]1953, 1-230.
Super Epistolam I ad Corinthios lectura, in: *ebd.*, 231-435.
Super Epistolam ad Titum lectura, in: *Super Epistolas S. Pauli lectura,* vol. 2, ed. R. Cai, Turin - Rom [8]1953, 301-326.
Super Evangelium S. Ioannis lectura, ed. R. Cai, Turin - Rom [6]1972.
Super Evangelium S. Matthaei lectura, ed. R. Cai, Turin - Rom [5]1951.

C. Quellentexte zum Leben des Thomas von Aquin

Chartularium Universitatis Parisiensis, ed. H. Denifle/C. Chatelain, Bd. II, Paris 1889.
Constitutiones antiquae Ordinis Praedicatorum, ed. A.H. Thomas, Löwen 1965.
Fontes vitae s. Thomae Aquinatis notis historicis et criticis illustrati, ed. D. Prümmer/M.-H. Laurent, Toulouse o.J. – Darin:
- *IV. Processus canonizationis S. Thomae, Napoli,* 265-407.
- *VI. Documenta,* 531-677.

Wilhelm von Tocco, *Ystoria s. Thomae de Aquino,* ed. C. Le Brun-Gouanvic, Montreal 1996.

D. Weitere Quellentexte

Albertus Magnus, *De sacrificio missae,* in: *Opera omnia,* ed. A. Borgnet, vol. 38, Paris 1899, 1-165.
Ambrosius von Mailand, *Epistulae,* in: J.-P. Migne, PL 16, Paris 1845, 1219-1286A.
–, *Epistulae et acta,* ed. M. Zelzer (= CSEL 82), Wien 1990.
–, *Explanatio Symboli,* ed. O. Faller (= CSEL, 73), Wien 1955.
Aristoteles, *Analytica posteriora,* in: *Aristotle, Prior and Posterior Analytics,* ed. W.D. Ross/L. Minio-Paluello (= SCBO), Oxford 1964, 114-183.
–, *De caelo et mundo,* ed. D.J. Allan (= SCBO), Oxford 1936, ND 1965.
–, *Metaphysik,* ed. W. Jaeger (= SCBO), Oxford 1957.
–, *De partibus animalium,* in: *Aristotle, Parts of Animals – Movement of Animals – Progression of Animals,* ed. A.L. Peck/E.S. Forster (= Loeb Classical Library), London - Cambridge/ Mass. 1937, ND 1968, 52-431.
–, *Peri hermeneias (De interpretatione),* in: *Aristotle, Categoriae et Liber de interpretatione,* ed. L. Minio-Paluello (= SCBO), Oxford [4]1966 (1949), 47-72.
–, *Sophistische Widerlegungen,* in: *Aristotle, Topica et Sophisti elenchi,* ed. W.D. Ross (= SCBO), Oxford 1958, 190-251.
–, *Topik,* in: *ebd.,* 1-189.

Augustinus, *De praedestinatione sanctorum liber ad Prosperum et Hilarium primus*, in: J.-P. Migne, PL 44, Paris 1845, 959-992.
–, *De fide spe et caritate liber unus* [= *Enchiridion*], ed. J. Zycha (= CCL, 46), Wien 1900, 49-114.
–, *Sermones*, in: J.-P. Migne, PL 38, Paris 1865.
Boethius, *Liber de persona et duabus naturis contra Eutychen et Nestorium*, in: ders., *Die Theologischen Traktate*, lat.-dt., ed. M. Elsässer (= Philosophische Bibliothek, 397), Hamburg 1988, 64-115.
Bonaventura, *Sermones dominicales*, ed. J. Bougerol, Grottaferrata 1977.
Johannes Damascenus, *Expositio accurata Fidei Orthodoxae/ Versiones Burgundionis et Cerbani*, ed. E.M. Buytaert, St. Bonaventure/N.Y. - Louvain - Paderborn 1955.
Hieronymus, *Epistulae*, in: J.-P. Migne, PL 22, Paris 1845.
Leo der Große, *Praefatio symboli ad electos*, in: J.-P. Migne, PL 74, Paris 1850, 1088-1093.
Petrus Cantor, *Verbum abbreviatum*, in: J.-P. Migne , PL 205, Paris 1855, 21-554.
Platon, *Werke in acht Bänden, griechisch und deutsch*, übers. v. F. Schleiermacher, ed. G. Eigler u.a., Darmstadt ^{2}1990.
Rufinus, *Opera*, ed. M. Simonetti (= CCL, 20), Brepols 1961.

E. Sekundärliteratur

Ayo, N. (1988): „Introduction“, „Notes“ und „Appendix I and II“, in: *The Semon-Conferences of St. Thomas Aquinas on the Apostle's Creed*, Notre Dame/Ind., 1-14, 161-167 und 169-201.
Bataillon, L.-J. (1974): „Les sermons de saint Thomas et la *Catena aurea*“, in: E. Gilson (ed.), *St. Thomas Aquinas 1274-1974. Commemorative Studies I*, Montreal, 67-75.
- (1976): „Les crises de l'université de Paris d'après les sermons universitaires, in: A. Zimmermann (ed.), *Die Auseinandersetzungen an der Pariser Universität im XIII. Jahrhundert* (= MM, 10), Berlin - New York, 155-169.
- (1986): „De la lectio à la praedicatio. Commentaires bibliques et sermons au XIIIe siècle“, in: *Revue des Sciences philosophiques et théologiques* 70 (1986), 559-575.
- (1988): „Les sermons attribués à saint Thomas: Questions d'authenticité“, in : A. Zimmermann (ed.), *Thomas von Aquin. Werk und Wirkung im Licht neuerer Forschungen* (= MM, 19), Berlin - New York, 325-341.
- (2014): „Introduction“, in: *Sancti Thomae de Aquino Sermones* (= Opera omnia, 44,1), Rom - Paris 2014, 7*-200*.

Briscoe, M.G./Jaye, B.H. (1992): *Artes Praedicandi/Artes Orandi* (= Typologie des sources du Moyen Age occidental, 61), Turnhout.

Chenu, M.-D. (²1982): *Das Werk des hl. Thomas von Aquin*, Graz - Wien - Köln.

Chesterton, G.K. (1960): *Der stumme Ochse. Über Thomas von Aquin*, Freiburg/Br.

Collins, J.B. (1939): „Introduction", in: *The Catechetical Instructions of St. Thomas Aquinas*, New York, 6-11.

Dales, R.C. (1990): *Medieval discussions of the eternity of the world*, Leiden.

Eckert, W.-P. (1961): *Kleine Geschichte der Universität Köln*, Köln.

Gauthier, R.-A. (1984): „Préface", in: *Sancti Thomae Aquinatis Sententia libri De anima* (= Opera omnia, 45.1), Rom - Paris, 1*-294*.

- (1989a): „Préface", in: *Sancti Thomae Aquinatis Expositio libri Peryermeneias (Editio altera retractata)* (= Opera omnia, 1*1), Rom - Paris, 1*-88*.

Goering, J. (1998): „Christ in Dominican Catechesis: The Articles of Faith", in: K. Emery Jr./J. Wawrykow (eds.), *Christ among the Medieval Dominicans. Representations of Christ in the Texts and Images of the Order of Preachers*, Notre Dame, 127-138.

Goris, H.J.M.J. (1996): *Free Creatures of an Eternal God. Thomas Aquinas on God's Infallible Foreknowledge and Irresistible Will*, Nijmegen.

Hödl, L. (1962): „‚Articulus fidei'. Eine begriffsgeschichtliche Arbeit", in: J. Ratzinger/H. Fries (eds.), *Einsicht und Glaube*, Freiburg/Br., 358-376.

Horst, U. (1995): *Kurze Geschichte des Dominikanerordens*, München.

- (1996): *Evangelische Armut und Kirche. Thomas von Aquin und die Armutskontroversen des 13. und beginnenden 14. Jahrhunderts*, Berlin.

- (1999): *Bischöfe und Ordensleute.* Cura principalis animarum *und* via perfectionis *in der Ekklesiologie des hl. Thomas von Aquin*, Berlin.

- (2000): „Evangelische Armut und Kirche. Ein Konfliktfeld in der scholastischen Theologie des 13. Jahrhunderts", in: J.A. Aertsen (ed.), *Geistesleben im 13. Jahrhundert* (= MM, 27), Berlin - New York, 308-320.

- (2001): *Die Gaben des Heiligen Geistes nach Thomas von Aquin*, Berlin.

- (2006): *Wege in die Nachfolge Christi. Die Theologie des Ordensstandes nach Thomas von Aquin*, Berlin.

- (2017): *Thomas von Aquin. Predigerbruder und Professor*, Paderborn.

Knapiński, R. (1998): „Ikonographie des Apostels Jakobus im Kontext der Darstellungen des Credo Apostolorum", in: K. Herbers/R. Plötz (eds.), *Der Jakobuskult in „Kunst" und „Literatur"*, Tübingen, 15-49.

Köpf, U.: (1974): *Die Anfänge der theologischen Wissenschaftstheorie im 13. Jahrhundert*, Tübingen.

Leclercq, J. (1946): „Le magistère du prédicateur au XIIIe siècle", in: *Archives d'histoire doctrinale et littéraire du Moyen Age* 21, 105-147.

Lubac, H. de (1975): *Credo. Gestalt und Lebendigkeit unseres Glaubensbekenntnisses*, Einsiedeln.

Mandonnet, P. (1924): „Le Carême de Saint Thomas d'Aquin à Naples (1273)", in: *San Tommaso d' Aquino O.P. Miscellanea storico-artistica*, Rom, 195-212.

Marschler, T. (2003): „Das Hohepriestertum Jesu Christi nach dem hl. Thomas von Aquin", in: *Doctor Angelicus* 3 (2003) 143-164.

Nissing, H.-G. (2006): *Sprache als Akt bei Thomas von Aquin*, Leiden – New York.

– (2009): „Der Mensch auf dem Heimweg zu Gott. Christlicher Eudaimonismus bei Thomas von Aquin", in: ders./J. Müller (eds.), *Grundpositionen philosophischer Ethik. Von Aristoteles bis Jürgen Habermas*, Darmstadt, 53-82.

– (2017a): „Zeuge des Wortes. Thomas von Aquin und sein Kommentar zum Prolog des Johannes-Evangeliums", in: Thomas von Aquin, *Das Wort. Kommentar zum Prolog des Johannes-Evangeliums. Übersetzt von Josef Pieper* (= Einführende Schriften, 1), München, XIII-LXXIII.

– (2017b): „‚Der Mensch ist nicht als ganzer und mit allem hingeordnet auf die politische Gemeinschaft, ... sondern auf Gott.' Weltliche und geistliche Herrschaft bei Thomas von Aquin", in: R. Schönberger (ed.), *Die Bestimmung des Menschen und die Bedeutung des Staates. Beiträge zum Staatsverständnis des Thomas von Aquin*, Baden-Baden, 131-169.

– (2017c): „In Aquino veritas. Josef Pieper als Leser und Schüler des hl. Thomas", in: T. Möllenbeck/B. Wald (eds.), *Die Wahrheit bekennen*, München, 68-115.

– (2018): „Das Vermächtnis des Thomas von Aquin. Zum Eucharistietraktat der Summa theologiae", in: Thomas von Aquin, *Das Herrenmahl. Der Eucharistietraktat der Summa theologiae. Übersetzt von Josef Pieper* (= Einführende Schriften, 2), München, VII-LXXIX.

– (2019): „‚Der Mensch, indem er sündigt, weicht vom Gesetz Gottes ab.' Josef Pieper und Thomas von Aquin über das Phänomen der Sünde", in: T. Möllenbeck/B. Wald (eds.), *Schuld und Sünde – Eine notwendige Klärung mit C.S. Lewis und Josef Pieper*, Paderborn.

Pesch, O.H. (1988): *Thomas von Aquin. Grenze und Größe mittelalterlicher Theologie. Eine Einführung*, Mainz.

Pieper, J. ([2]1987): „Über Thomas von Aquin" (1940), in: Thomas von Aquin, *Sentenzen über Gott und die Welt, lat.-dt., zusammengestellt, verdeutscht und eingeleitet von Josef Pieper* (= Christliche Meister, 33), Einsiedeln - Trier, 9-40.

- (1997): *Wahrheit der Dinge. Eine Untersuchung zur Anthropologie des Hochmittelalters* (1944), in: ders., *Werke, Bd. 5: Schriften zur Philosophischen Anthropologie und Ethik II: Grundstrukturen menschlicher Existenz*, Hamburg, 99-179.

- (2000): „Was heißt ‚Gott spricht'? Vorüberlegungen zu einer kontroverstheologischen Diskussion" (1965), in: ders., *Werke, Bd. 7: Religionsphilosophische Schriften*, Hamburg, 142-166.

- (2001a): *Unaustrinkbares Licht. Das negative Element in der Weltansicht des Thomas von Aquin* (1963, zuerst: *Philosophia negativa*, 1953), in: ders., *Werke, Bd. 2: Darstellungen und Interpretationen: Thomas von Aquin und die Scholastik*, Hamburg, 112-152.

- (2001b): *Thomas von Aquin. Leben und Werk* (1986, zuerst: *Hinführung zu Thomas von Aquin*, 1958), in: *ebd.*, 153-298.

- (2001c): *Scholastik. Gestalten und Probleme der mittelalterlichen Philosophie* (1960), in: *ebd.*, 299-440.

- (2001d): „Kreatürlichkeit. Bemerkungen über die Elemente eines Grundbegriffs" (1974), in: *ebd.*, 441-464.

- (2005a): „Thomas von Aquin als Lehrer" (1949), in: ders., *Werke, Bd. 8,1: Miszellen (zu den Bänden 1 bis 5), Register und Gesamtbibliographie*, Hamburg, 29-39.

- (2005b): „Tugendlehre als Aussage über den Menschen" (1962), in: *ebd.*, 242-247.

- (2006): Über *den Glauben. Ein philosophischer Traktat* (1962), in: *Werke, Bd. 4: Schriften zur Philosophischen Anthropologie und Ethik I: Das Menschenbild der Tugendlehre*, Hamburg, 198-255.

Sabra, G., (1987): *Thomas Aquinas' vision of the church. Fundamentals of an ecumenical ecclesiology*, Mainz.

Sattler, D. (1993): [Art.] „Apostolisches Glaubensbekenntnis", in: LThK[3], Bd. 1, 878-880.

Schachten, W. (1980): *Ordo salutis. Das Gesetz als Weise der Heilsvermittlung. Zur Kritik des hl. Thomas von Aquin an Joachim von Fiore*, Münster.

Schmaus, M. (1927): *Die psychologische Trinitätslehre des hl. Augustinus*, Münster.

Sorgia, R. (1976): „Introduzione", in: *San Tommaso d'Aquino, Opusculi Teologico-Sprirituali*, Rom, 5-9.

Synan, E.A. (1988): „St. Thomas Aquinas and the Profession of Arms", in: *Medieval Studies* 50, 404-437.

Torrell, J.-P. (1982): „La pratique pastorale d'un théologien du XIIIe siècle. Thomas d'Aquin prédicateur", in: *Revue thomiste* 82, 213-245.

- (1985): „Les *Collationes in decem praeceptis* de saint Thomas d'Aquin. Edition critique avec introduction et notes", in: *Revue des Sciences Philosophiques et Théologiques* 69, 5-40 und 227-263.

- (1995): *Magister Thomas. Leben und Werk des Thomas von Aquin*, Freiburg/Br. u.a.

Tück, J.-H. (2009, [3]2014): *Gabe der Gegenwart. Theologie und Dichtung der Eucharistie bei Thomas von Aquin*, Freiburg/Br. u.a.

Weisheipl, J. (1996): *Thomas von Aquin. Sein Leben und seine Theologie* (1980), Graz - Wien - Köln (Sonderausgabe).

Wielockx, R. (1998): „Poetry and Theology in the *Adoro te deuote*: Thomas Aquinas on the Eucharist and Christ's Uniqueness", in: K. Emery Jr./J. Wawrykow (eds.), *Christ Among the Medieval Dominicans*, Notre Dame/Ind., 158-174.

Zimmermann, A. (1976): „‚Mundus est aeternus'. - Zur Auslegung dieser These bei Bonaventura und Thomas von Aquin", in: ders. (ed.), *Die Auseinandersetzungen an der Pariser Universität im XIII. Jahrhundert* (= MM, 10), Berlin - New York, 317-330.

Thomas von Aquin

Das Credo

Auslegungen zum Apostolischen Glaubensbekenntnis

Übersetzt von Josef Pieper, Heinrich Raskop und Hans Schulte

Prooemium

860. – Primum quod est necessarium Christiano, est fides, sine qua nullus dicitur fidelis Christianus. Fides autem facit quatuor bona.

Primum est quod per fidem anima coniungitur Deo: nam per fidem anima Christiana facit quasi quoddam matrimonium cum Deo: *Osee* II,20: "Sponsabo te mihi in fide". Et inde est quod quando homo baptizatur, primo confitetur fidem, cum dicitur ei, "Credis in Deum?": Quia Baptismus est primum sacramentum fidei. Et ideo dicit Dominus, *Marc.* ult. [XVI],16: "Qui crediderit et baptizatus fuerit, salvus erit." Baptismus enim sine fide non prodest. Et ideo sciendum est, quod nullus est acceptus Deo sine fide: *Hebr.* XI,6: "Sine fide autem impossibile est placere Deo." Et ideo dicit Augustinus super illud *Rom.* XIV,23: "Omne autem quod non est ex fide, peccatum est": "Ubi non est aeternae et incommutabilis veritatis agnitio, falsa est virtus etiam in optimis moribus."[1]

861. – Secundo, quia per fidem inchoatur in nobis vita aeterna: nam vita aeterna nihil aliud est quam cognoscere Deum: unde dicit Dominus, *Ioan.* XVII,3: "Haec est vita aeterna, ut cognoscant te solum verum Deum." Haec autem cognitio Dei incipit hic per fidem, sed perficitur in vita futura, in qua cognoscemus eum sicuti est: et ideo dicitur *Hebr.* XI,1: "Fides est substantia sperandarum rerum." Nullus ergo potest pervenire ad beatitudinem, quae est vera cognitio Dei, nisi primo cognoscat per fidem: *Ioan.* XX,29: "Beati qui non viderunt et crediderunt."

862. – Tertio, quia fides dirigit vitam praesentem: nam ad hoc quod homo bene vivat, oportet quod sciat necessaria ad bene vivendum: et si deberet omnia necessaria ad bene vivendum per studium addiscere: vel non posset pervenire, vel post longum tempus. Fides autem docet omnia necessaria ad bene vivendum.

---

[1] Vgl. vielmehr Prosper von Aquitanien, *Liber Sententiarum* 106 (CCL 68A, 281,1).

Vorwort

860. - Das erste Notwendige für den Christen ist der Glaube, ohne den keiner „gläubiger Christ" heißt. Der Glaube aber schafft ein vierfaches Gut:

Erstens wird durch den Glauben die Seele mit Gott verbunden; denn durch ihn geht die christliche Seele gleichsam einen Ehebund mit Gott ein: „Ich werde dich mir anverloben im Glauben" (*Hos* 2,20). Darum bekennt der Mensch bei der Taufe zuerst den Glauben, wenn zu ihm gesagt wird: „Glaubst du an Gott?" Denn die Taufe ist das erste Sakrament des Glaubens. Deshalb sagt der Herr bei *Markus* (16,16): „Wer glaubt und sich taufen läßt, wird gerettet werden." Denn ohne den Glauben nützt die Taufe nichts. Man muß also wissen, daß keiner Gott gefällig ist ohne den Glauben: „Ohne den Glauben ist es unmöglich, Gott zu gefallen" (*Hebr* 11,6). Deshalb sagt Augustinus (zu *Röm* 14,23: „Alles, was nicht aus dem Glauben kommt, ist Sünde"): „Wo nicht die Erkenntnis der ewigen und unwandelbaren Wahrheit ist, da ist die Tugend unwirklich, selbst bei bester Lebensführung."

861. - Zweitens: Durch den Glauben beginnt in uns das Ewige Leben. Denn das Ewige Leben ist nichts anderes als: Gott erkennen. Darum sagt der Herr bei *Johannes* (17,3): „Das ist das Ewige Leben: daß sie dich als den allein wahren Gott erkennen." Diese Gotteserkenntnis beginnt auf Erden durch den Glauben, vollendet sich aber im künftigen Leben, wo wir ihn erkennen werden, wie er ist. Deshalb heißt es im *Hebräerbrief* (11,1): „Der Glaube ist der Inbegriff der zu erhoffenden Dinge." Zur Seligkeit also, welche die wahre Gotteserkenntnis ist, kann niemand kommen, der nicht zuerst im Glauben erkennt: „Selig, die nicht sehen und doch glauben" (*Joh* 20,29)

862. - Drittens: Der Glaube ist die Richtschnur für das gegenwärtige Leben. Denn um rechtschaffen zu leben, muß der Mensch das zum Leben Notwendige wissen. Müßte er aber alles zum rechten Leben Notwendige durch eigenes Bemühen erlernen, so könnte er nie oder doch erst nach langer Zeit dahin gelangen. Alles zum rechten Leben Notwendige aber lehrt der Glaube.

Ipsa enim docet quod est unus Deus, qui est remunerator bonorum et punitor malorum; et quod est alia vita, et huiusmodi: quibus satis allicimur ad bonum, et vitamus malum: *Habac.* II,4: "Iustus meus ex fide vivit." Et hoc patet, quia nullus philosophorum ante adventum Christi cum toto conatu suo potuit tantum scire de Deo et de necessariis ad vitam aeternam, quantum post adventum Christi scit una vetula per fidem: et ideo dicitur *Isai.* XI,9: "Repleta est terra scientia Domini."

863. - Quarto, quia fides est qua vincimus tentationes: *Hebr.* XI,33: "Sancti per fidem vicerunt regna." Et hoc patet, quia omnis tentatio vel est a Diabolo, vel a mundo, vel a carne. Diabolus enim tentat ut non obedias Deo nec subiiciaris ei. Et hoc per fidem removetur. Nam per fidem cognoscimus quod ipse est Dominus omnium, et ideo sibi est obediendum: I *Petr.* V,8: "Ad-versarius vester Diabolus circuit quaerens quem devoret: cui resistite fortes in fide." Mundus autem tentat vel alliciendo prosperis, vel terrendo adversis. Sed haec vincimus per fidem, quae facit nos credere aliam vitam meliorem ista: et ideo prospera mundi huius despicimus, et non formidamus adversa: I *Ioan.* V,4: "Haec est victoria quae vincit mundum, fides nostra": et etiam quia docet nos credere alia maiora mala, scilicet Inferni. Caro vero tentat inducendo nos ad delectationes vitae praesentis momentaneas. Sed fides ostendit nobis quod per has, si eis indebite adhaeremus, aeternas delectationes amittimus: *Eph.* VI, 16: "In omnibus sumentes scutum fidei."

Sic ergo patet quod multum est utile habere fidem.

864. - Sed dicit aliquis: stultum est credere quod non videtur, nec sunt credenda quae non videntur.

Respondeo. Dicendum, quod hoc dubium primo tollit imperfectio intellectus nostri: nam si homo posset perfecte per se cognoscere omnia visibilia et invisibilia, stultum esset credere quae non videmus;

Denn er lehrt, daß ein Gott ist, der die Guten belohnt und die Bösen bestraft; und daß es ein anderes Leben gibt; er lehrt all das, was uns zum Guten hindrängt und uns das Böse meiden läßt: „Mein Gerechter aber lebt aus dem Glauben" (*Hab* 2,4). Auch dies ist deutlich, daß vor der Ankunft Christi kein Philosoph mit all seinem Bemühen so viel über Gott und über das zum Ewigen Leben Notwendige zu wissen vermocht hat, wie nach der Herabkunft Christi ein altes Weib durch den Glauben weiß. Und deswegen wird bei *Jesaja* (11,9) gesagt: „Die Erde ist voll der Erkenntnis des Herrn."

863. – Viertens: Durch den Glauben besiegen wir die Versuchungen. „Die Heiligen besiegen Reiche durch den Glauben" (*Hebr* 11,33). Jede Versuchung kommt vom Teufel oder von der Welt oder von den Sinnen. Der Teufel versucht dich, daß du Gott nicht gehorchst und dich ihm nicht unterwirfst. Das wird durch den Glauben überwunden: denn durch den Glauben erkennen wir, daß er der Herr aller Dinge ist und daß ihm deshalb Gehorsam gebührt: „Euer Widersacher, der Teufel schleicht umher und sucht, wen er verschlinge. Dem widersteht tapfer im Glauben" (1 *Petr* 5,8). – Die Welt aber führt den Menschen in Versuchung, indem sie durch Glücksgüter anlockt oder durch Widrigkeiten abschreckt. Auch dies überwinden wir im Glauben, der uns an ein anderes Leben glauben läßt, besser als dieses. Deshalb blicken wir auf die Glücksgüter dieser Welt von oben herab und fürchten nicht das Widrige: „Das ist der Sieg, der die Welt überwindet, unser Glaube" (1 *Joh* 5,4). Auch lehrt er uns an andere und größere Übel glauben, nämlich an die Hölle. – Die Sinne versuchen den Menschen, indem sie ihn zu den Augenblicksfreuden des gegenwärtigen Lebens treiben. Der Glaube aber zeigt uns, daß wir die himmlischen Freuden verlieren, wenn wir jenen ungebührlich anhangen. „Zu allem ergreifen wir den Schild des Glaubens" (*Eph* 6,16).

So leuchtet es also ein, daß es ein großer Nutzen ist, den Glauben zu haben.

864. – Aber da sagt einer: es ist dumm, zu glauben, was man nicht sieht, ja, man darf nicht glauben, was man nicht sieht.

Darauf antworte ich erstens, daß dieser Einwand durch die Tatsache der Unvollkommenheit unseres Verstandes zunichte wird. Denn könnte der Mensch alles Sichtbare und Unsichtbare völlig aus sich erkennen, dann wäre es töricht zu glauben, was wir nicht sehen.

sed cognitio nostra est adeo debilis quod nullus philosophus potuit unquam perfecte investigare naturam unius muscae: unde legitur, quod unus philosophus fuit triginta annis in solitudine, ut cognosceret naturam apis. Si ergo intellectus noster est ita debilis, nonne stultum est nolle credere de Deo, nisi illa tantum quae homo potest cognoscere per se? Et ideo contra hoc dicitur *Iob* XXXVI,26: "Ecce Deus magnus, vincens scientiam nostram."

865. - Secundo potest responderi, quia dato quod aliquis magister aliquid diceret in sua scientia, et aliquis rusticus diceret non esse sicut magister doceret, eo quod ipse non intelligeret, multum reputaretur stultus ille rusticus. Constat autem quod intellectus angeli excedit magis intellectum optimi philosophi, quam intellectus optimi philosophi intellectum rustici. Et ideo stultus est philosophus si nolit credere ea quae angeli dicunt; et multo magis si nolit credere ea quae Deus dicit. Et contra hoc dicitur *Eccli.* III,25: "Plurima supra sensum hominum ostensa sunt tibi."

866. - Tertio responderi potest, quia si homo nollet credere nisi ea quae cognosceret, certe non posset vivere in hoc mundo. Quomodo enim aliquis vivere posset nisi crederet alicui? Quomodo etiam crederet quod talis esset pater suus? Et ideo est necesse quod homo credat alicui de iis quae perfecte non potest scire per se. Sed nulli est credendum sicut Deo: et ideo illi qui non credunt dictis fidei, non sunt sapientes, sed stulti et superbi, sicut dicit Apostolus I *Tim.* VI,4: "Superbus est, nihil sciens." Propterea dicebat II *Tim.* I,12: "Scio cui credidi et certus sum." [...]

Quare potest etiam responderi, quia Deus probat quod ea quae docet fides, sunt vera. Si enim rex mitteret litteras cum sigillo suo sigillatas, nullus auderet dicere quod illae litterae non processissent de regis voluntate. Constat autem quod omnia quae sancti crediderunt et tradiderunt nobis de fide Christi, signata sunt sigillo Dei: quod sigillum ostendunt illa opera quae nulla pura creatura facere potest: et haec sunt miracula, quibus Christus confirmavit dicta Apostolorum et sanctorum.

Doch unsere Erkenntnis ist so schwach, daß kein Philosoph je die Natur einer einzigen Mücke vollkommen zu ergründen vermocht hat. Daher liest man, ein Weiser sei dreißig Jahre lang in der Einsamkeit gewesen, um die Natur der Biene zu erkennen. Wenn also unser Verstand so schwach ist, ist es dann nicht töricht, nur das von Gott gläubig annehmen zu wollen, was der Mensch aus sich selbst erkennen kann? Dawider heißt es ja auch im Buche *Ijob* (36,26): „Sieh, Gott ist groß, er überwältigt unser Wissen."

865. – Zweitens kann geantwortet werden: Angenommen, ein Professor lehrte etwas in seiner Wissenschaft, und irgendein ungelehrter Mensch sagt, es sei nicht so, wie der Professor lehre: Dieser Mensch würde als arg töricht angesehen werden. Wir wissen aber, daß der Verstand eines Engels den Verstand des besten Philosophen weit mehr übersteigt, als der Verstand des besten Philosophen den eines Ungelehrten. Das bedeutet: Der Philosoph ist töricht, wenn er nicht glauben will, was die Engel sagen, und noch viel törichter, wenn er das nicht glauben will, was Gott sagt. Dawider heißt es auch: „Sehr vieles über der Menschen Sinnen hinaus ist dir gezeigt worden" (*Sir* 3,25).

866. – Drittens kann geantwortet werden: Wenn der Mensch nur glauben wollte, was er selbst erkennt, dann könnte er gewiß in dieser Welt nicht leben. Denn wie könnte jemand leben, wenn er keinem andern glaubt? Wieso glaubt er dann, daß dieser sein Vater ist? Deshalb ist es notwendig, daß ein Mensch dem andern Glauben schenkt in den Dingen, die er aus sich nicht vollkommen wissen kann. Keinem aber muß man so sehr glauben wie Gott. Darum ist, wer die Glaubenssätze nicht glaubt, nicht weise, sondern dumm und hochmütig, wie der Apostel sagt (1 *Tim* 6,4): „Er ist hochmütig und weiß nichts." Deswegen sagt er auch (2 *Tim* 1,12): „Ich weiß, wem ich glaube, und bin überzeugt." [...]

Viertens kann auch zur Antwort gegeben werden, daß Gott selbst die Wahrheit der Glaubenslehre bestätigt. Würde nämlich ein König einen Brief schicken, mit seinem Siegel unterfertigt: keiner würde zu behaupten wagen, dies Schreiben entstamme nicht dem Willen des Herrschers. Es ist aber unbezweifelbar, daß alles, was die heiligen Väter geglaubt und uns vom Glauben an Christus überliefert haben, mit dem Siegel Gottes gezeichnet ist. Dieses Siegel tragen die Werke, die das Geschöpf allein nicht wirken kann. Das sind die Wunder, durch die Christus die Verkündigung der Apostel und der Heiligen bekräftigt hat.

867. - Si dicas, quod miracula nullus vidit fieri: respondeo ad hoc. Constat enim quod totus mundus colebat idola, et fidem Christi persequebatur, sicut Paganorum etiam historiae tradunt; sed modo omnes conversi sunt ad Christum, et sapientes et nobiles et divites et potentes et magni ad praedicationem simplicium et pauperum et paucorum praedicantium Christum. Aut ergo hoc est miraculose factum, aut non. Si miraculose, habes propositum. Si non, dico quod non potuit esse maius miraculum quam quod mundus totus sine miraculis converteretur. Non ergo quaerimus aliud.

868. - Sic ergo nullus debet dubitare de fide, sed credere ea quae fidei sunt magis quam ea quae videt: quia visus hominis potest decipi, sed Dei scientia nunquam fallitur.

867. - Wenn man aber behauptet, daß niemand Wunder geschehen sehe, dann antworte ich: Es steht doch fest, daß die ganze Welt Götzenbilder verehrt und den Glauben an Christus verfolgt hat, wie auch die Geschichtsschreibung der Heiden berichtet. Aber jetzt sind sie alle - die Weisen, die Adligen, die Reichen, die Mächtigen und Großen - zu Christus bekehrt durch die Verkündigung einfacher, armer und weniger Männer, die Christus gepredigt haben. Entweder ist das durch ein Wunder geschehen oder nicht. Wenn durch ein Wunder, dann ist unsere Behauptung bewiesen. Wenn nicht, dann erkläre ich, daß es kein größeres Wunder geben kann, als daß die ganze Welt ohne Wunder bekehrt worden ist. Wir brauchen also kein anderes.

868. - Niemand also darf am Glauben zweifeln, sondern ein jeder muß die Glaubenslehren fester glauben als das, was er sieht. Denn das Auge des Menschen kann getäuscht werden, Gottes Wissen aber irrt sich nie.

Articulus 1
Credo in unum Deum.

869. - Inter omnia quae debent credere fideles, hoc est primum quod debent credere, scilicet quod sit unus Deus. Considerandum autem, quid significet hoc nomen Deus: quod quidem nihil est aliud quam gubernator et provisor rerum omnium. Ille igitur credit Deum esse qui credit omnes res mundi huius gubernari et provideri ab illo.

Qui autem credit quod omnia proveniant a casu, hic non credit Deum esse. Nullus autem invenitur adeo stultus qui non credat quod res naturales gubernentur, provideantur, et disponantur; cum in quodam ordine et certis temporibus procedant. Videmus enim solem et lunam et stellas, et alias res naturales omnes servare determinatum cursum; quod non contingeret, si a casu essent: unde si aliquis esset qui non crederet Deum esse, stultus esset. *Psal.* XIII,1: "Dixit insipiens in corde suo: non est Deus."

870. - Sunt autem aliqui qui licet credant Deum gubernare et disponere res naturales, non tamen credunt Deum esse humanorum actuum provisorem[1]; qui scilicet credunt actus humanos non disponi a Deo. Cuius ratio est, quia vident in mundo isto bonos affligi, et malos prosperari: quod videtur tollere providentiam divinam circa homines: unde in persona eorum dicitur *Iob* XXII,14: "Circa cardines caeli perambulat, nec nostra considerat".

Hoc autem est valde stultum. Nam istis accidit, sicut si aliquis nesciens medicinam, videret medicum propinantem uni infirmo aquam, alteri vinum, secundum scilicet quod ars medicinae dictat: crederet quod hoc fiat a casu, cum nesciat artem medicinae, quae ex iusta causa hoc facit, scilicet quod isti dat vinum, illi vero aquam.

871. - Sic est de Deo. Deus enim ex iusta causa et sua providentia disponit ea quae sunt hominibus necessaria; et sic quosdam bonos affligit, et quosdam malos in prosperitate dimittit.

---

[1] Vgl. z.B. Cicero, *De divinatione*, nach Augustinus, *De civitate Dei* V 9 (CCL 47,136,1-140,167),

Artikel 1
Ich glaube an den einen Gott.

869. – Als erstes von allem müssen die Christen glauben, daß ein Gott ist. Es ist aber zu bedenken, was dieser Name „Gott" bedeutet. Er bedeutet nichts anderes als „vorausschauender Lenker aller Dinge". Es glaubt also an das Dasein Gottes, wer glaubt, daß alle Dinge dieser Welt von ihm gelenkt und vorhergesehen werden.

Wer jedoch glaubt, daß alles dem Zufall entspringt, der glaubt nicht an das Dasein Gottes. Es gibt aber niemanden, der so töricht wäre, nicht zu glauben, daß die Dinge der Natur gelenkt, vorherbedacht und gefügt werden, da sie ja in bestimmter Ordnung und zu bestimmten Zeiten sich bewegen. Wir sehen doch die Sonne, den Mond, die Sterne und alle anderen Himmelskörper eine bestimmte Bahn einhalten; das geschähe nicht, wenn sie aus dem Zufall stammten. Wenn darum einer nicht an das Dasein Gottes glaubte, dann wäre er töricht. „Der Unweise spricht in seinem Herzen: „Es gibt keinen Gott" (*Ps* 14 [13],1).

870. – Es gibt nun welche, die zwar glauben, daß Gott die Dinge der Natur lenkt und fügt, sie glauben aber nicht, daß Gott das Tun der Menschen vorhersieht. Sie meinen nämlich, die menschlichen Handlungen würden nicht von Gott gefügt. Sie berufen sich darauf, daß in dieser Welt die Guten bedrängt werden, während die Bösen gedeihen; und das scheint ihnen die göttliche Vorsehung hinsichtlich des Menschen auszuschließen. Darum läßt das Buch *Ijob* (22,14) sie sprechen: „Um die Festen des Himmels wandelt er und achtet unserer nicht."

Das aber ist sehr einfältig. Ihnen ergeht es wie einem, der verstand nichts von der Medizin und sah einen Arzt, wie er dem einen Kranken Wasser, dem andern Wein zu trinken gab, wie es die ärztliche Kunst verlangt; und er glaubte nun, es geschähe das aus Zufall, weil er nichts verstand von der Heilkunst, die aus gutem Grunde dem einen Wein, dem andern Wasser zu trinken gibt.

871. – So auch verhält es sich mit Gott. Gott fügt aus gerechtem Grunde und aus seiner Vorsehung, was dem Menschen notwendig ist, und so schickt er Guten Bedrängnisse und läßt Böse in Wohlstand davonkommen.

Unde qui credit hoc provenire a casu, est et reputatur insipiens: quia non contingit hoc, nisi quia nescit artem et causam dispositionis divinae. *Iob* XI,6: "Ut ostenderet tibi secreta sapientiae, et quod multiplex esset lex eius." Et ideo firmiter credendum est, quod Deus gubernat et disponit non solum res naturales, sed etiam actus humanos. *Psal.* XCIII, 7,8 et 9: "Et dixerunt, non videbit Dominus, nec intelliget Deus Iacob. Intelligite insipientes in populo, et stulti aliquando sapite. Qui plantavit aurem, non audiet; aut qui finxit oculum, non considerat?" V. 11. "Dominus scit cogitationes hominum."

Omnia ergo videt, et cogitationes, et occulta voluntatis. Unde et hominibus specialiter imponitur necessitas bene faciendi, quia omnia quae cogitant et faciunt, divino conspectui sunt manifesta, Apostolus *Hebr.* IV,13: "Omnia nuda sunt et aperta oculis eius."

872. - Est autem credendum, quod hic Deus qui omnia disponit et regit, sit unus Deus tantum. Cuius ratio est, quia illa dispositio rerum humanarum est bene disposita, in qua multitudo invenitur disponi et gubernari per unum. Nam multitudo praesidentium inducit saepe dissensionem in subditis: unde cum divinum regimen praeeminet regimini humano, manifestum est quod regnum mundi non est per multos deos, sed per unum tantum.

873. - Sunt autem quatuor, ex quibus homines inducti sunt ad ponendum plures deos.

Primum est imbecillitas intellectus humani. Nam homines imbecillis intellectus non valentes corporalia transcendere, non crediderunt aliquid esse ultra naturam corporum sensibilium; et ideo inter corpora illa posuerunt praeeminere et disponere mundum, quae pulchriora et digniora inter ea videbantur, et eis attribuebant et impendebant divinum cultum: et huiusmodi sunt corpora caelestia, scilicet sol et luna et stellae. Sed istis accidit sicut alicui eunti ad curiam regis, qui volens videre regem, credit quemcumque bene indutum vel in officio constitutum, regem esse: de quibus dicitur *Sap.* XIII,2: "Solem et lunam, aut gyrum stellarum rectores orbis terrarum deos putaverunt"; *Isai.* LI,6: "Levate in excelsum oculos vestros, et videte sub terra deorsum [...]".

Wer darum glaubt, das komme durch Zufall, der ist unweise und muß auch dafür gelten; das kann er nämlich nur glauben, weil er die Kunst und den Grund der göttlichen Fügung nicht kennt: „O, daß er dir doch die Geheimnisse seiner Weisheit zeigte, und daß sein Gesetz vielfältig ist" (*Ijob* 11,6). Und daher ist fest zu glauben, daß Gott nicht nur die Dinge der Natur lenkt und fügt, sondern auch das menschliche Tun. „Und sie sagen, der Herr sieht es nicht, und der Gott Jakobs vernimmt es nicht. Bekommt Einsicht, ihr Einsichtslosen im Volk, und ihr Dummen werdet endlich klug. Der das Ohr schuf, der sollte nicht hören, und der das Auge bildete, der sollte nicht aufmerken? Der Herr kennt die Gedanken der Menschen" (*Ps* 94 [93],7-9.11).

Alles also sieht er, die Gedanken und auch die Heimlichkeiten des Willens. Daher ist dem Menschen in besonderer Weise die Notwendigkeit auferlegt, das Gute zu tun; denn alles, was er denkt und tut, liegt dem göttlichen Zublick offen: „Alles liegt nackt und offen vor seinen Augen" (*Hebr* 4,13).

872. - Es ist aber notwendig zu glauben, daß dieser Gott, der alles fügt und beherrscht, nur einer ist. Das bedeutet, daß es um die Fügung der Menschengeschicke wohl bestellt ist: hier findet man das Viele gefügt und gelenkt durch den Einen. Denn eine Mehrzahl der Regenten bedeutet oft Streit im Volk. Weil aber die Herrschaft Gottes die menschliche Herrschaft überragt, darum ist es offenbar, daß die Weltregierung nicht durch viele Götter geschieht, sondern nur durch den Einen.

873. - Es gibt aber vier Gründe, durch welche die Menschen verleitet worden sind, mehrere Götter anzunehmen.

Der erste Grund ist die Schwäche des menschlichen Verstandes. Denn die Menschen - schwach von Verstand, nicht fähig, über die leibhaften Dinge hinauszublicken - haben nicht geglaubt, daß jenseits der sinnlich wahrnehmbaren Körperwelt etwas wirklich sei. Deshalb behaupteten sie, unter diesen leibhaften Dingen seien diejenigen überragend und bestimmend, die den Vorrang in der Schönheit und der Würde innehätten; diesen erkannten sie göttliche Verehrung zu; und solcher Art sind die Himmelskörper, Sonne, Mond und Sterne. Diesen Menschen aber ergeht es wie einem, der ging zum Hof des Königs und wollte den König sehen. Er glaubte aber, ein jeder, der gut gekleidet war und ein Amt innehatte, sei der König. Von jenen Menschen heißt es im *Buch der Weisheit* (13,2): „Sonne, Mond oder der Sterne Kreis halten sie für die Lenker des Erdkreises und für Götter." - „Hebt eure Augen auf zur Höhe und haltet Umschau! [...]" (*Jes* 51,6).

874. – Secundo provenit ex adulatione hominum. Nam aliqui volentes adulari dominis et regibus, honorem Deo debitum eis exhibuerunt, obediendo eis, et subiiciendo se eis: unde et aliquos post mortem fecerunt deos, alios etiam in vita dixerunt deos. *Iudith* V,29: "Sciat omnis gens, quomodo Nabuchodonosor Deus terrae est, et praeter ipsum alius non est."

875. – Tertio provenit ex carnali affectu ad filios et consanguineos: nam aliqui propter nimium amorem quem ad suos habebant, faciebant statuas post eorum mortem, et sic ex hoc processum est quod illis statuis divinum cultum impendebant: de quibus dicitur *Sap.* XIV,21: "Quoniam aut effectui aut regibus deservientes homines, incommunicabile nomen lapidibus et lignis imposuerunt."

876. – Quarto ex malitia Diaboli. Ipse enim ab initio voluit aequiparari Deo: unde ipse ait, *Isai.* XIV,13-14: "Ponam sedem meam ab Aquilone, in caelum conscendam, et ero similis altissimo." Et hanc voluntatem nondum deposuit; et ideo totus conatus suus in hoc existit ut faciat se ab hominibus adorari, et sacrificia sibi offerri: non quod delectetur in uno cane vel cato qui ei offertur, sed delectatur in hoc quod ei impendatur reverentia sicut Deo: unde et Christo dixit, *Matth.* IV,9: "Haec omnia tibi dabo, si cadens adoraveris me." Inde est etiam quod intrantes idola, dabant responsa, ut scilicet venerarentur ut dii. *Psalm.* XCV,5: "Omnes dii gentium Daemonia"; Apostolus, I *Cor.* X,20: "Sed quae immolant gentes, Daemoniis immolant, et non Deo."

877. – Licet autem haec sint horribilia, sunt tamen aliquando et multi qui frequenter incidunt in istas quatuor causas. Et licet non ore aut corde, tamen factis ostendunt se credere plures deos.

Nam qui credunt quod corpora caelestia possunt in voluntatem hominis imprimere, et qui in factis suis certa accipiunt tempora, ii ponunt corpora caelestia esse deos, et aliis dominari, facientes astrolabia.

874. – Der zweite Grund ergibt sich aus der schmeichlerischen Gesinnung der Menschen: Denn einige, die den Herrschern und Königen schmeicheln wollten, erwiesen ihnen die Gott geschuldete Ehre durch blinden Gehorsam und Unterwürfigkeit. Daher machten sie einige nach dem Tode zu Göttern, andere hießen sie sogar zu Lebzeiten Götter: „Es wisse jedes Volk, daß Nebukadnezzar der Gott der Erde ist, und außer ihm ist kein anderer" (*Jdt* 5,29).

875. – Der dritte Grund entspringt aus der blutsmäßigen Bindung an Ahnen und Sippengenossen. Einige haben aus einer übersteigerten Verehrung der Ihren den Ahnen Standbilder gesetzt. So hat sich daraus allmählich eine göttliche Verehrung der Standbilder ergeben. Darüber heißt es im *Buch der Weisheit* (14,21): „Dies wurde den Lebenden zum Verderben, daß die Menschen, dem Unglück oder der Fürstenmacht sich fügend, den Namen, der keinem andern beigelegt werden darf, auf Bilder von Stein und Holz übertrugen."

876. – Der vierte Anlaß rührt her aus der Bosheit des Teufels. Der wollte von Anbeginn Gott gleich gemacht sein. Daher sagt er selbst: „Ich setze meinen Thron auf den Nordsturm und steige zum Himmel empor und werde dem Höchsten gleich sein" (*Jes* 14,13f). Diesen Willen hat er nie abgelegt, und sein ganzes Bemühen besteht darin, zu bewirken, daß die Menschen ihn anbeten und ihm Opfer bringen. Nicht weil er sein Ergötzen fände an dem Hund oder der Katze, die ihm geopfert werden, sondern er freut sich darüber, daß ihm Ehrfurcht erwiesen wird wie Gott selbst. Deshalb sagt er zu Christus: „Das alles werde ich dir geben, wenn du niederfällst und mich anbetest" (*Mt* 4,9). Daher kam es auch, daß die Dämonen in die Götzenbilder fuhren und Antwort gaben, damit sie als Götter verehrt würden. „Alle Götter der Heiden sind Dämonen" (*Ps* 96 [95],5). „Denn was die Heiden opfern, opfern sie den Dämonen und nicht Gott" (1 *Kor* 10,20).

877. – Obgleich das schauderhafte Dinge sind, gibt es doch welche, und zwar viele, die häufig unter die Gewalt dieser vier Ursachen geraten. Und wenn auch nicht mit Mund oder Herz, so zeigen sie doch durch ihr Tun, daß sie mehrere Götter anerkennen.

Denn wer glaubt, daß Himmelskörper auf den Willen des Menschen einwirken können, und wer bei seinem Tun bestimmte Zeiten einhält, der treibt Astrologie und behauptet damit, die Himmelskörper seien Götter und Herren über die übrige Welt.

Ierem. X,2: "A signis caeli nolite metuere quae timent gentes, quia leges populorum vanae sunt."

Item omnes illi qui obediunt regibus plusquam Deo, vel in illis in quibus non debent, constituunt eos deos suos. *Act.* V,29: "Oboedire oportet Deo magis quam hominibus."

Item illi qui diligunt filios aut consanguineos plusquam Deum, ostendunt factis suis plures esse deos. Vel etiam illi qui diligunt escam plusquam Deum: de quibus Apostolus *Phil.* III,19: "Quorum Deus venter est."

Item omnes illi qui insistunt veneficiis et incantationibus, credunt Daemones esse deos: cuius ratio est, quia petunt a Daemonibus id quod solus Deus dare potest, scilicet revelationem alicuius rei occultae, et veritatem futurorum.

Est ergo primo credendum quod Deus est unus tantum.

Bei *Jeremias* (10,2f) heißt es: „Vor den Himmelszeichen, vor denen die Heiden erschrecken, fürchtet euch nicht; denn eitel sind die Bräuche der Heidenvölker."

Ferner: Wer dem König mehr gehorcht als Gott oder in dem, worin er es nicht darf, macht diesen zu seinem Gott. „Man muß Gott mehr gehorchen als den Menschen" (*Apg* 5,29).

Ebenso tut, wer seine Ahnen und Sippengenossen mehr liebt als Gott, durch sein Verhalten kund, es gebe mehrere Götter. Das gleiche gilt für die Menschen, welche die Speise mehr lieben als Gott. Von ihnen sagt der Apostel im *Philipperbrief* (3,19): „Ihr Gott ist der Bauch."

Endlich glauben alle, die Zaubereien und Beschwörungen nachhängen, daß die Dämonen Götter sind, weil sie von Dämonen erbitten, was Gott allein geben kann, nämlich die Enthüllung des Verborgenen und die Deutung der Zukunft.

Es muß also erstlich geglaubt werden, daß ein Gott ist.

Articulus 2
Patrem omnipotentem, creatorem caeli et terrae.

878. - Sicut dictum est, primum quod credere debemus, est quod sit unus solus Deus; secundum est quod iste Deus sit creator et factor caeli et terrae, visibilium et invisibilium.

Et ut rationes subtiles dimittantur ad praesens; quodam rudi exemplo manifestatur propositum, quod scilicet omnia sunt a Deo creata et facta.

Constat enim quod si aliquis intraret domum aliquam, et in ipsius domus introitu sentiret calorem, postmodum vadens interius sentiret maiorem calorem, et sic deinceps, crederet ignem esse interius, etiam si ipsum ignem non videret qui causaret dictos calores: sic quoque contingit consideranti res huius mundi. Nam ipse invenit res omnes secundum diversos gradus pulchritudinis et nobilitatis esse dispositas; et quanto magis appropinquant Deo, tanto pulchriora et meliora invenit. Unde corpora caelestia pulchriora et nobiliora sunt quam corpora inferiora, et invisibilia visibilibus. Et ideo credendum est quod omnia haec sunt ab uno Deo, qui dat suum esse singulis rebus, et nobilitatem. *Sap.* XIII,1: "Vani sunt autem omnes homines in quibus non subest scientia Dei, et de his quae videntur bona, non potuerunt intelligere eum qui est, neque operibus attendentes, agnoverunt quis esset artifex"; et infra, 5: "A magnitudine enim speciei et creaturae cognoscibiliter poterit creator horum videri".

Sic ergo pro certo debet nobis constare quod omnia quae sunt in mundo, a Deo sunt.

879. - Circa hoc autem debemus vitare tres errores.

Primus est error Manichaeorum, qui dicunt quod omnia visibilia creata sunt a Diabolo; et ideo Deo solum attribuunt creationem invisibilium.[1] Et causa huius erroris est, quia ipsi Deum asserunt summum bonum, sicut et verum est, et omnia quae a bono sunt, bona esse: unde nescientes discernere quid sit malum et quid bonum, crediderunt quod omnia illa quae sunt aliqualiter mala, simpliciter essent mala; sicut ignis, quia urit, dicitur ab eis simpliciter malus; et aqua, quia suffocat; et sic de aliis.

[1] Vgl. Moneta von Cremona, *Adversus Catharos et Valdenses* I 1 (ed. Ricchinius, XIIIf.).

Artikel 2
Den allmächtigen Vater, den Schöpfer des Himmels und der Erde.

878. – Als erstes also müssen wir glauben, daß nur ein Gott ist. Das zweite ist, daß dieser Gott der Schöpfer und Bildner des Himmels und der Erde, der sichtbaren und der unsichtbaren Dinge ist.

Lassen wir hier gelehrte Begründungen beiseite: Ein beliebiges Beispiel aus dem alltäglichen Leben beweist unsere Behauptung, daß alles von Gott geschaffen und gemacht ist.

Es kommt jemand in ein Haus und empfindet beim Betreten des Hauses Wärme, und beim weiteren Hineingehen verspürt er größere Wärme und so fort: Dann glaubt er doch auch gewiß, daß Feuer darin ist, auch wenn er das Feuer selbst, das die Wärme verursacht, nicht sieht. So auch verhält es sich mit dem, der die Dinge dieser Welt betrachtet. Denn er findet alles nach verschiedenen Abstufungen der Schönheit und des Adels gefügt. Je näher er Gott kommt, um so schönere und bessere Dinge findet er. Es sind ja die Himmelskörper schöner und edler als die Dinge auf Erden, und das Unsichtbare ist schöner und edler als das Sichtbare. Daher müssen wir glauben, daß all das von dem einen Gott herrührt, der sein Sein und seinen Adel jedem einzelnen Ding verleiht. „Eitel aber sind alle Menschen, in denen keine Gotteserkenntnis ist und die aus dem Guten, das sie schauen, ihn, der ist, nicht zu erkennen vermochten, die auf seine Werke achten und doch nicht erkennen, wer der Künstler ist" (*Weish* 13,1). Etwas weiter heißt es: „Aus der Größe und der Schönheit der Geschöpfe ist durch Vergleich deren Schöpfer zu erkennen" (13,5).

Und so muß es für uns unverbrüchlich feststehen, daß alles in der Welt von Gott ist.

879. – Hier aber müssen wir drei Irrtümer meiden.

Der erste ist der Irrtum der Manichäer, die behaupten, alles Sichtbare sei vom Teufel geschaffen; daher erkennen sie Gott nur die Schöpfung des Unsichtbaren zu. Der Anlaß dieses Irrtums liegt darin, daß sie – wie es ja auch richtig ist – Gott als das höchste Gut anerkennen, und daß sie lehren, alles, was von diesem Gut stamme, sei selbst gut. Weil sie aber nicht zu unterscheiden wußten, was ein Übel ist und was ein Gut, darum glaubten sie, alles, was in irgendeinem Bezug übel ist, sei schlechthin übel. So wird das Feuer von ihnen als schlechthin übel bezeichnet, weil es verbrennt; und das Wasser, weil man darin ertrinkt, und so andere Dinge mehr.

Unde, quia nihil istorum sensibilium est simpliciter bonum, sed aliqualiter malum et deficiens, dixerunt, quod visibilia omnia non sunt facta a Deo bono, sed a malo.

Contra hos ponit Augustinus[1] tale exemplum. Si aliquis intraret domum fabri, et inveniret instrumenta ad quae impingeret, et laederent eum, et ex hoc reputaret illum fabrum malum, quia tenet talia instrumenta, stultus esset, cum faber ea teneat ad opus suum. Ita stultum est dicere, quod per hoc creaturae sint malae, quia sunt in aliquo nocivae; nam quod uni est nocivum, alteri est utile.

Hic autem error est contra fidem Ecclesiae; et ideo ad hunc removendum, dicitur: "Visibilium omnium et invisibilium". *Gen.* I,1: "In principio creavit Deus caelum et terram" [...].

880. - Secundus est error ponentium mundum ab aeterno[2]: secundum quem modum loquitur Petrus dicens (II *Petr.* III,4): "Ex quo patres dormierunt, omnia sic perseverant ab initio creaturae."

Et isti ducti sunt ad hanc positionem, quia nescierunt considerare principium mundi. Unde, sicut Rabbi Moyses dicit[3], istis contingit sicut puero, qui si statim cum nascitur, poneretur in insula, et nunquam videret mulierem praegnantem, nec puerum nasci; et diceretur isti puero, quando magnus esset, qualiter homo concipitur, portatur in utero, et nascitur; nulli crederet sibi dicenti, quia impossibile sibi videretur quod homo posset esse in utero matris. Sic isti considerantes statum mundi praesentem, non credunt quod inceperit.

Est etiam hoc contra fidem Ecclesiae: et ideo ad hoc removendum dicitur: "Factorem caeli et terrae". Si enim fuerunt facta, constat quod non semper fuerunt; et ideo dicitur in *Psal.* CXLVIII,5: "Dixit et facta sunt."

---

[1] Vgl. Augustinus, *Ennarrationes in Psalmos* 148,12 (CCL 40,2174,9-2175,16).

[2] Vgl. u.a. Platon, *Timaios* 41a-b ; Aristoteles, *Physik* I 9 (192a28ff.); VIII 1 (251a27-b23); *De caelo et mundo* I 3-4 (270a12-b1); Avicenna, *Metaphysik* IX 1 (ed. van Riet, 443ff.); Averroes, *De caelo* III 29 (ed. Venedig, 5), 199r-200r.

[3] Vgl. Moses Maimonides, *Dux neutrorum* II 17 (ed. Iustinianus, fol. 49r.).

Weil keines von den sichtbaren Dingen schlechthin gut ist, sondern in irgendeinem Betracht schlecht und mangelhaft, behaupteten sie, daß alles Sichtbare nicht von dem guten Gott, sondern von einem bösen gemacht sei.

Diesem Irrtum setzt Augustinus folgendes Beispiel entgegen: Jemand kommt in eine Schmiede, findet Werkzeuge, faßt sie an und verletzt sich daran. Wenn er nun deswegen glauben würde, der Schmied sei schlecht, weil er solche Werkzeuge besitzt, dann wäre er närrisch; denn der Schmied braucht sie ja für sein Handwerk. Genau so närrisch ist es, zu sagen, die Geschöpfe seien deswegen schlecht, weil sie in irgendeinem Betracht Schaden verursachen. Denn was dem einen schadet, das nutzt dem andern.

Dieser Irrtum ist gegen den Glauben der Kirche. Um ihn auszuschließen, sagt das Glaubensbekenntnis [von Nizäa]: „Aller sichtbaren und unsichtbaren Dinge." „Im Anfang schuf Gott den Himmel und die Erde" (*Gen* 1,1) [...].

880. - Ein zweiter Irrtum stammt von denen, die behaupten, die Welt sei von Ewigkeit her. So läßt Petrus in seinem *zweiten Brief* (3,4) die Spötter sagen: „Seit die Väter entschliefen, bleibt alles so, wie es von Anfang der Schöpfung an war."

Jene sind zu dieser Behauptung dadurch gekommen, daß sie den Anbeginn der Welt nicht zu erwägen verstanden. Diesen Leuten geht es, sagt der Rabbi Moses Maimonides, wie einem Knaben, der wurde gleich nach seiner Geburt auf einer Insel ausgesetzt, und niemals sah er eine schwangere Frau, noch wie ein Kind geboren wurde. Und nun wird ihm, nachdem er erwachsen ist, gesagt, wie der Mensch empfangen, im Schoße getragen und geboren wird. Keinem würde er das glauben, weil es ihm unmöglich zu sein scheint, daß ein Mensch im Schoße seiner Mutter sein könnte. Ebenso glauben die, die ihr Augenmerk nur auf den gegenwärtigen Zustand der Welt richten, nicht, daß sie einen Anfang hat.

Aber auch das ist gegen den Glauben der Kirche, und deswegen heißt es: „Den Schöpfer des Himmels und der Erde". Wenn die Dinge aber geschaffen sind, dann steht fest, daß sie nicht immer waren, und deswegen heißt es im *Psalm* (148,5): „Er sprach, und sie wurden."

881. - Tertius est error ponentium Deum fecisse mundum ex praeiacenti materia.[1] Et ad hoc ducti sunt, quia voluerunt metiri potentiam Dei secundum potentiam nostram: et ideo, quia homo nihil potest facere nisi ex praeiacenti materia, crediderunt quod eodem modo et Deus: unde dixerunt, quod in productione rerum habuit materiam praeiacentem.

Sed hoc non est verum. Nam homo ideo nihil potest facere sine praeiacenti materia, quia est factor particularis, et non potest inducere nisi hanc formam in determinata materia ab aliquo alio praesupposita. Cuius ratio est, quia virtus sua est determinata ad formam tantum; et ideo non potest esse causa nisi huius. Deus autem est universalis causa omnium rerum, et non solum creat formam, sed etiam materiam; unde et de nihilo omnia fecit. Et ideo ad removendum hunc errorem dicitur: "Creatorem caeli et terrae".

In hoc enim differunt creare et facere, quia creare est de nihilo aliquid facere: facere autem est de aliquo aliquid facere. Si ergo ex nihilo fecit, credendum est quod iterum posset omnia facere, si destruerentur: unde potest caecum illuminare, mortuum suscitare, et cetera opera miraculosa facere. *Sap.* XII,18: "Subest enim tibi, cum volueris, posse".

882. - Ex huiusmodi autem consideratione homo dirigitur ad quinque.

Primo ad cognitionem divinae maiestatis. Nam factor praeeminet factis: unde quia Deus est factor omnium rerum, constat eum eminentiorem omnibus rebus. *Sap.* XIII,3-4: "Quorum si specie delectati deos putaverunt, sciant quanto his dominator eorum speciosior est (...). Aut si virtutem et opera eorum mirati sunt, intelligant ab illis quomodo qui haec fecit, fortior est illis". Et inde est quod quidquid potest intelligi vel cogitari, minus est ipso Deo. *Iob* XXXVI,26: "Ecce Deus magnus, vincens scientiam nostram."

883. - Secundo ex hoc dirigitur ad gratiarum actionem: quia enim Deus est creator omnium rerum, certum est quod quidquid sumus et quidquid habemus, a Deo est.

---

[1] Vgl. Aristoteles, *Metaphysik* I 12 (989a30-b21), der Plato und Anaxagoras als Vertreter dieser Meinung anführt.

881. – Drittens: Der Irrtum derer, die behaupten, Gott habe die Welt aus bereits vorhandenem Stoff geschaffen. Dazu kamen sie, weil sie die Macht Gottes an unserer Macht messen wollten. Weil der Mensch nur aus vorhandenem Stoff etwas machen kann, darum glaubten sie, daß auch Gott nur so etwas hervorbringen könnte. Deswegen sagten sie, daß er die Welt aus schon vorhandenem Stoff hervorgebracht hat.

Das ist nicht richtig. Denn der Mensch kann ohne vorhandenen Stoff nichts machen, weil er nur in bezug auf einen Teil schöpferisch ist. Er kann nur einem gestaltbaren, schon vorliegenden Stoff eine bestimmte Form aufprägen. Das besagt, daß seine Wirkkraft auf die Form beschränkt ist, und daß er darum einzig die Ursache dieser Form sein kann. Gott aber ist die universale, allumfassende Ursache aller Dinge. Er schafft nicht nur die Form, sondern auch den Stoff. Aus nichts hat er alles geschaffen. – Um daher jenen Irrtum auszuschließen, heißt es: „Den Schöpfer des Himmels und der Erde".

Denn darin unterscheiden sich „erschaffen" und „machen", daß „erschaffen" aus nichts etwas machen bedeutet; „machen" aber bedeutet, eins aus dem andern machen. Wenn er also die Dinge aus nichts geschaffen hat, dann müssen wir glauben, daß er alles neu schaffen kann, wenn es zerstört wird. Er kann also einem Blinden das Augenlicht geben, einen Toten auferwecken, kurzum Wunder wirken: „Das Können steht dir zu Gebote, wenn du willst" (*Weish* 12,18).

882. – Diese Überlegung führt den Menschen zu fünf Dingen:

erstens zur Erkenntnis der göttlichen Majestät. Denn der Schöpfer ragt über das Geschaffene hinaus. Weil Gott nun der Schöpfer aller Dinge ist, darum steht er auch über allem: „Und hielten sie, ergötzt durch ihre Schönheit, sie für Götter, so hätten sie doch wissen sollen, um wieviel herrlicher ihr Gebieter ist (...). Und wenn sie Kraft und Wirksamkeit bewunderten, so sollten sie aus ihnen schließen, um wieviel mächtiger ihr Bildner ist" (*Weish* 13,3f). Deswegen ist was immer begriffen und erdacht werden kann, geringer als Gott selbst. „Siehe, Gott ist groß, er überwältigt unser Wissen" (*Ijob* 36,26).

883. – Zweitens wird der Mensch durch jene Überlegung zur Danksagung geführt. Weil Gott der Schöpfer aller Dinge ist, darum ist es gewiß, daß alles, was wir sind und haben, von Gott ist.

Apostolus, I *Cor.* IV,7: "Quid habes quod non accepisti?" *Psal.* XXIII,1: "Domini est terra et plenitudo eius, orbis terrarum, et universi qui habitant in eo."Et ideo debemus ei reddere gratiarum actiones: *Psal.* CXV,12: "Quid retribuam Domino pro omnibus quae retribuit mihi?"

884. - Tertio inducitur ad patientiam in adversis. Nam licet omnis creatura sit a Deo, et ex hoc sit bona secundum suam naturam; tamen si in aliquo noceat, et inferat nobis poenam, debemus credere quod illa poena sit a Deo; non tamen culpa: quia nullum malum est a Deo, nisi quod ordinatur ad bonum. Et ideo si omnis poena quam homo suffert est a Deo, debet patienter sustinere. Nam poenae purgant peccata, humiliant reos, provocant bonos ad amorem Dei. *Iob* II,10: "Si bona suscepimus de manu Domini, mala autem quare non sustineamus?"

885. - Quarto inducimur ad recte utendum rebus creatis: nam creaturis debemus uti ad hoc ad quod factae sunt a Deo. Sunt autem factae ad duo: scilicet ad gloriam Dei, quia "universa propter semetipsum" (id est ad gloriam suam) "operatus est Dominus", ut dicitur *Prov.* XVI,4, et ad utilitatem nostram: *Deut.* IV,19: "Quae fecit Dominus Deus tuus in ministerium cunctis gentibus."

Debemus ergo uti rebus ad gloriam Dei, ut scilicet in hoc placeamus Deo; et ad utilitatem nostram, ut scilicet ipsis utendo, non committamus peccatum. I *Paralip.* XXIX,14: "Tua sunt omnia, et quae de manu tua accepimus dedimus tibi." Quidquid ergo habes, sive scientiam, sive pulchritudinem, totum debes referre, et uti eo ad gloriam Dei.

886. - Quinto ducimur ex hoc in cognitionem dignitatis humanae. Deus enim omnia facit propter hominem, sicut dicitur in *Psal.* VIII,8: "Omnia subiecisti sub pedibus eius." Et homo magis est similis Deo inter creaturas post angelos: unde dicitur *Gen.* I,26: "Faciamus hominem ad imaginem et similitudinem nostram." Hoc quidem non dixit de caelo sive de stellis, sed de homine. Non autem quantum ad corpus, sed quantum ad animam, quae est liberam voluntatem habens et incorruptibilis,

Der Apostel schreibt *an die Korinther* (4,7): „Was hast du, das du nicht empfingest?" „Dem Herrn gehört die Erde und ihre Fülle, der Erdkreis und alle, die auf ihm wohnen" (*Ps* 24 [23],1). Deswegen müssen wir ihm danken. „Was soll ich dem Herrn vergelten für alles, was er mir getan?" (*Ps* 116 [115],12).

884. - Drittens wird der Mensch zur Geduld im Unglück geführt. Obgleich jedes Geschöpf von Gott und darum seiner Natur nach gut ist, so müssen wir dennoch, wenn es uns irgendwie schadet oder Pein bereitet, glauben, daß diese Pein von Gott ist; nicht aber stammt die Schuld von Gott, denn von Gott stammt nur das auf das Gute hingeordnete Übel. Wenn also jede Strafe, die den Menschen trifft, von Gott ist, dann muß er sie geduldig hinnehmen. Denn die Strafen reinigen uns von den Sünden; sie machen den Schuldigen demütig und rufen den Guten zur Gottesliebe auf. „Wenn wir Gutes von des Herrn Hand annahmen, warum sollen wir das Schlimme dann nicht annehmen?" (*Ijob* 2,10).

885. - Viertens werden wir hingeführt zum rechten Gebrauch der geschaffenen Dinge. Denn wir müssen die Geschöpfe für den Zweck gebrauchen, für den sie von Gott geschaffen sind. Sie sind aber auf ein Zweifaches hin geschaffen: zur Verherrlichung Gottes, weil das All um seinetwillen da ist: „Zu seiner Ehre hat's der Herr geschaffen", wie es im *Buch der Sprichwörter* (16,4) heißt - und zu unserem Nutzen: „Was der Herr, dein Gott, gemacht hat zum Dienste aller Völker" (*Dtn* 4,19).

Wir müssen also die Dinge zur Verherrlichung Gottes gebrauchen, um so ihm gefällig zu sein; und wir müssen sie gebrauchen zu unserem Nutzen, das ist: wir dürfen sie nicht zur Sünde gebrauchen. „Dein ist alles, und was wir von deiner Hand empfangen, geben wir dir hin" (1 *Chr* 29,14). Du magst nun besitzen, was du willst: Wissen oder Weisheit oder Schönheit, alles mußt du auf die Verherrlichung Gottes hin beziehen und gebrauchen.

886. - Fünftens werden wir zur Erkenntnis der menschlichen Würde geführt. Denn Gott schuf alles um des Menschen willen, wie es im *Psalm* (8,8) heißt: „Alles hast du seinen Füßen unterworfen." Nach den Engeln ist der Mensch unter den Geschöpfen Gott am ähnlichsten. Deswegen heißt es im Buch *Genesis* (1,26): „Laßt uns den Menschen machen als unser Bild und Gleichnis!" So sagte er nicht vom Himmel, nicht von den Sternen, sondern nur vom Menschen. Nicht wegen seines Leibes, sondern wegen seiner Seele, die einen freien Willen hat und unzerstörbar ist.

in quo magis assimilatur Deo quam ceterae creaturae. Debemus ergo considerare hominem post angelos digniorem esse ceteris creaturis, et nullo modo dignitatem nostram diminuere propter peccata et propter inordinatum appetitum rerum corporalium, quae viliores sunt nobis, et ad servitium nostrum factae; sed eo modo debemus nos habere quo Deus fecit nos. Deus enim fecit hominem ut praeesset omnibus quae sunt in terra, et ut subsit Deo. Debemus ergo dominari et praeesse rebus; Deo autem subesse, obedire, ac servire: et ex hoc perveniemus in fruitionem Dei: quod nobis praestare et cetera.

Dadurch ist der Mensch Gott ähnlicher als alle übrigen Geschöpfe. Wir müssen also nächst den Engeln die Würde des Menschen für höher erachten als die der übrigen Geschöpfe; und wir dürfen in keiner Weise unsere Würde erniedrigen durch Sünde und ungeordnete Hinneigung zu den leibhaften Dingen, die geringer sind als wir und zu unserem Dienst gemacht. Wir müssen uns so halten, wie Gott uns geschaffen hat. Gott schuf ja den Menschen, damit er über alles auf Erden herrsche und selber Gott untertan sei. Wir müssen also über die Schöpfung herrschen, Gott aber untertan sein, gehorchen und dienen und dadurch zum Genusse Gottes kommen, was uns der Allmächtige gewähren möge.

Articulus 3
Et in Iesum Christum, Filium eius unicum, Dominum nostrum.

887. - Non solum est necesse Christianis unum Deum credere, et hunc esse creatorem caeli et terrae et omnium; sed etiam necesse est ut credant quod Deus est Pater, et quod Christus sit verus Filius Dei.

Hoc autem, sicut dicit beatus Petrus in *canonica* sua II, cap. I, non est fabulosum, sed certum et probatum per verbum Dei in monte: unde dicit *ibidem*, I,18: "Non enim doctas fabulas secuti, notam facimus vobis Domini nostri Iesu Christi virtutem et praesentiam; sed speculatores facti illius magnitudinis. Accipiens enim a Deo Patre honorem et gloriam, voce delapsa ad eum huiuscemodi a magnifica gloria: hic est Filius meus dilectus, in quo mihi complacui: ipsum audite. Et hanc vocem nos audivimus de caelo allatam, cum essemus cum ipso in monte sancto."

Ipse etiam Christus Iesus in pluribus locis vocat Deum Patrem suum, et se dicit Filium Dei: et Apostoli et sancti patres posuerunt inter articulos fidei quod Christus est Filius Dei, dicentes: "Et in Iesum Christum Filium eius" [...].

888. - Sed aliqui haeretici fuerunt qui hoc perverse crediderunt.

Photinus enim dicit,[1] quod Christus non est aliter Filius Dei quam boni viri, qui bene vivendo merentur dici filii Dei per adoptionem, faciendo Dei voluntatem; et ita Christus qui bene vixit et fecit Dei voluntatem, meruit dici Filius Dei: et voluit quod Christus non fuerit ante beatam virginem, sed tunc incepit quando ex ea conceptus est.

Et sic in duobus erravit. Primo in hoc quod non dixit eum verum Filium Dei secundum naturam; secundo quod dixit, eum secundum totum suum esse ex tempore incepisse; cum fides nostra teneat quod Filius sit Dei per naturam, et quod ab aeterno sit: et de his habemus expressas auctoritates contra eum in sacra Scriptura.

---

[1] Vgl. Augustinus, *De haeresibus* 44f. (PL 42,34).

Artikel 3
Und an Jesus Christus, seinen einzigen Sohn, unseren Herrn.

887. - Die Christen müssen nicht nur an den einen Gott glauben und daran, daß er der Schöpfer von Himmel und Erde und allem ist, sondern sie müssen notwendig auch glauben, daß Gott der Vater ist und Christus der wahre Sohn Gottes.

Das aber ist, wie der hl. Petrus in seinem Hirtenschreiben sagt, keine Fabel, sondern sicher und bewiesen durch das Wort Gottes auf dem Berge der Verklärung. Ebendort heißt es: „Wir sind nicht ausgeklügelten Fabeln gefolgt. Als wir euch die Macht und Wiederkunft unseres Herrn Jesus Christus kundtaten, sondern wir waren Augenzeugen seiner Größe. Er empfing von Gott dem Vater Ehre und Herrlichkeit, als von der hocherhabenen Herrlichkeit die Stimme auf Ihn herabkam: ‚Das ist mein geliebter Sohn, an dem ich Wohlgefallen habe; den höret.' Diese Stimme hörten wir vom Himmel erschallen, als wir mit ihm auf dem heiligen Berge waren" (1 *Petr* 1,16ff).

Auch Christus Jesus selbst nennt an verschiedenen Stellen Gott seinen Vater und sich den Sohn Gottes. Die Apostel und die heiligen Väter nahmen es in das Glaubensbekenntnis auf, daß Christus der Sohn Gottes ist, mit den Worten: „Und an Jesus Christus, seinen einzigen Sohn" [...].

888. - Aber es hat einige Irrlehrer gegeben, die diesen Glauben verkehrt verstanden haben.

Photinus nämlich sagt, Christus sei auf die gleiche Weise Sohn Gottes wie ein guter Mensch, der durch rechtschaffenes Leben Sohn Gottes durch Annahme zu heißen verdient, weil er den Willen Gottes tut. So auch habe Christus durch sein rechtschaffenes Leben und die Erfüllung des göttlichen Willens verdient, Sohn Gottes zu heißen. Photinus behauptete, Christus sei nicht vor der seligen Jungfrau dagewesen, sondern habe erst zu leben begonnen, als er von ihr empfangen wurde.

So irrte er doppelt: erstens darin, daß er es unterließ, ihn den wahren Sohn Gottes der Natur nach zu nennen. Zweitens, weil er behauptete, daß er seinem ganzen Sein nach in der Zeit seinen Anfang genommen habe, während unser Glaube daran festhält, daß er durch seine Natur Gottes Sohn und also von Ewigkeit her ist. Darüber haben wir ausdrückliche Gewährsstellen in der Heiligen Schrift.

Nam contra primum dicitur, quod sit non Filius solum, sed etiam unigenitus. *Ioan.* I,18: "Unigenitus qui est in sinu Patris, ipse enarravit." Contra secundum, *Ioan.* VIII,58: "Antequam Abraham fieret, ego sum." Constat autem quod Abraham ante beatam virginem fuit: et ideo sancti patres addiderunt in alio symbolo contra primum, "Filium Dei unigenitum"; contra secundum, "et ex Patre natum ante omnia saecula".

889. - Sabellius vero licet diceret quod Christus fuit ante beatam virginem, dixit tamen quod non est alia persona Patris, alia Filii, sed ipse Pater est incarnatus; et ideo eadem est persona Patris et Filii.[1] Sed hoc est erroneum, quia aufert Trinitatem personarum: et contra hoc est auctoritas *Ioan.* VIII,16: "Solus non sum; sed ego, et qui misit me, Pater." Constat autem nullum a se mitti. Sic ergo mentitur Sabellius: et ideo in symbolo Patrum additur: "Deum de Deo, lumen de lumine"; idest, Deum Filium de Deo Patre, et Filium qui est lumen, de lumine Patre esse, credere debemus.

890. - Arius autem licet diceret quod Christus fuerit ante beatam virginem, et quod alia fuerit persona Patris, alia Filii, tamen tria attribuit Christo.[2] Primum est quod Filius Dei fuit creatura; secundum est quod non ab aeterno, sed ex tempore factus sit a Deo nobilissima creaturarum; tertium est quod non fuerit unius naturae Deus Filius cum Deo Patre, et sic quod non fuerit verus Deus.

Sed hoc similiter est erroneum, et contra auctoritates sacrae Scripturae. Dicitur enim *Ioan.* X,30: "Ego et Pater unum sumus", scilicet in natura; et ideo sicut Pater fuit semper, ita et Filius; et sicut Pater est verus Deus, ita et Filius. Ubi ergo dicitur ab Ario, Christum fuisse creaturam, e contra dicitur in symbolo a patribus, "Deum verum de Deo vero"; ubi autem dicitur eum non fuisse ab aeterno, sed ex tempore, e contra in symbolo dicitur, "genitum, non factum"; contra illud vero quod dicitur eum non esse eiusdem substantiae cum Patre, additur in symbolo, "consubstantialem Patri".

---

[1] Vgl. Augustinus, *De haeresibus* 41 (PL 42,31).

[2] Vgl. *ebd.*, 49 (PL 42,39).

Denn gegen den ersten Irrtum heißt es, daß er nicht nur der Sohn, sondern auch der Einziggeborene ist: „Der Einziggeborene, der Gott ist, der an des Vaters Herzen ruht" (*Joh* 1,18). Gegen den zweiten Irrtum heißt es bei *Johannes* (8,58): „Ehe Abraham ward, bin ich." Abraham aber lebte gewiß vor der seligen Jungfrau, und darum haben die heiligen Väter im Glaubensbekenntnis [von Nizäa] wider den ersten Irrtum gesagt: „Den einziggeborenen Sohn Gottes", und wider den zweiten: „Und aus dem Vater geboren vor aller Weltzeit".

889. - Sabellius gab zwar zu, Christus sei vor der seligen Jungfrau gewesen. Er behauptete aber, Vater und Sohn seien nicht verschiedene Personen, sondern eben der Vater sei Fleisch geworden. Und so wären die Person des Vaters und die des Sohnes dieselbe. Aber das ist irrig, weil es die Dreiheit der Personen aufhebt. Dagegen spricht das Zeugnis bei *Johannes* (8,16): „Ich bin nicht allein, sondern mit mir ist der Vater, der mich gesandt hat." Es kann aber keiner sich selbst senden. Sabellius spricht also die Unwahrheit. Deswegen wird im Glaubensbekenntnis der Väter gesagt: „Gott von Gott, Licht vom Licht"; das heißt: Gott-Sohn von Gott-Vater. Wir müssen also glauben, daß der Sohn, welcher das Licht ist, sein Dasein hat vom Vater, welcher das Licht ist.

890. - Arius nun gibt zwar zu, daß Christus vor der seligen Jungfrau gewesen ist, und auch, daß er eine von der Person des Vaters verschiedene Person ist. Er spricht aber Christus ein Dreifaches zu: erstens, daß der Sohn ein Geschöpf ist; zweitens, daß er nicht von Ewigkeit, sondern in der Zeit von Gott als edelstes der Geschöpfe geschaffen ist; drittens, daß er nicht Gott-Sohn ist, nicht gleichen Wesens mit dem Vater und also nicht wahrer Gott.

Das ist ebenfalls irrig und widerspricht dem Zeugnis der Heiligen Schrift. Denn bei *Johannes* (10,30) wird gesagt: „Ich und der Vater sind eins", nämlich in der Natur. Und daher: Wie der Vater wahrer Gott ist, so auch der Sohn. Gegen die Lehre des Arius aber, Christus sei ein Geschöpf gewesen, wird im Glaubensbekenntnis der Väter gesagt: „Wahrer Gott vom wahren Gott". Wenn aber Arius sagt, er sei nicht von Ewigkeit gewesen, sondern in der Zeit geschaffen, so ist dawider im Glaubensbekenntnis gesagt: „Gezeugt, nicht geschaffen". Gegen die Behauptung aber, er sei nicht gleichen Wesens mit dem Vater, wird im Glaubensbekenntnis hinzugefügt: „Gleichen Wesens mit dem Vater".

891. - Patet ergo quod credere debemus, quod Christus unigenitus Dei est, et vere Filius Dei, et quod semper fuerit cum Patre, et quod alia est persona Filii, alia Patris, et quod unius est naturae cum Patre. Sed hoc credimus hic per fidem, cognoscemus autem in vita aeterna per perfectam visionem. Et ideo ad consolationem nostram dicemus aliquid de his.

892. - Sciendum est igitur, quod diversa diversum modum generationis habent. Generatio autem Dei alia est quam generatio aliarum rerum: unde non possumus attingere ad generationem Dei, nisi per generationem eius quod in creaturis magis accedit ad similitudinem Dei. Nihil est autem Deo ita simile sicut anima hominis, ut dictum est. Modus autem generationis in anima est quia homo cogitat per animam suam aliquid, quod vocatur conceptio intellectus; et huiusmodi conceptio oritur ex anima, sicut ex Patre, et vocatur verbum intellectus, sive hominis. Anima igitur cogitando generat verbum suum.

Sic et Filius Dei nihil est aliud quam Verbum Dei; non sicut verbum exterius prolatum, quia illud transit, sed sicut verbum interius conceptum: et ideo ipsum Verbum Dei est unius naturae cum Deo, et aequale Deo. Unde et beatus Ioannes de Verbo Dei loquens, tres haereses destruxit. Primo haeresim Photini, quae tacta est, cum dicit: "In principio erat Verbum"; secundo Sabellii, cum dicit, "Et Verbum erat apud Deum"; tertio Arii, cum dicit, "Et Deus erat Verbum".

893. - Verbum autem aliter est in nobis, et aliter in Deo. In nobis enim verbum nostrum est accidens; sed in Deo Verbum Dei est idem quod ipse Deus, cum nihil sit in Deo quod non sit essentia Dei. Nullus autem potest dicere quod Deus non habeat verbum, quia contingeret Deum esse insipientissimum: et ideo sicut fuit semper Deus, ita et verbum eius.

894. - Sicut autem artifex facit omnia per formam quam praecogitavit in corde suo, quod est verbum eius; ita et Deus omnia facit Verbo suo, sicut per artem suam. *Ioan.* I,3: "Omnia per ipsum facta sunt."

891. – So müssen wir also glauben, daß Christus der Einziggeborene Gottes ist und in Wahrheit der Sohn Gottes, daß er immer mit dem Vater war, daß der Sohn und der Vater verschiedene Personen sind, und daß er eines Wesens mit dem Vater ist. Das bekennen wir auf Erden im Glauben, im Ewigen Leben aber werden wir es erkennen in vollkommener Schau. Und deswegen wollen wir etwas darüber zu unserem Troste sagen.

892. – Wir müssen bedenken, daß es verschiedene Weisen gibt, ins Dasein zu treten. Gott „zeugt" anders, als er die übrigen Dinge ins Dasein treten läßt. Wir können daher die Zeugung Gottes nur ahnend verstehen nach dem Bilde der Zeugung des gottähnlichsten aller irdischen Geschöpfe. Nichts aber ist Gott so sehr ähnlich wie die Seele des Menschen. Die Weise, etwas in der Seele hervorzubringen, besteht darin, daß der Mensch in seiner Seele etwas denkt, und das nennt man Empfängnis des Verstandes. Diese Empfängnis wird durch die Seele gezeugt wie durch einen Vater, und diese Empfängnis heißt „Wort" des Verstandes oder des Menschen. Die Seele zeugt durch das Denken ihr Wort.

So ist auch der Sohn Gottes nichts anderes als das Wort Gottes. Nicht wie ein nach außen hin gesprochenes Wort, welches vergeht, sondern er ist das innerlich empfangene Wort. Deshalb ist das Wort Gottes eines Wesens mit Gott und Gott gleich. Der hl. Johannes überwand, als er vom Worte Gottes sprach, drei Irrtümer: die Lehre des Photinus, die er trifft, wenn er sagt: „Im Anfang war das Wort"; die des Sabellius, wenn er sagt: „Und das Wort war bei Gott"; die des Arius, wenn er sagt: „Und das Wort war Gott".

893. – Das Wort aber hat in uns und in Gott verschiedene Seinsweise. Denn bei uns ist das Wort etwas Hinzukommendes, aber in Gott ist das Wort Gottes mit Gott wesensgleich, weil alles, was in Gott ist, sein Wesen ist. Es kann aber keiner behaupten, in Gott sei kein Wort; denn dann wäre Gott nicht Geist. Wie also Gott immer war, so auch sein Wort.

894. – Wie der Künstler alles durch das Bild schafft, das er zuvor in sich erdachte – und dies ist sein „Wort" –, so schafft auch Gott alles durch sein Wort gleich wie durch seine Kunst. „Alles ist durch es gemacht worden" (*Joh* 1,3).

895. – Si ergo Verbum Dei est Filius Dei, et omnia Dei verba sunt similitudo quaedam istius Verbi; debemus primo libenter audire verba Dei: hoc est enim signum quod diligamus Deum, si verba illius libenter audimus.

Secundo debemus credere verbis Dei, quia ex hoc Verbum Dei habitat in nobis, idest Christus, qui est Verbum Dei, Apostolus, *Eph.* III,17: "Habitare Christum per fidem in cordibus vestris". *Ioan.* V,38: "Verbum Dei non habetis in vobis manens."

Tertio oportet quod verbum Dei in nobis manens continue meditemur; quia non solum oportet credere, sed meditari; aliter non prodesset; et huiusmodi meditatio valet multum contra peccatum. *Psal.* CXVIII,11: "In corde meo abscondi eloquia tua, ut non peccem tibi"; et iterum de viro iusto dicitur *Psal.* I,2: "In lege eius meditabitur die ac nocte." Unde de beata virgine dicitur *Luc.* II,51, quod "conservabat omnia verba haec conferens in corde suo."

Quarto oportet quod homo verbum Dei communicet aliis, commonendo, praedicando, et inflammando. Apostolus, *Eph.* IV,29: "Omnis sermo malus ex ore vestro non procedat, sed si quis bonus ad aedificationem." Idem, *Colos.* III,16: "Verbum Christi habitet in vobis abundanter, in omni sapientia, docentes et commonentes vosmetipsos." Idem, I *Tim.* IV,2: "Praedica verbum, insta opportune, importune, argue, obsecra, increpa in omni patientia et doctrina."

Ultimo verbum Dei debet executioni mandari. *Iac.* I,22: "Estote factores verbi, et non auditores tantum, fallentes vosmetipsos."

896. – Ista quinque servavit per ordinem beata Maria in generatione Verbi Dei ex se. Primo enim audivit: "Spiritus Sanctus superveniet in te", *Luc.* II,35, secundo consensit per fidem: "Ecce ancilla Domini", *ibid.* 38, tertio tenuit et portavit in utero, quarto protulit et peperit eum, quinto nutrivit et lactavit eum; unde Ecclesia cantat: "Ipsum regem angelorum sola virgo lactabat ubere de caelo pleno."[1]

---

[1] Responsorium aus dem Offizium zum Weihnachtsfest.

895. - Wenn also das Wort Gottes der Sohn Gottes ist und also alle Worte ein Abbild dieses Wortes, dann ist es erstlich notwendig, auf die Worte Gottes gern zu hören. Seine Worte gern zu hören, das ist das Zeichen dafür, daß wir Gott lieben.

Zweitens müssen wir den Worten Gottes glauben, weil durch sie das Wort Gottes in uns wohnt: Christus, der das Wort Gottes ist. Der Apostel sagt im *Epheserbrief* (3,17): „Daß Christus durch den Glauben in euren Herzen wohne". Und der Herr spricht bei *Johannes* (5,38) zu den Juden: „Ihr habt sein Wort nicht bleibend in euch."

Drittens müssen wir das Wort Gottes, das in uns ist, beständig betrachten, denn wir sollen nicht nur glauben, sondern betrachten, andernfalls ist der Glaube unnütz. Solches Betrachten vermag viel gegen die Sünde: „In meinem Herzen berge ich deine Worte, damit ich gegen dich nicht sündige" (*Ps* 119 [118],11). Und an einer anderen Stelle heißt es vom gerechten Mann: „Sein Gesetz betrachtet er Tag und Nacht" (*Ps* 1,2). Daher wird von der seligen Jungfrau gesagt, sie habe alle diese Worte bewahrt und in ihrem Herzen erwogen.

Viertens muß der Mensch das Wort Gottes anderen mitteilen durch ermahnende und begeisternde Verkündigung. Der Apostel schreibt an die *Epheser* (4,29): „Keine schlechte Rede komme aus eurem Munde, sondern wenn eine, dann eine gute zur Erbauung." Ebenso im *Kolosserbrief* (3,16): „Das Wort Christi wohne überreich in euch, durch das ihr euch in aller Weisheit belehrt und gegenseitig ermahnt." Ferner im *zweiten Timotheusbrief* (4,2): „Predige das Wort, tritt dafür ein, ob gelegen oder ungelegen."

Schließlich muß das Wort Gottes wie ein Befehl ausgeführt werden. „Seid Täter des Wortes und nicht nur Hörer, sonst täuscht ihr euch selbst" (*Jak* 1,2).

896. - Diese fünf Dinge beachtete die selige Jungfrau der Reihe nach, als sie das Wort Gottes gebar. Denn erstens vernahm sie: „Der Geist wird über dich kommen" (*Lk* 1,35). Zweitens willigte sie gläubig ein: „Siehe, die Magd des Herrn". Drittens trug sie es bei sich in ihrem Schoß. Viertens brachte sie den Sohn Gottes hervor und gebar ihn. Fünftens nährte sie ihn; darum singt die Kirche: „Den König der Engel selbst nährte die Jungfrau aus vom Himmel voller Brust."

Articulus 4
Qui conceptus est de Spiritu Sancto, natus ex Maria virgine.

897. - Non solum est necessarium credere Christiano Filium Dei, ut ostensum est; sed etiam oportet credere incarnationem eius. Et ideo beatus Ioannes postquam dixerat multa subtilia et ardua, consequenter insinuat nobis eius incarnationem, cum dicit: "Et Verbum caro factum est." [*Ioan.* I,14]

Et ut de hoc aliquid capere possimus, duo exempla ponam in medium.

Constat quod Filio Dei nihil est ita simile sicut verbum in corde nostro conceptum, non prolatum. Nullus autem cognoscit verbum dum est in corde hominis, nisi ille qui concipit; sed tunc primo cognoscitur cum profertur. Sic Verbum Dei dum erat in corde Patris non cognoscebatur nisi a Patre tantum: sed carne indutum, sicut verbum voce, tunc primo manifestatum et cognitum est. *Bar.* III,38: "Post hoc in terris visus est, et cum hominibus conversatus est."

Aliud exemplum est, quia licet verbum prolatum cognoscatur per auditum, tamen non videtur nec tangitur; sed cum scribitur in charta, tunc videtur et tangitur. Sic et Verbum Dei et visibile et tangibile factum est, cum in carne nostra fuit quasi scriptum: et sicut charta in qua verbum regis scriptum est, dicitur verbum regis; ita homo cui coniunctum est Verbum Dei in una hypostasi, dicitur Filius Dei. *Isai.* VIII,1: "Sume tibi librum grandem, et scribe in eo stylo hominis"; et ideo sancti Apostoli dixerunt: "Qui conceptus est de Spiritu Sancto, natus ex Maria virgine".

898. - In quo quidem multi erraverunt: unde et sancti patres in alio symbolo, in synodo Nicaena, multa addiderunt, per quae nunc omnes errores destruuntur.

Origenes enim dixit[1], quod Christus est natus, et etiam venit in mundum, ut etiam salvaret Daemones: unde dixit Daemones omnes esse salvandos in fine mundi.

---

[1] Vgl. Augustinus, *De haeresibus* 43 (PL 42,33).

Artikel 4
Empfangen vom Heiligen Geist, geboren aus Maria, der Jungfrau.

897. - Es ist für den Christen nicht nur notwendig, an den Sohn Gottes zu glauben, sondern er muß auch an seine Menschwerdung glauben. Deswegen spricht der hl. Johannes zu uns, nachdem er viel Tiefes und schwer Verständliches gesagt hat, folgerichtig von seiner Menschwerdung mit den Worten: „Und das Wort ist Fleisch geworden" (*Joh* 1,14).

Damit wir davon etwas begreifen können, will ich zwei Beispiele vorbringen.

Es steht fest, daß dem Sohn Gottes nichts so ähnlich ist wie das in unserem Herzen empfangene, nicht ausgesprochene Wort. Niemand anders aber erkennt das Wort, solange es im Herzen des Menschen bleibt, als wer es empfängt; dann erst wird es erkannt, wenn es ausgesprochen wird. So wurde das Wort Gottes, solange es im Herzen des Vaters war, vom Vater allein erkannt. Aber als es Fleisch annahm, wie das Wort Klang annimmt, da erst wurde es offenbar und erkannt. „Darauf wurde er auf Erden geschaut und verweilte bei den Menschen" (*Bar* 3,38).

Das andere Beispiel: Obgleich das ausgesprochene Wort mit dem Gehör wahrgenommen wird, kann es nicht geschaut und berührt werden. Erst wenn es auf ein Blatt geschrieben wird, dann kann man es sehen und berühren. So ist auch das Wort Gottes sichtbar und greifbar geworden, als es gleichsam in unser Fleisch hineingeschrieben wurde. Wie die Urkunde, auf die das Wort des Königs geschrieben ist, Wort des Königs heißt, so heißt der Mensch, mit dem das Wort Gottes in einer Person verbunden ist, Sohn Gottes. „Nimm dir eine große Tafel und schreibe darauf in der Schrift des Menschen" (*Jes* 8,1). Deswegen sagten die heiligen Apostel: „Der empfangen wurde vom Heiligen Geiste, wurde geboren aus Maria, der Jungfrau".

898. - Hier haben viele geirrt. Deswegen haben auch die Heiligen Väter in dem anderen Glaubensbekenntnis auf der Kirchenversammlung von Nizäa vieles hinzugefügt, wodurch nun alle Irrlehren vernichtet sind.

Origenes sagte, Christus sei geboren und in die Welt gekommen, um auch die Dämonen zu erlösen. Daher behauptete er, alle Dämonen müßten am Ende der Welt gerettet werden.

Sed hoc est contra sacram Scripturam. Dicit enim *Matth.* XXV,41: "Discedite a me maledicti in ignem aeternum, qui paratus est Diabolo et angelis eius". Et ideo ad hoc removendum additur: "qui propter nos homines (non propter Daemones) et propter nostram salutem". In quo quidem magis apparet amor Dei ad nos.

899. - Photinus vero voluit quod Christus natus esset de beata virgine[1]; sed addidit quod esset purus homo, qui bene vivendo et faciendo voluntatem Dei, meruit Filius Dei fieri, sicut et alii sancti: contra quod dicitur *Ioan.* VI,38: "Descendi de caelo, non ut faciam voluntatem meam, sed voluntatem eius qui misit me". Constat autem quod non descendisset nisi ibi fuisset; et si fuisset purus homo, non fuisset in caelo: et ideo ad hoc removendum additur: "Descendit de caelis".

900. - Manichaeus vero dixit[2], quod, licet Filius Dei fuerit semper, et descenderit de caelo, tamen non habuit veram carnem, sed apparentem. Sed hoc est falsum: non enim decebat doctorem veritatis aliquam falsitatem habere: et ideo sicut ostendit veram carnem, sic habuit. Unde dixit, *Luc.* XXIV,39: "Palpate, et videte, quia spiritus carnem et ossa non habet, sicut me videtis habere". Et ideo ad hoc removendum addiderunt: "Et incarnatus est".

901. - Ebion vero, qui fuit genere Iudaeus, dixit[3] quod Christus natus est de beata virgine, sed ex commixtione viri, et ex virili semine. Sed hoc est falsum, quia Angelus dixit, *Matth.* I,20: "Quod enim in ea natum est de Spiritu Sancto est"; et ideo sancti patres ad hoc removendum addiderunt: "De Spiritu Sancto".

---

[1] Vgl. Athanasius, *De synodo* 27.1-2 (SC 563,270,1-272,28); Hilarius von Poitiers, *De synodo* 38 (PL 10,510); Synode von Rom, *Tomus Damasi* 5 (DH 157); Augustinus, *Sermones* 183,8 (PL 38,991); *De haeresibus* 45 (PL 43,34).

[2] Vgl. Augustinus, *De haeresibus* 46 (PL 42,37); *Confessiones* V 19-20 (CCL 27,68,29-69,72).

[3] Vgl. Irenäus von Lyon, *Adversus haereses* III 21 (FC 8.3,254,4-7); Eusebius von Cäsarea, *Historia ecclesiastica* III 27 (SC 31,136f.); ferner Augustinus, De *haeresibus* 10 (PL 42,27).

Aber das ist gegen die Heilige Schrift; denn bei *Matthäus* (25,41) wird gesagt: „Weicht von mir, Verfluchte, in das ewige Feuer, das dem Teufel und seinen Engeln bereitet ist." Um jenen Irrtum auszuschließen, wird hinzugefügt: „Der wegen uns Menschen", nicht wegen der Dämonen, „und wegen unseres Heiles". Darin zeigt sich um so mehr die Liebe Gottes zu uns.

899. - Photinus glaubte zwar, daß Christus von der seligen Jungfrau geboren ist; aber er fügte hinzu, daß er ein reiner Mensch sei, der durch sein rechtschaffenes Leben und durch die Erfüllung des göttlichen Willens Sohn Gottes zu werden verdiente wie auch andere Heilige. Dagegen steht bei *Johannes* (6,38): „Ich bin vom Himmel herabgekommen, nicht um meinen Willen, sondern um den Willen dessen zu tun, der mich gesandt hat." Er wäre aber gewiß nicht herabgestiegen, wenn er nicht dort gewesen wäre; und wäre er reiner Mensch gewesen, so wäre er nicht im Himmel gewesen. Um diesen Irrtum auszuschließen, wird im Glaubensbekenntnis hinzugefügt: „Der herniederstieg vom Himmel".

900. - Die Manichäer lehrten, der Sohn Gottes sei zwar immer gewesen; auch sei er vom Himmel herabgekommen, aber er habe nicht einen wirklichen, sondern nur einen Schein-Leib gehabt. Aber das ist falsch. Es ziemt sich nicht für den Lehrer der Wahrheit, irgend etwas nur Scheinbares zu haben. Wenn er sich also in einem wirklichen Leibe zeigte, dann besaß er ihn auch. Daher ist bei *Lukas* (24,39) gesagt: „Betastet mich und sehet zu, denn ein Geist hat nicht Fleisch und Bein, wie ihr es mich haben seht." Um diesem Irrtum zu beseitigen, fügten die Heiligen Väter bei: „Und er ist Fleisch geworden".

901. - Ebion, der seiner Herkunft nach ein Jude war, lehrte, Christus sei aus der seligen Jungfrau geboren, aber kraft der Vereinigung mit einem Mann und aus männlichem Samen. Das aber ist falsch, denn der Engel sagte: „Denn was in ihr zum Leben gekommen ist, das ist vom Heiligen Geist" (*Mt* 1,20). Wider diesen Irrtum fügten die Heiligen Väter bei: „Vom Heiligen Geiste".

902. - Valentinus autem[1] licet confiteretur quod Christus conceptus fuerit de Spiritu Sancto, voluit tamen quod Spiritus Sanctus portaverit unum corpus caeleste, et posuerit in beata virgine, et hoc fuit corpus Christi: unde nihil aliud operata est beata virgo, nisi quod fuit locus eius: unde dixit quod illud corpus transivit per beatam virginem sicut per aquaeductum. Sed hoc est falsum; nam Angelus dixit ei, *Luc.* I,35: "Quod enim ex te nascetur sanctum, vocabitur Filius Dei"; et Apostolus, *Gal.* IV,4: "At ubi venit plenitudo temporis, misit Deus Filium suum factum ex muliere". Et ideo addiderunt: "Natus ex Maria virgine".

903. - Arius[2] vero et Apollinarius[3] dixerunt, quod, licet Christus fuerit Verbum Dei, et natus ex Maria virgine, tamen non habuit animam, sed loco animae fuit ibi divinitas. Sed hoc est contra Scripturam; quia Christus dixit, *Ioan.* XII,27: "Nunc anima mea turbata est"; et iterum *Matth.* XXVI,38: "Tristis est anima mea usque ad mortem". Et ideo sancti patres ad hoc removendum addiderunt: "Et homo factus est". Homo enim ex anima et corpore consistit: unde verissime habuit omnia quae homo habere potest praeter peccatum.

904. - In hoc autem quod dicitur "homo factus", destruuntur omnes errores superius positi, et omnes alii qui dici possent; et praecipue error Eutychetis, qui dixit[4] commixtionem factam, scilicet ex divina natura et humana factam unam naturam Christi, quae nec Deus pure est, nec purus homo. Sed est falsum, quia tunc non esset homo; et est etiam contra hoc quod dicitur, quod "homo factus est".

Destruitur etiam error Nestorii, qui dixit Filium Dei unitum esse homini solum per inhabitationem.[5] Sed hoc est falsum, quia tunc non esset homo, sed in homine: et quod sit homo, patet per Apostolum, *Phil.* II,7: "Et habitu inventus ut homo"; *Ioan.* VIII,40: "Quid quaeritis me interficere, hominem [...]?"

---

[1] Vgl. Augustinus, *De haeresibus* 11 (PL 42,28).

[2] Vgl *ebd.*, 49 (PL 42,39).

[3] Vgl. *ebd.*, 55 (PL 42,40).

[4] Vgl. Johannes Damascenus, *De fide orthodoxa* 47 (ed. Buytaert, 173f.); Boethius, *Liber de persona et duabus naturis* 5-6 (ed. Elsässer, 88-103).

[5] Vgl. Boethius, *Liber de persona et duabus naturis* 4 (ed. Elsässer, 81-89).

902. – Valentinus bekannte zwar, daß Christus vom Heiligen Geist empfangen wurde, aber er lehrte, der Heilige Geist habe einen himmlischen Leib in die selige Jungfrau gesenkt, und dies sei der Leib Christi gewesen. Darum sei die selige Jungfrau, ohne selbst etwas zu wirken, nur seine Wohnstätte gewesen; er sagt auch, dieser Leib sei durch die selige Jungfrau hindurchgegangen wie Wasser durch einen Aquädukt. Aber das ist falsch. Denn der Engel sagt zu ihr: „Denn das Heilige, das aus dir geboren wird, wird Sohn Gottes heißen" (*Lk* 1,35). Der Apostel sagt im *Galaterbrief* (4,4): „Als aber die Fülle der Zeit kam, sandte Gott seinen Sohn, aus dem Weibe gebildet." Deshalb setzten die Väter in das Glaubensbekenntnis die Worte: „Geboren aus Maria, der Jungfrau".

903. – Arius und Apollinaris lehrten, Christus sei zwar das Wort Gottes gewesen und aus Maria der Jungfrau geboren, aber er habe keine Seele gehabt. Denn an die Stelle der Seele sei die Gottheit getreten. Das ist gegen die Schrift, denn Christus hat gesagt, bei *Johannes* (12,27): „Nun ist meine Seele betrübt." Und ein andermal, bei *Matthäus* (26,38): „Meine Seele ist traurig bis zum Tode." Um jenes richtigzustellen, fügten die Heiligen Väter bei: „Und er ist Mensch geworden." Der Mensch aber besteht aus Leib und Seele. Mithin hatte er im wahrsten Sinne alles, was der Mensch hat, ausgenommen die Sünde.

904. – Durch jene Worte aber „Er ist Mensch geworden" werden alle oben genannten Irrlehren vernichtet und alle anderen, die aufgestellt werden könnten. Vor allem die Irrlehre des Eutyches, der lehrte, es hätte eine Vermischung der göttlichen und der menschlichen Natur stattgefunden, so daß eine einzige Natur Christi entstanden sei, die weder eigentlich Gott noch eigentlich Mensch sei. Das ist falsch, weil er dann kein Mensch wäre, und so widerspricht auch dies dem Satz, daß „Er Mensch geworden ist".

Auch die Irrlehre des Nestorius wird zunichte, der eine Verbindung des Gottessohnes mit dem Menschen nur auf die Weise der Einwohnung lehrte. Das ist falsch, weil er dann nicht Mensch, sondern „in" einem Menschen wäre. Daß er aber Mensch ist, geht aus dem Wort des Apostels an die *Philipper* (2,7) hervor: „Im Äußeren erfunden wie ein Mensch". „Nun sucht ihr mich, einen Menschen [...], zu töten?" (*Joh* 8,40).

905. – Possumus autem sumere ex his aliqua ad eruditionem.

Primo enim confirmatur fides nostra. Si enim aliquis diceret aliqua de aliqua terra remota, et ipse non fuisset ibi, non crederetur ei sicut si ibi fuisset. Antequam ergo veniret Christus in mundum, patriarchae et prophetae et Ioannes Baptista dixerunt aliqua de Deo; sed tamen non ita crediderunt eis homines sicut Christo, qui fuit cum Deo, immo unum cum ipso. Unde multum firma est fides nostra ab ipso Christo nobis tradita. *Ioan.* I,18: "Deum nemo vidit unquam: unigenitus Filius qui est in sinu patris, ipse enarravit". Et inde est quod multa fidei secreta sunt manifesta nobis post adventum Christi, quae ante occulta erant.

906. – Secundo ex iis elevatur spes nostra. Constat enim quod Dei Filius non pro parvo ad nos venit, sumens carnem nostram, sed pro magna utilitate nostra; unde fecit quoddam commercium, scilicet quod assumpsit corpus animatum, et de virgine nasci dignatus est, ut nobis largiretur suam deitatem; et sic factus est homo, ut hominem faceret Deum. *Rom.* V,2: "Per quem habemus accessum per fidem in gratiam istam, in qua stamus et gloriamur in spe gloriae filiorum Dei".

907. – Tertio ex hoc accenditur caritas. Nullum enim est tam evidens divinae caritatis indicium quam quod Deus creator omnium factus est creatura, Dominus noster factus est frater noster, Filius Dei factus est filius hominis. *Ioan.* III,16: "Sic Deus dilexit mundum ut Filium suum unigenitum daret". Et ideo ex huius consideratione amor reaccendi debet et inflammari ad Deum.

908. – Quarto inducimur ad servandam puram animam nostram. Intantum enim natura nostra fuit nobilitata et exaltata ex coniunctione ad Deum, quod fuit ad consortium divinae personae suscepta: unde Angelus post incarnationem noluit sustinere quod beatus Ioannes adoraret eum, quod ante sustinuerat etiam a maximis patriarchis [cf. *Apoc.* 22,8f] .

905. – Wir können daraus einiges zu unserer Belehrung schöpfen.

Zunächst nämlich wird unser Glaube bekräftigt: Wenn einer Dinge über ein fernes Land erzählt, selbst aber nicht da war, dann wird man ihm auch nicht glauben wie einem, der dort war. So lehrten auch die Patriarchen und Propheten und Johannes der Täufer, bevor Christus in die Welt kam, einige Wahrheiten über Gott. Aber die Menschen glaubten ihnen nicht, wie sie Christus glaubten, der bei Gott war, ja: der eins ist mit Gott. Daher ist der uns von Christus selbst überlieferte Glaube viel fester begründet: „Niemand sah je Gott; der einziggeborene Gottessohn, der am Herzen des Vaters ruht, der hat ihn uns kund gemacht" (*Joh* 1,18). Daher sind uns viele Geheimnisse des Glaubens nach der Ankunft Christi offenbar geworden, die früher verborgen waren.

906. – Zweitens wird unsere Hoffnung aufgerichtet. Denn Gottes Sohn ist gewiß nicht für ein Geringes zu uns gekommen, da er unser Fleisch annahm, sondern zu unserem großen Nutzen. Er ging eine Art von Tauschhandel mit uns ein: Er nahm Leib und Seele an und ließ sich herab, von der Jungfrau geboren zu werden, um uns seine Gottheit zu schenken. Und so ist er Mensch geworden, um den Menschen zu Gott zu machen: „Durch ihn haben wir Zutritt im Glauben zu dieser Gnade; und wir rühmen uns in der Hoffnung auf die Herrlichkeit der Söhne Gottes" (*Röm* 5,2).

907. – Drittens wird die Liebe entzündet. Es gibt kein anderes so offenkundiges Zeichen für die göttliche Liebe, als daß Gott, der Allschöpfer, Geschöpf geworden ist. Unser Herr ist unser Bruder geworden; der Sohn Gottes ist Menschensohn geworden: „Denn so hat Gott die Welt geliebt, daß er seinen Einziggeborenen Sohn dahingab" (*Joh* 3,16). Wenn man das betrachtet, kann es nicht anders sein, als daß die Liebe von neuem entzündet und zu Gott entflammt wird.

908. – Viertens werden wir dahin geführt, unsere Seele rein zu bewahren. So sehr wurde unsere Natur durch die Verbindung mit Gott geadelt und erhöht, daß sie zur Gemeinschaft mit einer göttlichen Person erhoben wurde. Daher wollte nach der Menschwerdung der Engel nicht dulden, daß der heilige Johannes ihn knieend verehrte, was er vorher selbst von den größten Patriarchen hingenommen hatte [vgl. *Offb* 22,8].

Ideo homo huius exaltationem recolens et attendens, debet dedignari vilificare se et naturam suam per peccatum: ideo dicit beatus Petrus: "Per quem maxima et pretiosa nobis promissa donavit, ut per haec efficiamur divinae consortes naturae, fugientes eius quae in mundo est concupiscentiae corruptionem".

909. – Quinto ex his inflammatur desiderium nostrum ad perveniendum ad Christum. Si enim aliquis rex esset frater alicuius, et esset remotus ab eo, desideraret ille cuius frater esset rex, ad eum venire, et apud eum esse et manere. Unde cum Christus sit frater noster, debemus desiderare esse cum eo et coniungi ei [...]; et Apostolus desiderium habebat dissolvi et esse cum Christo: quod quidem desiderium crescit in nobis considerando incarnationem eius.

Daher muß der Mensch, der diese Erhöhung erfürchtig betrachtet, verschmähen, sich und seine Natur durch die Sünde zu entwürdigen. Deswegen sagt der hl. Petrus in seinem zweiten Brief (1,4): „Durch ihn erfüllte er uns größte und kostbare Versprechungen, damit ihr dadurch der göttlichen Natur teilhaft würdet, jeder Verderbnis der Begierde entfliehend, die in der Welt herrscht."

909. – Fünftens wird unsere Sehnsucht entflammt, zu Christus zu gelangen. Ein König hat einen Bruder, der aber weit von ihm entfernt wohnt. Würde nicht dieser Bruder das Verlangen haben, zum König zu kommen und bei ihm zu bleiben? Da Christus unser Bruder ist, müssen wir verlangen, bei ihm und mit ihm verbunden zu sein: [...] Auch der Apostel hatte das Verlangen, aufgelöst zu werden und bei Christus zu sein. Dieses Verlangen wächst in uns durch die Betrachtung seiner Menschwerdung.

Articulus 5
Passus sub Pontio Pilato, crucifixus, mortuus et sepultus.

910. - Sicut necessarium est Christiano quod credat incarnationem Filii Dei, ita necessarium est quod credat passionem eius et mortem: quia, sicut dicit Gregorius[1], "nihil nobis nasci profuit, nisi redimi profuisset". Hoc autem, scilicet quod Christus pro nobis est mortuus, ita est arduum quod vix potest intellectus noster capere; immo nullo modo cadit in intellectu nostro. Et hoc est quod dicit Apostolus, *Act.* XIII,41: "Opus operor ego in diebus vestris, opus quod non credetis, si quis enarraverit vobis"; et *Habac.* I,5: "Opus factum est in diebus vestris quod nemo credet cum narrabitur". Tanta est enim gratia Dei et amor ad nos, quod plus ipse fecit nobis quam possumus intelligere.

911. - Non tamen debemus credere quod Christus ita sustinuerit mortem quod deitas mortua sit; sed quod humana natura in ipso mortua sit. Non enim mortuus est secundum quod Deus erat, sed secundum quod homo: et hoc patet per tria exempla.

Unum est in nobis. Constat enim quod cum homo moritur, in separatione animae a corpore non moritur anima, sed ipsum corpus, seu caro. Sic et in morte Christi non est mortua divinitas, sed natura humana.

912. - Sed si Iudaei non occiderunt divinitatem, videtur quod non magis peccaverunt quam si occidissent unum alium hominem.

Ad hoc est dicendum, quod dato quod rex esset indutus una veste, si quis inquinaret vestem illam, tantum reatum incurreret ac si ipsum regem inquinasset. Ideo Iudaei licet non possent Deum interficere, tamen humanam naturam a Christo assumptam occidentes, sunt tantum puniti ac si ipsam divinitatem occidissent.

---

[1] Vgl. vielmehr Ambrosius von Mailand, *Expositio in Lucam* II 41 (CSEL 32.4,64,11f.): „Non prodesset nasci, nisi redimi profuisse". - Vgl. v.a. das „Exsultet" der Osternacht.

Artikel 5
Gelitten unter Pontius Pilatus, gekreuzigt, gestorben und begraben.

910. - Wie es für den Christen notwendig ist, an die Menschwerdung des Sohnes Gottes zu glauben, so ist es auch notwendig, an sein Leiden und an seinen Tod zu glauben. Denn wie Gregor sagt, „hätte uns unsere Geburt nichts genützt, wenn er uns nicht losgekauft hätte". Dies aber, daß Christus für uns gestorben ist, ist so schwer zugänglich, daß unser Verstand es kaum fassen kann; ja, es fällt in keiner Weise in unser Begreifen. Und das spricht der Apostel in der *Apostelgeschichte* (13,41) aus: „Ich wirke ein Werk in euren Tagen, ein Werk, das ihr nicht glaubt, wenn einer es euch erzählte." Und *Habakuk* sagt (1,5): „Ein Werk ist geschehen in euren Tagen, das niemand glaubt, wenn davon erzählt wird." So groß ist die Gnade Gottes und seine Liebe zu uns, daß Er mehr für uns tat, als wir begreifen können.

911. - Wir dürfen jedoch nicht glauben, Christus habe den Tod auf solche Weise erduldet, daß seine Gottheit gestorben sei; sondern die menschliche Natur ist in ihm gestorben. Denn er ist nicht als Gott, sondern als Mensch gestorben. Das wird durch drei Beispiele deutlich.

Das erste Beispiel betrifft uns selbst: Wenn der Mensch stirbt, dann stirbt bei der Trennung der Seele vom Leibe nicht die Seele, sondern der Leib oder das Fleisch. So ist auch beim Tode Christi nicht die Gottheit gestorben, sondern die menschliche Natur.

912. - Aber wenn die Juden nicht die Gottheit getötet haben, dann scheint es, daß sie nicht schlimmer gesündigt haben, als wenn sie irgendeinen anderen Menschen getötet hätten.

Darauf ist zu erwidern: Angenommen, da ist ein König mit seinem Königsgewand bekleidet, und jemand besudelt dieses Gewand: er würde sich genau so schuldig machen, als wenn er den König selbst besudelt hätte. Die Juden, die zwar Gott nicht töten konnten, aber die von Christus angenommene menschliche Natur töteten, sind genau so bestraft worden, als wenn sie die Gottheit selbst getötet hätten.

Item, sicut dictum est superius, Filius Dei est Verbum Dei, et Verbum Dei incarnatum est sicut verbum regis scriptum in charta. Si igitur aliquis dilaniaret chartam regis, pro tanto habetur ac si dilaniaret verbum regis. Et ideo tanto habetur peccatum Iudaeorum ac si occidissent Verbum Dei.

913. - Sed quae necessitas ut Verbum Dei pateretur pro nobis? Magna: et potest colligi duplex necessitas. Una est ad remedium contra peccata, alia est ad exemplum quantum ad agenda.

A) Ad remedium quidem, quia contra omnia mala quae incurrimus per peccatum, invenimus remedium per passionem Christi. Incurrimus autem quinque mala.

914. - Primo maculam: homo enim cum peccat, deturpat animam suam: quia sicut virtus animae est pulchritudo eius, ita peccatum est macula eius. *Bar.* III,10: "Quid est, Israel, quod in terra inimicorum es (...) coinquinatus es cum mortuis?" Sed hoc removet passio Christi: nam Christus sua passione fecit balneum in sanguine suo, quo peccatores lavaret. *Apoc.* I,5: "Lavit nos a peccatis nostris in sanguine suo". Lavatur autem anima sanguine Christi in Baptismo, quia ex Christi sanguine virtutem habet regenerativam. Et ideo cum aliquis se inquinat per peccatum, facit Christo iniuriam, et magis peccat quam ante. *Hebr.* X,28-29: "Irritam quis faciens legem Moysi, sine ulla miseratione duobus vel tribus testibus moritur; quanto magis putatis deteriora mereri supplicia qui Filium Dei conculcaverit, et sanguinem testamenti pollutum duxerit?"

915. - Secundo incurrimus offensam Dei. Nam sicut carnalis diligit carnalem pulchritudinem, ita Deus spiritualem, quae est pulchritudo animae. Quando ergo anima per peccatum inquinatur, Deus offenditur, et odio habet peccatorem. *Sap.* XIV,9: "Odio sunt Deo impius et impietas eius".

Ferner ist, wie oben gesagt wurde, der Sohn Gottes das Wort Gottes, und das Wort ist Fleisch geworden, wie das Wort des Königs auf eine Urkunde geschrieben ist. Wenn nun jemand die Urkunde des Königs zerrisse, so würde das für dasselbe gelten, als wenn er das Wort des Königs zerrissen hätte. Deshalb gilt die Sünde der Juden für dasselbe, als wenn sie Gottes Wort getötet hätten.

913. - Aber welche Notwendigkeit bestand denn, daß das Wort Gottes für uns litt? Eine große! Man kann eine doppelte Notwendigkeit nennen: Sein Leiden war Arznei gegen die Sünde und ein Beispiel für unser Tun.

A) Arznei für die Sünden, denn wir finden gegen alles Böse, das wir durch die Sünde begehen, ein Heilmittel im Leiden Christi. Wir kennen aber ein fünffaches Übel:

914. - Das erste Übel besteht in einem Schandmal. Wenn der Mensch sündigt, schändet er seine Seele; denn wie die Tugend der Seele zugleich ihre Schönheit ist, so die Sünde ihr Schandmal. „Israel, was weilst du im Lande deiner Feinde, wie kommt es, daß du in den Schmutz gelegt bist mit den Toten?" (*Bar* 3,10). Dieses Übel wird durch das Leiden Christi aufgehoben: Denn Christus bereitete durch sein Leiden aus seinem Blut ein Bad, um darin die Sünder reinzuwaschen. „Er wusch uns rein von unseren Sünden in seinem Blute" (*Offb* 1,5). Die Seele wird aber durch das Blut Christi in der Taufe reingewaschen. Denn die Taufe hat ihre Wiedergeburtskraft aus dem Blute Christi. Wenn also einer sich durch die Sünde schändet, so tut er Christus Unrecht und sündigt schwerer als vor der Taufe. „Wenn jemand das Gesetz des Moses übertritt, wird er auf die Aussage von zwei oder drei Zeugen ohne Erbarmen mit dem Tode bestraft. Wieviel schwerere Strafe wird dann wohl der verdienen, der den Sohn Gottes mit Füßen tritt und das Blut des Bundes für gemein erachtet?" (*Hebr* 10,28).

915. - Das zweite Übel besteht in der Beleidigung Gottes. Wie der fleischliche Mensch die fleischliche Schönheit liebt, so Gott die geistige, das heißt die Schönheit der Seele. Wenn also die Seele sich durch die Sünde beschmutzt, dann beleidigt sie Gott und zieht sich seinen Haß zu. „Der Gottlose und seine Gottlosigkeit sind Gott verhaßt" (*Weish* 14,9).

Sed Christi passio hoc removet, qui Deo Patri satisfecit pro peccato, pro quo ipse homo satisfacere non poterat; cuius caritas fuit maior et obedientia quam peccatum primi hominis et praevaricatio. *Rom.* V,10: "Cum inimici essemus (Deo), reconciliati sumus Deo per mortem filii eius".

916. - Tertio incurrimus infirmitatem. Nam homo semel peccando credit postmodum a peccato posse continere; sed totum contrarium accidit: quia per primum peccatum debilitatur, et fit pronior ad peccandum; et peccatum magis dominatur homini, et homo, quantum de se est, ponit se in tali statu ut non surgat, sicut qui in puteum se proiicit, nisi ex divina virtute. Unde postquam homo peccavit, natura nostra fuit debilitata et corrupta; et tunc homo fuit pronior ad peccandum. Sed Christus hanc infirmitatem et debilitatem diminuit, licet non totam deleverit; tamen ita est homo ex Christi passione confortatus, et peccatum debilitatum, quod non tantum dominatur ei; et potest homo conari adiutus gratia Dei, quae confertur in sacramentis, quae ex Christi passione efficaciam habent, ita quod potest resilire a peccatis. Apostolus, *Rom.* VI,6: "Vetus homo noster simul crucifixus est, ut destruatur corpus peccati". Nam ante passionem Christi pauci inventi sunt sine peccato mortali viventes; sed post sine peccato mortali multi vixerunt et vivunt.

917. - Quarto incurrimus reatum poenae. Hoc enim exigit iustitia Dei, ut quicumque peccat, puniatur. Poena autem pensatur ex culpa. Unde cum culpa peccati mortalis sit infinita, utpote contra bonum infinitum, scilicet Deum, cuius praecepta peccator contemnit; poena debita peccato mortali est infinita. Sed Christus per suam passionem abstulit nobis poenam hanc, et sustinuit ipse. I *Petr.* II,24: "Peccata nostra (idest poenam peccati) ipse pertulit in corpore suo". Nam passio Christi fuit tantae virtutis quod sufficit ad expiandum omnia peccata totius mundi, etiam si essent centum millia. Et inde est quod baptizati ab omnibus peccatis laxantur. Inde est etiam quod sacerdos peccata dimittit.

Durch das Leiden Christi wird dies zunichte. Er tat Gott dem Vater für die Sünde genug, wofür der Mensch selbst keine Genugtuung leisten konnte, und seine Liebe und sein Gehorsam waren größer als die Sünde des ersten Menschen und seine Gesetzesübertretungen: „Als wir Gott feind waren, sind wir mit Gott durch den Tod seines Sohnes versöhnt worden" (*Röm* 5,10).

916. – Das dritte Übel besteht in der Schwachheit. Wenn der Mensch einmal sündigt, so mag er wohl glauben, er könnte sich nachher von der Sünde fernhalten. Aber genau das Gegenteil tritt ein: Er wird durch die erste Sünde geschwächt und neigt um so mehr zur Sünde, die ihn mehr und mehr beherrscht. Der Mensch bringt sich aus eigenem Vermögen dahin, daß er von sich aus sich nicht mehr erheben kann, es sei denn aus göttlicher Kraft; so gleicht er einem, der sich in einen Brunnen gestürzt hat. Nachdem der Mensch gesündigt hatte, wurde unsere Natur hinfällig und versehrt. Und seitdem neigt der Mensch mehr zur Sünde, Christus aber hat diese Schwäche und Hinfälligkeit gemindert. Obgleich er sie nicht ganz beseitigt hat, ist der Mensch durch das Leiden Christi doch so gestärkt, die Sünde so geschwächt worden, daß sie nicht mehr so sehr über ihn Herr wird. Der Mensch kann mit Hilfe der Gnade Gottes, die in den Sakramenten verliehen wird – die Sakramente habe ihre Wirkkraft aus dem Leiden Christi –, erfolgreich versuchen, von der Sünde wegzuspringen. Der Apostel sagt im *Römerbrief* (6,6): „Unser alter Mensch ist mitgekreuzigt worden, damit der sündige Leib vernichtet werde." Denn vor dem Leiden Christi gab es wenige, die ohne schwere Sünde lebten; aber nach dem Leiden Christi haben viele ohne schwere Sünde gelebt und tun es noch.

917. – Das vierte Übel ist der Zustand der Straffälligkeit. Die Gerechtigkeit Gottes verlangt, daß ein jeder Sünder bestraft wird. Die Strafe aber wird nach der Schuld zugewogen. Wenn also die Schuld der schweren Sünde unendlich ist, weil sie sich gegen das unendliche Gut, nämlich Gott selbst, richtet, dessen Gebote der Sünder verachtet, so ist auch die der Sünde angemessene Strafe unendlich. Christus nahm durch sein Leiden diese Strafe von uns und trug sie selbst. „Unsere Sünden (d.h. die Strafe für die Sünden) trug Er an seinem Leibe" (1 *Petr* 2,24). Das Leiden Christi war von so großer Kraft, daß es hinreicht, alle Sünden der ganzen Welt zu sühnen, wären es auch hunderttausende. Deshalb werden die Getauften von aller Sünde reingewaschen. Deshalb läßt der Priester die Sünde nach.

Inde est etiam quod quicumque magis passioni Christi se conformat, maiorem consequitur veniam, et plus meretur de gratia.

918. - Quinto incurrimus exilium regni. Nam qui offendunt reges, exulare coguntur a regno. Sic et homo propter peccatum expellitur de Paradiso. Inde est quod Adam statim post peccatum est eiectus de Paradiso, et clausa est ianua Paradisi. Sed Christus sua passione ianuam illam aperuit, et ad regnum exules revocavit.

Aperto enim latere Christi, aperta est ianua Paradisi; et fuso sanguine eius, deleta est macula, placatus est Deus, ablata est debilitas, expiata est poena, exules revocantur ad regnum. Et inde est quod statim latroni dicitur (*Luc.* XXIII, 43): "Hodie mecum eris in Paradiso". Hoc non est dictum olim: non enim dictum fuit alicui, non Adae, non Abrahae, non David; sed hodie, scilicet quando aperta est ianua, latro veniam petit et invenit. *Hebr.* X,19: "Habentes (...) fiduciam in introitu sanctorum in sanguine Christi".

Sic ergo patet utilitas ex parte remedii.

B) Sed non minor est utilitas quantum ad exemplum.

919. - Nam, sicut dicit beatus Augustinus, passio Christi sufficit ad informandum totaliter vitam nostram.[1] Quicumque enim vult perfecte vivere, nihil aliud faciat nisi quod contemnat quae Christus in cruce contempsit, et appetat quae Christus appetiit.

920. - Nullum enim exemplum virtutis abest a cruce. Si enim quaeras exemplum caritatis, "maiorem caritatem nemo habet ut animam suam ponat quis pro amicis suis", *Ioan.* XV,13. Et hoc in cruce fecit Christus. Et ideo si pro nobis animam suam dedit, non debet nobis esse grave quaecumque mala sustinere pro ipso. *Psal.* CXV,12: "Quid retribuam Domino pro omnibus quae retribuit mihi?"

---

[1] Kein wörtlicher Beleg. - Vgl. Augustinus, *Sermo* 27,6 (CCL 41,364): „Deformitas Christi te format".

Deshalb erlangt jeder, der sich mehr und mehr dem Leiden Christi gleichförmig macht, größeren Schuldnachlaß und reichere Gnade.

918. - Das fünfte Übel besteht in der Verbannung aus dem Reiche. Denn wer den König beleidigt, wird gezwungen, aus dem Königreiche fortzuziehen. So wurde auch der Mensch wegen der Sünde aus dem Paradies getrieben: Adam wurde nach der Sünde aus dem Paradies hinausgeworfen, und das Tor des Paradieses ist geschlossen worden. Aber Christus hat durch sein Leiden dieses Tor geöffnet und die Verbannten ins Reich zurückgerufen.

Als die Seite Christi geöffnet wurde, da tat sich auch das Tor des Paradieses auf. Und als sein Blut vergossen wurde, da wurde das Schandmal gelöscht, Gott wurde versöhnt, die Hinfälligkeit weggenommen, die Strafe ausgelöscht, die Verbannten wurden ins Reich zurückgerufen. Und so wird dem Schächer auf der Stelle gesagt: „Heute wirst du bei mir im Paradiese sein" (*Lk* 23,43). Früher ist solches nicht gesagt worden. Keinem wurde es gesagt, nicht Adam, nicht Abraham, nicht David, sondern heute, da das Tor sich auftut, erbittet und findet der Schächer Verzeihung. „Vertrauen habend (...) auf den Einzug in das Allerheiligste durch das Blut Christi" (*Hebr* 10,19).

So wird deutlich, welchen Nutzen das Leiden Christi als Heilmittel hat.

B) Aber nicht geringer ist sein Nutzen als Vorbild.

919. - Wie der heilige Augustinus sagt, reicht das Leiden Christi hin, um unser Leben vollständig zu durchformen. Wer immer vollkommen leben will, soll nichts anderes tun, als geringschätzen, was Christus am Kreuz geringschätzte, und begehren, was Christus begehrte.

920. - Denn kein Vorbild irgendeiner Tugend ist dem Kreuze fern. Wenn du das Vorbild der Liebe suchst: „Eine größere Liebe hat niemand, als wer sein Leben für seine Freunde dahingibt" (*Joh* 15,13). Das hat Christus am Kreuze getan. Wenn er sein Leben für uns hingab, dann darf es also uns nicht schwer ankommen, Übles - ganz gleich welches - für ihn zu erdulden. „Was soll ich dem Herrn zurückgebe für alles, was er mir gab?" (*Ps* 116 [115],12).

921. - Si quaeris exemplum patientiae, excellentissima in cruce invenitur. Patientia enim ex duobus magna ostenditur: aut cum quis magna patienter suffert, aut cum ea suffert quae vitare posset, et non vitat. Christus autem magna in cruce pertulit. *Thren.* I,12: "O vos omnes qui transitis per viam, attendite, et videte si est dolor sicut dolor meus"; et patienter, quia, "cum pateretur, non comminabatur", I *Petr.* II,23; et *Isai.* LIII,7: "Sicut ovis ad occisionem ducetur, et quasi agnus coram tondente se obmutescet".

Item vitare potuit, et non vitavit. *Matth.* XXVI,53: "An putas quia non possum rogare Patrem meum, et exhibebit mihi modo plusquam duodecim legiones angelorum?"

Magna est ergo Christi patientia in cruce. *Hebr.* XII,1-2: "Per patientiam curramus ad propositum nobis certamen, aspicientes in auctorem fidei et consummatorem Iesum, qui, proposito sibi gaudio sustinuit crucem confusione contempta".

922. - Si quaeris exemplum humilitatis, respice crucifixum: nam Deus iudicari voluit sub Pontio Pilato, et mori. *Iob* XXXVI,17: "Causa tua quasi impii iudicata est". Vere impii: quia, "morte turpissima condemnemus eum", *Sap.* II,20. Dominus pro servo, et vita angelorum pro homine mori voluit. *Phil.* II,8: "Factus est obediens usque ad mortem".

923. - Si quaeris exemplum obedientiae, sequere eum qui factus est obediens Patri usque ad mortem. *Rom.* V,19: "Sicut per inobedientiam unius hominis peccatores constituti sunt multi: ita per unius obedientiam, iusti constituentur multi".

924. - Si quaeris exemplum contemnendi terrena, sequere eum qui est Rex regum et Dominus dominantium, in quo sunt thesauri sapientiae; in cruce tamen nudatum, illusum, consputum, caesum, spinis coronatum, et felle et aceto potatum, et mortuum. Igitur non afficiaris ad vestes, et ad divitias: quia "diviserunt sibi vestimenta mea", *Psal.* XXI,19; non ad honores, quia ego ludibria et verbera expertus sum;

921. - Wenn du ein Beispiel der Geduld suchst, die höchste Geduld findest du am Kreuze. Zwei Dinge erweisen die Größe der Geduld: daß einer großes Leid in Geduld erträgt oder daß er auf sich nimmt, was er umgehen könnte, aber nicht umgeht. Christus aber hat Großes am Kreuze auf sich genommen. „Ihr alle, die ihr am Wege vorübergeht, achtet auf und seht, ob es einen Schmerz gibt wie meinen" (*Klg* 1,12). Und zwar hat er es in Geduld auf sich genommen, denn „als er litt, drohte er nicht" (1 *Petr* 2,23). Und *Jesaja* sagt (53,7): „Wie ein Schaf wird er zur Schlachtbank geführt werden, und er wird verstummen wie ein Lamm vor dem, der es schert."

Er konnte sein Leiden umgehen, aber er umging es nicht. „Glaubst du, der Vater würde mir jetzt nicht mehr als zwölf Legionen Engel geben, wenn ich ihn darum bäte?" (*Mt* 26,53).

Groß ist also Christi Geduld am Kreuze. „Mit Ausdauer wollen wir laufen in dem Kampf, der uns obliegt, indem wir auf Jesus schauen, den Stifter und Vollender des Glaubens, der das Kreuz auf sich nahm, auf die Freude schaute und die Schande verachtete" (*Hebr* 12,1).

922. - Wenn du ein Beispiel der Demut suchst, schau auf den Gekreuzigten. Denn Gott selbst hat unter Pontius Pilatus gerichtet werden und sterben wollen. „Deine Sache ist wie die eines Gottlosen vor Gericht entschieden worden" (*Ijob* 36,17). In der Tat wie die eines Gottlosen, denn „zum schimpflichen Tode wollen wir ihn verurteilen" (*Weish* 2,20). Der Herr wollte für den Knecht, das Leben der Engel wollte für den Menschen sterben. „Er ist gehorsam geworden bis zum Tode" (*Phil* 2,8).

923. - Wenn du ein Beispiel des Gehorsams suchst, folge dem, der dem Vater bis zum Tode gehorsam geworden ist. „Wie durch den Ungehorsam eines einzigen Menschen die vielen zu Sündern geworden sind, so werden durch des einen Gehorsam die vielen zu Gerechten" (*Röm* 5,19).

924. - Wenn du ein Beispiel für die Geringschätzung des Irdischen suchst, folge dem, der der König der Könige und der Herr der Herrscher ist, in dem die Schätze der Weisheit sind. Folge dem, der dennoch am Kreuze entkleidet, verspottet, bespien, geschlagen, mit Dornen gekrönt, mit Galle und Essig getränkt worden und gestorben ist. Also hafte nicht an den Kleidern und am Reichtum, denn „sie haben meine Kleider unter sich geteilt" (*Ps* 22 [21],19); nicht an Ehre, denn „ich habe Spott und Schläge erfahren";

non ad dignitates, quia plectentes coronam de spinis imposuerunt capiti meo; non ad delicias, quia "in siti mea potaverunt me aceto", *Psal.* LXVIII,22. Augustinus super illud *Hebr.* XII: "Qui proposito sibi gaudio sustinuit crucem, confusione contempta", dicit: "Omnia bona terrena contempsit homo Christus Iesus ut contemnenda monstraret".[1]

[1] Augustinus, *De cathechizandis rudibus* 40 (CCL 46,164,39f.).

nicht an Würde, denn „sie flochten eine Krone aus Dornen und setzen sie mir auf das Haupt"; nicht an Genüssen, denn „sie tränkten mich in meinem Durst mit Essig" (*Ps* 69 [68],22). – Über das Wort des *Hebräerbriefs*: „Der das Kreuz auf sich nahm und auf die Freude schaute" (*Hebr* 12,2), sagt Augustinus: „Der Mensch Christus achtete Irdisches gering, um uns zu zeigen, was wir gering achten sollen."

Articulus 6
Descendit ad Inferos.

925. - Sicut dictum est, mors Christi fuit in separatione animae a corpore, sicut et aliorum hominum; sed divinitas ita insolubiliter iuncta fuit homini Christo, quod licet anima et corpus separarentur ab invicem, ipsa tamen deitas perfectissime semper et animae et corpori affuit; et ideo in sepulcro cum corpore fuit Filius Dei, et ad Inferos cum anima descendit.

926. - Sunt autem quatuor rationes quare Christus cum anima ad Infernum descendit.

Prima ut sustineret totam poenam peccati, ut sic totam culpam expiaret. Poena autem peccati hominis non solum erat mors corporis, sed etiam erat poena in anima: quia etiam peccatum erat quantum ad animam, quia etiam ipsa anima puniebatur quantum ad carentiam visionis divinae: pro qua abolenda nondum satisfactum erat. Et ideo post mortem descendebant omnes, etiam sancti patres, ante Christi adventum, ad Infernum. Ut ergo Christus sustineret totam poenam peccatoribus debitam, voluit non solum mori, sed etiam secundum animam ad Infernum descendere. Unde *Psal.* LXXXVII,5: "Aestimatus sum cum descendentibus in lacum: factus sum sicut homo sine adiutorio inter mortuos liber". Alii enim erant ibi ut servi, sed Christus ut liber.

927. - Secunda ratio est ut perfecte subveniret suis amicis omnibus. Habebat enim amicos suos non solum in mundo, sed etiam in Inferno. In hoc enim sunt aliqui amici Christi inquantum habent caritatem; in Inferno autem multi erant qui cum caritate et fide venturi decesserant, sicut Abraham, Isaac, Iacob, Moyses, David et alii iusti et perfecti viri. Et quia Christus suos visitaverat in mundo, et eis subvenerat per mortem suam, voluit etiam visitare suos qui erant in Inferno, et subvenire eis descendendo ad eos. *Eccli.* XXIV,45: "Penetrabo omnes inferiores partes terrae, et inspiciam omnes dormientes, et illuminabo omnes sperantes in Domino".

Artikel 6
Niedergestiegen zu denen in der Unterwelt.

925. – Wir sagten, daß der Tod Christi wie auch bei anderen Menschen in der Trennung der Seele vom Leibe bestand. Die Gottheit aber war so unlöslich mit dem Menschen Christus geeint, daß seine Gottheit trotz der Trennung der Seele vom Leibe auf das Vollkommenste immer sowohl der Seele wie auch dem Leibe verbunden blieb. Deswegen lag der Leib des Gottessohnes im Grabe, und seine Seele stieg zu denen in der Unterwelt hinab.

926. – Aus vier Gründen stieg Christus mit seiner Seele in die Unterwelt hinab.

Zunächst, um die ganze Strafe für die Sünde auf sich zu nehmen, um so die ganze Schuld zu tilgen. Die Strafe für die Sünde des ersten Menschen bestand eben nicht nur in dem leiblichen Tode, sondern auch in seelischer Pein. Denn die Sünde bezog sich auf den Verlust der Anschauung Gottes. Um diesen Verlust wettzumachen, war noch keine Genugtuung geleistet worden. Deswegen auch fuhren vor der Herabkunft Christi die heiligen Väter nach ihrem Tode in die Unterwelt hinab. Um also die ganze den Sündern zukommende Strafe auf sich zu nehmen, wollte Christus nicht nur sterben, sondern auch mit seiner Seele in die Unterwelt hinabsteigen. Daher heißt es in *Psalm* 88 (87),5: „Gezählt bin ich zu denen, die hinabsteigen in die Grube; wie ein Mensch bin ich geworden, sonder Hilfe – unter den Toten freigegeben." Die anderen waren dort als Sklaven, Christus aber als Freier.

927. – Der zweite Grund: Er wollte allen seinen Freunden in vollkommener Weise zu Hilfe kommen. Denn er hatte Freunde nicht nur in der Welt, sondern auch in der Unterwelt. Die Menschen sind insoweit Freunde Christi, als sie die Liebe besitzen. In der Unterwelt aber waren viele, die in der Liebe und im Glauben an den Kommenden aus der Welt geschieden waren, wie Abraham, Isaak, Jakob, Moses, David und die anderen gerechten und vollkommenen Männer. Weil Christus die Seinen in der Welt heimgesucht und ihnen durch seinen Tod Hilfe gebracht hatte, wollte er auch die Seinen, die in der Unterwelt waren, heimsuchen und ihnen, dadurch, daß er zu ihnen hinabstieg, Hilfe bringen. „Ich durchdringe alle Tiefen der Erde und suche heim alle, die entschlafen sind, und alle, die auf den Herrn hoffen, will ich erleuchten" (*Sir* 24,45).

928. - Tertia vero ratio est ut perfecte de Diabolo triumpharet. Tunc enim perfecte triumphat aliquis de aliquo, quando non solum vincit eum in campo, sed etiam invadit eum usque in domum propriam, et aufert ei sedem regni et domum suam. Christus autem triumphaverat contra Diabolum, et in cruce vicerat eum: unde ait *Ioan.* XII,31: "Nunc iudicium est mundi, nunc princeps huius mundi (scilicet Diabolus) eiicietur foras". Et ideo ut perfecte triumpharet, voluit auferre sedem regni sui, et ligare eum in domo sua quae est Infernus. Et ideo descendit illuc, et diripuit omnia sua, et ligavit eum, et abstulit ei praedam suam. *Col.* II,15: "Expolians principatus et potestates, traduxit confidenter, palam triumphans illos in semetipso".

Similiter etiam quia potestatem et possessionem acceperat Christus caeli et terrae, voluit etiam possessionem accipere Inferni, ut sic, secundum Apostolum ad *Phil.* II,10: "In nomine Iesu omne genuflectatur, caelestium, terrestrium et Infernorum"; *Marc.*, ult. [XVI] 17: "In nomine meo Daemonia eiicient".

929. - Quarta ratio et ultima est ut liberaret sanctos qui erant in Inferno. Christus enim sicut voluit pati mortem ut liberaret viventes a morte; ita etiam voluit descendere ad Infernum, ut liberaret eos qui erant ibi. *Zach.* IX,11: "Tu quoque in sanguine testamenti tui emisisti vinctos tuos de lacu, in quo non est aqua". *Osee* XIII,14: "Ero mors tua, o mors; morsus ero tuus, Inferne".

Licet enim mortem totaliter destruxerit Christus, Infernum tamen non omnino destruxit, sed momordit; quia scilicet non omnes liberavit de Inferno, sed illos tantum qui erant sine peccato mortali, et similiter sine peccato originali, a quo quantum ad personam liberati erant per circumcisionem; vel ante circumcisionem, qui salvati erant in fide parentum fidelium, quantum ad eos qui non habebant usum rationis; vel per sacrificia, et in fide Christi venturi, quantum ad adultos; sed erant ibi propter peccatum originale Adae, a quo quantum ad naturam non potuerunt liberari nisi per Christum. [...]

Sic ergo patet quod Christus descendit ad Inferos, et propter quod.

928. - Der dritte Grund: Daß er vollkommen über den Teufel triumphiere. Dann nämlich triumphiert einer vollkommen über einen andern, wenn er ihn nicht nur auf dem Schlachtfelde besiegt, sondern ihn bis in seine eigene Burg verfolgt und ihm den Thron seines Reiches und seine Burg wegnimmt. Christus aber hatte über den Teufel triumphiert und ihn am Kreuze besiegt. Deswegen ist gesagt bei *Johannes* (12,31): „Jetzt ergeht das Gericht über die Welt; jetzt wird der Fürst dieser Welt (nämlich der Teufel) hinausgeworfen." Um aber vollkommen zu triumphieren, wollte er ihm den Thron seines Reiches wegnehmen und ihn in seiner Burg - das ist die Unterwelt - fesseln. Deswegen stieg er dorthin hinab, nahm ihm all seine Habe, band ihn und führte ihm seine Beute hinweg. „Er nahm den Fürstentümern und der Macht die Beute weg und brachte sie vertrauensvoll herüber und triumphierte öffentlich über sie" (*Kol* 2,14).

Ebenso wollte Christus, weil er die Macht und den Besitz von Himmel und Erde empfangen hatte, auch die Unterwelt in Besitz nehmen, nach dem Apostelwort an die *Philipper* (2,10): „Im Namen Jesu soll sich jedes Knie beugen derer im Himmel, auf Erden und in der Unterwelt." „In meinem Namen werden sie die Dämonen austreiben" (*Mt* 16,17).

929. - Der vierte und letzte Grund: Er wollte die Heiligen, die in der Unterwelt waren, befreien. Wie Christus den Tod erleiden wollte, um die Lebenden vom Tode zu befreien, so wollte er auch in die Unterwelt hinabsteigen, um denen, die dort waren, die Freiheit zu geben. „Du ziehst durch das Blut deines Bundes die Deinen, die in Fesseln liegen, aus dem See, in dem kein Wasser ist" (*Sach* 9,11). „O Tod, ich werde dein Tod sein; Unterwelt, dein tödlicher Biß" (*Hos* 13,14).

Zwar hat Christus den Tod ganz und gar vernichtet, die Unterwelt jedoch nicht ganz, sondern nur zum Teil. Denn er befreite nicht alle aus der Unterwelt, sondern nur die, die ohne schwere Sünde waren; gleichfalls die ohne Erbsünde, von der sie persönlich durch die Beschneidung befreit waren; auch die vor der Beschneidung, die nicht zum Gebrauch der Vernunft gekommen und durch den Glauben ihrer gläubigen Eltern gerettet worden waren, und die Erwachsenen vor der Beschneidung durch Opfer und den Glauben an den kommenden Christus. Sie waren dort wegen der Erbschuld von Adam, von welcher die Menschheit als Ganzes nicht befreit werden konnte, außer durch Christus. [...]

So also wird deutlich, daß und warum Christus zu denen in der Unterwelt hinabgestiegen ist.

930. - Ex iis ad instructionem nostram possumus accipere quatuor.

Primo spem firmam de Deo. Nam quantumcumque homo sit in afflictione, semper tamen debet sperare de Dei adiutorio, et in eo confidere. Nihil enim ita grave invenitur sicut esse in Inferno. Si ergo Christus illos qui erant in Inferno liberavit, multum debet quilibet, si est amicus Dei, confidere ut liberetur ab eo a quacumque angustia. *Sap.* X,13: "Haec (scilicet sapientia) venditum iustum non dereliquit" et cetera, *ib.* 14, "Descenditque cum illo in foveam, et in vinculis non dereliquit eum". Et quia specialiter Deus iuvat servos suos, multum debet esse securus ille qui servit Deo. *Eccli.* XXIV,16: "Qui timet Deum, nihil trepidabit, et non pavebit, quoniam ipse est spes eius".

931. - Secundo debemus concipere timorem, et propellere praesumptionem. Nam licet Christus passus sit pro peccatoribus, et ad Infernum descenderit; non tamen liberavit omnes, sed illos tantum qui sine peccato mortali erant, ut dictum est. Illos vero qui in mortali decesserant, dimisit. Et ideo nullus qui cum peccato mortali illuc descendit, speret veniam. Sed tantum in Inferno erit quantum sancti patres in Paradiso, scilicet in aeternum. *Matth.* XXV,46: "Ibunt hi in supplicium aeternum, iusti autem in vitam aeternam".

932. - Tertio debemus habere solicitudinem. Nam Christus descendit ad Inferos pro salute nostra, et nos frequenter debemus soliciti esse illuc descendere, considerando scilicet poenas illas, sicut faciebat ille sanctus Ezechias, dicens, *Isai.* XXXVIII,10: "Ego dixi: in dimidio dierum meorum vadam ad portas Inferi". Nam qui ibi frequenter per cogitationem descendit in vita, non descendit de facili in morte: quia huiusmodi consideratio retrahit a peccato. Videmus enim quod homines huius mundi cavent sibi a maleficiis propter temporalem poenam: quantum ergo magis debent sibi cavere propter poenam Inferni, quae maior est et quantum ad diuturnitatem, et quantum ad acerbitatem, et quantum ad multiplicitatem? *Eccli.* VII,40: "Memorare novissima tua, et in aeternum non peccabis".

930. - Daraus können wir zu unserer Unterweisung vier Lehren entnehmen.

Erstens die sichere Hoffnung auf Gott. Denn der Mensch mag in noch so großer Bedrängnis sein: Immer darf er dennoch auf die Hilfe Gottes hoffen und auf sie vertrauen. Es gibt nichts so Schweres, wie in der Unterwelt zu sein. Wenn Christus also die in der Unterwelt befreite, wieviel mehr muß dann jeder, wenn er Gottes Freund ist, vertrauen, von Ihm aus jeder Bedrängnis befreit zu werden. „Die Weisheit ließ den verkauften Gerechten nicht im Stich, stieg mit ihm in die Grube und verließ ihn nicht in seinen Fesseln" (*Weish* 10,13f). Weil Gott seinen Dienern in besonderer Weise hilft, muß, wer Gott dient, ganz ruhig sein. „Wer den Herrn fürchtet, zittert vor nichts und erschrickt nicht, denn Er ist seine Hoffnung" (*Sir* 34,16)

931. - Zweitens müssen wir Furcht bekommen und uns vor der Vermessenheit hüten. Obgleich Christus für die Sünder gelitten hat und in die Unterwelt hinabgestiegen ist, hat Er doch nicht alle befreit, sondern nur die, die ohne Todsünde waren. Die in der Todsünde gestorben waren, beließ Er dort. Deswegen hoffe keiner auf Verzeihung, der mit der Todsünde hinabfährt. Er wird so sicher in der Hölle sein wie die heiligen Väter im Paradies, und zwar für alle Ewigkeit. „Diese werden in die ewige Pein gehen, jene aber ins ewige Leben" (*Mt* 25,46).

932. - Drittens müssen wir besorgt sein. Christus stieg für unser Heil zu denen in der Unterwelt hinab. Auch wir müssen häufig besorgt sein, da hinabzufahren, indem wir die Peinen dort überdenken, wie es jener heilige Ezechias tat nach den Worten des *Jesaja* (38,10): „Ich dachte: In meines Lebens Mitte soll ich betreten der Totenwelt Tore." Denn wer häufig während seines Lebens da hinabsteigt, der fährt nicht leicht im Tode hinunter; denn solche Betrachtung reißt von der Sünde zurück. Wir sehen ja, wie die Menschen dieser Welt sich vor Übeltaten wegen der zeitlichen Strafe hüten. Um wieviel mehr müssen sie sich dann vor Übeltaten wegen der Höllenstrafe hüten, die in ihrer Dauer, ihrer Bitterkeit und in ihrer Vielfallt größer ist. „Bedenke deine letzten Dinge, dann wirst du in Ewigkeit nicht sündigen" (*Sir* 7,40).

933. - Quarto provenit nobis ex hoc exemplum dilectionis. Christus enim descendit ad Inferos, ut liberaret suos; et ideo debemus illuc descendere, ut subveniamus nostris. Ipsi enim nihil possunt; et ideo debemus eis subvenire qui sunt in Purgatorio. Nimis esset durus qui non subveniret caro suo qui esset in carcere terreno: multo ergo magis est durus qui non subvenit amico qui est in Purgatorio, cum nulla sit comparatio poenarum mundi ad illas: *Iob* XIX,21: "Miseremini mei, miseremini mei, saltem vos amici mei, quia manus Domini tetigit me". II *Machab.* XII,46: "Sancta et salubris est cogitatio pro defunctis exorare ut a peccatis solvantur".

934. - Subvenitur autem eis praecipue per tria, sicut dicit Augustinus[1]: scilicet per Missas, orationes et eleemosynas. Gregorius addit quartum, scilicet ieiunium.[2] Nec est mirum: quia etiam in mundo isto potest amicus satisfacere pro amico. Intelligendum est tamen hoc de illis qui sunt in Purgatorio.

---

[1] Vgl. Augustinus, *Sermones* 172,2 (PL 38,936); *Enchiridion* 110 (CCL 46,108,24-109,29).

[2] Vgl. Gratian, *Decretum* P. II, causa 13, q. 2, can. 22 „Animae defunctorum" (RF 1,728), wo Gregor VII. zitiert wird.

933. - Viertens ergibt sich für uns daraus ein Vorbild der Liebe. Denn Christus stieg in die Unterwelt hinab, um die Seinen zu befreien. Deswegen müssen auch wir den Unseren zu Hilfe kommen, die am Reinigungsorte sind. Allzu harten Herzens wäre, wer seinem Freunde, der im irdischen Gefängnis steckt, nicht zu Hilfe käme. Viel härter aber ist, wer seinen Freunden am Reinigungsort nicht hilft, denn die Qualen dieser Welt sind mit jenen gar nicht zu vergleichen. „Habt Erbarmen mit mir, Erbarmen mit mir, wenigstens ihr, meine Freunde; denn die Hand des Herrn hat mich getroffen" (*Ijob* 19,21). „Heilig und heilsam ist der Gedanke, für die Verstorbenen zu beten, damit sie von ihren Sünden gelöst werden" (2 *Makk* 12,46).

934. - Es kann ihnen vor allem durch drei Dinge Hilfe gebracht werden, wie Augustinus sagt, nämlich durch die heilige Messe, durch Gebete und durch Almosen. Gregor fügt ein viertes hinzu: das Fasten. Das ist nicht verwunderlich, denn auch auf dieser Welt kann ein Freund für den anderen Genugtuung leisten. So versteht es sich, daß es auch für die am Reinigungsort möglich ist.

Articulus 7
Tertia die resurrexit a mortuis.

935. - Duo sunt homini necessaria ad cognoscendum: scilicet gloria Dei, et poena Inferni. Nam per gloriam allecti, et per poenas territi, cavent sibi homines, et retrahuntur a peccatis. Sed haec sunt valde difficilia homini ad cognoscendum. Unde de gloria dicitur *Sap*. IX,16: "Quae in caelis sunt quis investigabit?" Et hoc quidem difficile est terrenis, quia, ut dicitur *Ioan*. III,31: "Qui de terra est, de terra loquitur"; sed non est difficile spiritualibus, quia "qui de caelo venit, super omnes est", ut dicitur *ibidem*. Et ideo Deus de caelo descendit, et incarnatus est, ut doceret nos caelestia.

Erat etiam difficile cognoscere poenas Inferni. *Sap*. II,1: "Non est qui agnitus sit reversus ab Inferis"; et hoc dicitur in persona impiorum. Et hoc non potest modo dici: quia sicut descendit de caelo ut doceret caelestia, ita resurrexit ab Inferis ut nos de Inferis edoceret. Et ideo necesse est ut credamus quod non solum homo factus est, et mortuus, sed quod resurrexit a mortuis. Et ideo dicitur: "Tertia die resurrexit a mortuis".

936. - Invenimus quod multi surrexerunt a mortuis, sicut Lazarus, et filius viduae, et filia archisynagogi. Sed resurrectio Christi differt a resurrectione istorum et aliorum in quatuor.

Primo quantum ad causam resurrectionis, quia alii qui surrexerunt, non surrexerunt sua virtute, [...]; Christus vero resurrexit propria virtute, quia non solum erat homo: sed etiam Deus, et divinitas Verbi nunquam separata fuit nec ab anima nec a corpore; et ideo corpus animam, et anima corpus cum voluit resumpsit. *Ioan*. X,18: "Potestatem habeo ponendi animam meam, et potestatem habeo iterum sumendi eam". Et licet mortuus fuerit, hoc non fuit ex infirmitate nec ex necessitate, sed virtute, quia sponte: et hoc patet, quia cum emisit spiritum, clamavit voce magna: quod alii morientes nequeunt, quia ex infirmitate moriuntur.

Artikel 7
Am dritten Tage wiedererstanden von den Toten.

935. – Es ist dem Menschen notwendig, zwei Dinge zu erkennen: die Herrlichkeit Gottes und die Strafe der Hölle. Denn von der Herrlichkeit angelockt und durch die Strafe geschreckt, hüten sich die Menschen, zu sündigen. Diese Dinge aber sind für den Menschen sehr schwer zu erkennen. Deswegen heißt es von der Herrlichkeit im *Buch der Weisheit* (9,16): „Wer erforscht, was im Himmel ist?" Das ist für die irdisch Gesinnten besonders schwer, denn, wie es bei *Johannes* (3,31) heißt: „Wer von der Erde ist, ist irdisch und redet irdisch". Für die geistig Gesinnten ist es nicht schwer, denn „wer vom Himmel kommt, steht über allen", wie es *ebendort* heißt. Deswegen ist Gott vom Himmel herabgestiegen und Mensch geworden, um uns das Himmlische zu lehren.

Es war auch schwer, die Strafe der Hölle zu erkennen. Das *Buch der Weisheit* (2,1) läßt die Gottlosen sprechen: „Man kennt keinen, der aus dem Totenreich wiederkam." Das kann jetzt nicht mehr mit Fug gesagt werden, denn wie er vom Himmel herabstieg, um das Himmlische uns zu lehren, so erstand er wieder von den Toten, um uns aus der Unterwelt herauszuführen. Wir müssen also notwendig glauben, daß er nicht nur Mensch geworden und gestorben ist, sondern auch, daß er wiedererstand von den Toten. Deswegen heißt es im Glaubensbekenntnis: „Am dritten Tage erstand Er wieder von den Toten".

936. – Nun sehen wir aber, daß viele von den Toten wiedererstanden sind, wie Lazarus, der Sohn der Witwe und die Tochter des Synagogenvorstehers. Die Auferstehung Christi aber unterscheidet sich von der Auferstehung jener und aller anderen auf vierfache Weise.

Zunächst durch die Ursache der Auferstehung. Die andern, die wiedererstanden, erstanden nicht aus eigener Kraft, sondern durch die Kraft Christi [...]. Christus aber erstand aus eigener Kraft wieder. Denn er war nicht nur Mensch, sondern auch Gott, und die Gottheit des Wortes ist niemals weder von seiner Seele noch von seinem Leibe getrennt gewesen. Deswegen nahm der Leib die Seele und die Seele den Leib wieder an, sobald er wollte. „Ich habe Gewalt, mein Leben dahinzugeben, und ich habe die Gewalt, es wieder an mich zu nehmen" (*Joh* 10,18). Er ist zwar gestorben, aber nicht aus Schwäche und nicht aus Zwang, sondern aus eigener Kraft und freiwillig. Das zeigt sich darin, daß er mit lauter Stimme schrie, da er seinen Geist aufgab, was andere Sterbende nicht vermögen, denn sie sterben vor Schwäche.

Unde centurio dixit, *Matth.* XXVII,54: "Vere Filius Dei erat iste". Et ideo sicut sua virtute posuit animam suam, ita sua virtute recepit eam: et ideo dicitur, quia *resurrexit*, et non quod fuerit suscitatus, quasi ab alio. *Psal.* III,6: "Ego dormivi, et soporatus sum, et exsurrexi". Nec est hoc contrarium ei quod dicitur *Act.* II,32: "Hunc Iesum resuscitavit Deus": nam et Pater resuscitavit eum, et Filius: quia eadem est virtus Patris et Filii.

937. - Secundo differt quantum ad vitam ad quam resurrexit: quia Christus ad vitam gloriosam et incorruptibilem: Apostolus, *Rom.* VI,4: "Christus resurrexit a mortuis per gloriam Patris"; alii vero ad eandem vitam quam prius habuerant, sicut patet de Lazaro et de aliis.

938. - Tertio differt quantum ad fructum et efficaciam: quia virtute resurrectionis Christi resurgunt omnes. *Matth.* XXVII,52: "Multa corpora sanctorum quae dormierant, surrexerunt". Apostolus, I *Cor.* XV,20: "Christus resurrexit a mortuis, primitiae dormientium".

Sed vide quod Christus per passionem pervenit ad gloriam, *Luc.* XXIV,26: "Nonne sic oportuit pati Christum, et ita intrare in gloriam suam?" Ut doceat nos qualiter ad gloriam pervenire possimus: *Act.* XIV,21: "Per multas tribulationes oportet nos intrare in regnum Dei".

939. - Quarto differt quantum ad tempus: quia resurrectio aliorum differtur usque ad finem mundi nisi aliquibus ex privilegio ante concedatur, ut beatae virgini, et, ut pie creditur, beato Ioanni Evangelistae; sed Christus resurrexit tertia die. Cuius ratio est, quia resurrectio et mors et nativitas Christi fuit propter nostram salutem, et ideo tunc voluit resurgere quando salus nostra perficeretur. Unde si statim resurrexisset, non fuisset creditum quod fuisset mortuus. Item si multum distulisset, discipuli non remansissent in fide, et sic nulla utilitas fuisset in passione sua. *Psal.* XXIX,10: "Quae utilitas in sanguine meo, dum descendo in corruptionem?" Et ideo die tertia resurrexit, ut crederetur mortuus, et ut discipuli fidem non amitterent.

Daher sagt der Hauptmann bei *Matthäus* (27,54): „In Wahrheit, der war Gottes Sohn". Wie er aus eigener Kraft sein Leben dahingab, so nahm er es aus eigener Kraft wieder an sich. Deswegen heißt es: „Er erstand wieder" und nicht, er sei, wie von einem anderen auferweckt worden. „Ich schlief und schlummerte und stand auf" (*Ps* 3,6). Das steht nicht im Widerspruch mit den Worten der *Apostelgeschichte* (2,32): „Diesen Jesus hat Gott wieder auferweckt." Denn sowohl der Vater wie der Sohn erweckten ihn wieder, weil die Kraft des Vaters und die des Sohnes eine und dieselbe ist.

937. – Zweitens unterscheidet sich seine Auferstehung von der der übrigen durch das Leben, zu dem er wiedererstand. Denn Christus erstand zu einem Leben der Herrlichkeit und Unzerstörbarkeit. „Christus erstand wieder von den Toten durch die Herrlichkeit des Vaters" (*Röm* 6,4). Die übrigen aber erstanden zu demselben Leben wieder, das sie vorher hatten, wie wir von Lazarus und den anderen wissen.

938. – Der dritte Unterschied liegt in der Frucht und Wirksamkeit. Denn aus der Kraft der Auferstehung Christi erstehen alle wieder. „Viele Leiber von Heiligen, die entschlafen waren, erstanden" (*Mt* 27,52). „Christus erstand wieder von den Toten, die Erstlingsgabe der Entschlafenen" (1 *Kor* 15,20).

Aber bedenke, daß Christus durch Leiden zur Herrlichkeit gelangte. „Mußte nicht Christus so leiden und so in seine Herrlichkeit einziehen?" (*Lk* 24,26). Das sagte er, um uns zu lehren, wie auch wir zur Herrlichkeit gelangen können. „Durch viele Trübsale müssen wir in das Reich Gottes einziehen" (*Apg* 14,21).

939. – Der vierte Unterschied liegt in der Zeit. Die Auferstehung der andern wird bis zum Ende der Welt aufgeschoben, wenn sie nicht einigen bestimmten Menschen aus besonderer Gnade vorher gewährt wird, wie der seligen Jungfrau und, nach frommem Glauben, dem heiligen Johannes, dem Evangelisten. Christus aber erstand wieder am dritten Tage. Weil Auferstehung, Tod und Geburt Christi unseres Heiles wegen geschahen, deswegen wollte er auch damals wiedererstehen, als unser Heil sich vollendete. Wenn er sogleich auferstanden wäre, dann hätte man nicht an seinen Tod geglaubt. Hätte er aber die Auferstehung lange hinausgeschoben, dann wären die Jünger nicht im Glauben geblieben, und so wäre sein Leiden ohne Nutzen gewesen. „Welcher Nutzen liegt in meinem Blut, wenn ich der Verwerfung anheimfalle?" (*Ps* 30 [29],10). Deshalb erstand er am dritten Tage wieder, damit sein Tod geglaubt werde und die Jünger den Glauben nicht verlören.

940. – Possumus autem ex his quatuor ad nostram eruditionem accipere.

Primo ut studeamus resurgere spiritualiter a morte animae, quam incurrimus per peccatum, ad vitam iustitiae, quae habetur per poenitentiam. Apostolus, *Eph.* V,14: "Surge qui dormis, et exurge a mortuis; et illuminabit te Christus". Et haec est resurrectio prima. *Apoc.* XX,6: "Beatus qui habet partem in resurrectione prima".

941. – Secundo quod non differamus resurgere usque ad mortem, sed cito: quia Christus resurrexit tertia die. *Eccli.* V,8: "Ne tardes converti ad Dominum, et ne differas de die in diem": quia non poteris cogitare quae pertinent ad salutem infirmitate gravatus; et quia etiam perdis partem omnium bonorum quae fiunt in Ecclesia, et multa mala incurris ex perseverantia in peccato. Diabolus etiam quanto diutius possidet, tanto difficilius dimittit, ut dicit Beda.[1]

942. – Tertio ut resurgamus ad vitam incorruptibilem; ut scilicet non iterum moriamur, idest in tali proposito quod ultra non peccemus. *Rom.* VI,9: "Christus resurgens ex mortuis, iam non moritur; mors illi ultra non dominabitur"; et infra, 11-13: "Ita et vos existimate vos mortuos quidem esse peccato, viventes autem Deo in Christo Iesu. Non ergo regnet peccatum in vestro mortali corpore, ut obediatis concupiscentiis eius; sed neque exhibeatis membra vestra arma iniquitatis peccato; sed exhibete vos Deo tanquam ex mortuis viventes."

943. – Quarto ut resurgamus ad vitam novam et gloriosam; ut scilicet vitemus omnia quae prius fuerant occasiones et causa mortis et peccati. *Rom.* VI,4: "Quomodo Christus surrexit a mortuis per gloriam Patris, ita et nos in novitate vitae ambulemus". Et haec nova vita est vita iustitiae, quae innovat animam, et perducit ad vitam gloriae. Amen.

---

[1] Vgl. Beda Venerabilis, *Super Lucam* III 8 (PL 92,437C).

940. - Daraus können wir zu unserer Unterweisung vier Lehren entnehmen.

Erstens müssen wir uns bemühen, geistig vom Tod der Seele, in den wir durch die Sünde gerannt sind, zum Leben der Gerechtigkeit aufzuerstehen, das wir durch die Buße gewinnen. Der Apostel sagt im *Epheserbrief* (5,14): „Steh auf, der du schläfst, erhebe dich von den Toten, und Christus wird dein Licht sein." Das ist die erste Auferstehung. „Glücklich und heilig, wer Teil hat an der ersten Auferstehung" (*Offb* 20,6).

941. - Zweitens dürfen wir diese Auferstehung nicht bis zu unserem Tode aufschieben, denn Christus erstand am dritten Tage wieder. „Zögere nicht, dich zum Herrn zu bekehren, und schiebe es nicht von einem Tag auf den andern" (*Sir* 5,8). Wenn Krankheit dich bedrückt, wirst du nicht bedenken können, was zum Heil gehört. Du verlierst auch durch Beharren in der Sünde deinen Anteil an allem Guten, das in der Kirche geschieht, und läufst in manches Böse hinein. Je länger der Teufel jemanden besitzt, desto schwerer läßt er ihn los, wie Beda sagt.

942. - Drittens: Daß wir zum unzerstörbaren Leben auferstehen, nämlich, um nicht wieder zu sterben, das heißt, daß wir den Vorsatz fassen, künftig nicht mehr zu sündigen. „Christus, der von den Toten erstand, stirbt nicht mehr" (*Röm* 6,9). Und weiter unten: „So glaubt auch ihr, daß ihr für die Sünde tot seid, für Gott in Christus Jesus aber lebt. Die Sünde herrsche nicht mehr in eurem sterblichen Leib, daß ihr seinen Lüsten gehorcht. Und erweist eure Glieder nicht als Werkzeuge der Bosheit durch die Sünden, sondern erweist euch für Gott als Lebende, die gleichsam von den Toten erstanden sind" (*Röm* 6,11ff).

943. - Viertens: Daß wir zu einem neuen und herrlichen Leben wiedererstehen, nämlich dadurch, daß wir alles meiden, was früher Gelegenheit war und Anlaß zu Tod und Sünde. „Wie Christus von den Toten durch die Herrlichkeit des Vaters auferstand, so laßt auch uns in einem neuen Leben wandeln" (*Röm* 6,4). Und dieses neue Leben ist das Leben der Gerechtigkeit, das die Seele neu macht und zum Leben der Herrlichkeit führt. Amen.

Articulus 8
Ascendit ad caelos,
sedet ad dexteram Dei Patris omnipotentis.

944. - Post Christi resurrectionem oportet credere eius ascensionem, qua in caelum ascendit die quadragesima. Et ideo dicit: "Ascendit ad caelos".

Circa quod debes notare tria.

Primo scilicet quod fuit sublimis, rationalis, et utilis.

A) Sublimis quidem fuit, quia ascendit ad caelos. Et hoc tripliciter exponitur.

Primo super omnes caelos corporeos. Apostolus, *Eph.* IV,10: "Ascendit super omnes caelos". Et hoc primo incepit in Christo: nam antea corpus terrenum non erat nisi in terra, intantum ut etiam Adam fuerit in Paradiso terrestri.

Secundo ascendit super omnes caelos spirituales, scilicet naturas spirituales. *Eph.* I,20: "Constituens Iesum ad dexteram suam in caelestibus super omnem principatum et potestatem et virtutem et dominationem, et omne nomen quod nominatur non solum in hoc saeculo, sed etiam in futuro; et omnia subiecit sub pedibus eius".

Tertio ascendit usque ad sedem Patris. *Dan.* VII,13: "Ecce cum nubibus caeli quasi filius hominis veniebat, et usque ad antiquum dierum pervenit"; et *Marc.* ult. [XVI],19: "Et Dominus quidem Iesus, postquam locutus est eis, assumptus est in caelum, et sedet a dextris Dei".

945. - Non autem accipitur in Deo dextera corporaliter, sed metaphorice: quia inquantum Deus, dicitur sedere ad dexteram Patris, idest ad aequalitatem Patris; inquantum homo, sedet ad dexteram Patris, idest in potioribus bonis. Hoc autem affectavit Diabolus. *Isai.* XIV,13: "In caelum conscendam, super astra Dei exaltabo solium meum; sedebo in monte testamenti, in lateribus Aquilonis; ascendam super altitudinem nubium, similis ero altissimo". Sed non pervenit nisi Christus; ideo dicitur: "Ascendit in caelum, sedet ad dexteram Patris". *Psal.* CIX,1: "Dixit Dominus Domino meo: sede a dextris meis".

Artikel 8
Aufgefahren in den Himmel.
Er sitzt zur Rechten Gottes, des allmächtigen Vaters.

944. - Nach dem Bekenntnis der Wiedererstehung Christi müssen wir den Glauben an seine Himmelfahrt bekennen, denn am vierzigsten Tage fuhr er gen Himmel. Deshalb sagt das Glaubensbekenntnis: „Der auffuhr in den Himmel".

Hier muß man dreierlei beachten.

Zunächst, daß seine Himmelfahrt erhaben, sinnvoll und voll Nutzen war.

A) Erhaben war sie, denn er stieg empor zum Himmel. Und das wird folgendermaßen ausgelegt.

Erstens, daß er über alle körperhaften Himmel hinausgestiegen ist. „Er stieg empor über alle Himmel" (*Eph* 4,10). Das nahm seinen Anfang in Christus. Denn vorher war der irdische Leib nur auf Erden, wie auch Adam im irdischen Paradiese war.

Zweitens stieg er empor über alle geistigen Himmel, nämlich über alle Geistwesen. „Er setzte (Jesus) zu seiner Rechten im Himmel über alles Fürstentum und alle Macht und Kraft und Herrschaft. Und über jeden Namen, der nicht nur in dieser Weltzeit, sondern auch in der zukünftigen genannt werden kann. Und alles unterwarf er seinen Füßen" (*Eph* 1,20).

Drittens stieg er empor bis zum Thronsitze des Vaters. „Siehe, es kam einer mit den Wolken des Himmels gleich einem Menschensohn und schritt bis zum Alten der Tage" (*Dan* 7,13). „Und der Herr Jesus fuhr, nachdem er zu ihnen gesprochen hatte, empor in den Himmel und sitzt zur Rechten Gottes" (*Mk* 16,19).

945. - Die „Rechte" Gottes aber darf nicht körperhaft verstanden werden, sondern bildhaft. Als Gott sitzt Christus zur Rechten des Vaters, das heißt, er ist dem Vater gleich. Als Mensch aber sitzt er zur Rechten des Vaters, und das bedeutet: er hat überreichen Besitz angetreten. Das aber erstrebte der Teufel. „In den Himmel will ich hinaufsteigen, über die Sterne Gottes meinen Thron erhöhen. Auf dem Berge des Bundes will ich sitzen, auf den Flanken des Nordturms. Ich will auffahren über die hohen Wolken, ähnlich sein dem Höchsten" (*Jes* 14,13). Aber niemand gelangte dahin außer Christus. Deshalb heißt es: „Der auffuhr zum Himmel. Er sitzt zur Rechten des Vaters". „Es spricht der Herr zu meinem Herrn: Setze dich zu meiner Rechten" (*Ps* 110 [109],1).

946. - B) Secundo Christi ascensio fuit rationalis, quia ad caelos: et hoc propter tria.

Primo quia caelum debebatur Christo ex sua natura. Naturale enim est ut unumquodque revertatur unde trahit originem. Principium autem originis Christi est a Deo, qui est super omnia. *Ioan.* XVI,28: "Exivi a Patre, et veni in mundum: iterum relinquo mundum, et vado ad Patrem. *Ioan.* III,13: "Nemo ascendit in caelum, nisi qui descendit de caelo, filius hominis qui est in caelo". Et licet sancti in caelum ascendant, non tamen sicut Christus: quia Christus sua virtute, sancti vero attracti a Christo. *Cant.* I,3: "Trahe me post te". Vel potest dici quia nemo ascendit in caelum nisi Christus: quia sancti non ascendunt nisi inquantum sunt membra Christi, qui est caput Ecclesiae. [...]

Secundo debebatur Christo caelum ex sua victoria. Nam Christus est in mundum missus ad pugnandum contra Diabolum, et vicit eum; et ideo meruit exaltari super omnia. *Apoc.* III,21: "Ego vici, et sedi cum Patre meo in throno eius".

Tertio ex sui humilitate. Nulla enim humilitas est ita magna sicut humilitas Christi, qui cum esset Deus, voluit fieri homo, et cum esset Dominus, voluit formam servi accipere, "Factus obediens usque ad mortem", ut dicitur *Phil.* II [8], et descendit usque ad Infernum: et ideo meruit exaltari usque ad caelum ad sedem Dei. Nam humilitas via est ad exaltationem: *Luc.* XIV,11: "Qui se humiliat, exaltabitur"; *Eph.* IV,10: "Qui descendit, ipse est et qui ascendit super omnes caelos".

947. - C) Tertio Christi ascensio fuit utilis; et hoc quantum ad tria.

Primo quantum ad ductum: nam ad hoc ascendit ut nos duceret. Nos enim nesciebamus viam, sed ipse ostendit: *Mich.* II,13: "Ascendit, iter pandens ante eos". Et ut nos securos redderet de possessione regni caelestis: *Ioan.* XIV,2: "Vado parare vobis locum".

Secundo quantum ad securitatem. Ad hoc enim ascendit ut interpellaret pro nobis: *Hebr.* VII,25: "Accedens per semetipsum ad Deum semper vivens ad interpellandum pro nobis"; I *Ioan.* II,1: "Advocatum habemus apud Patrem Iesum Christum".

946. – B) Zweitens war die Himmelfahrt Christi sinnvoll.

Der Himmel kam Christus aufgrund seines Wesens zu. Denn es ist natürlich, daß alles dahin zurückkehrt, wovon es seinen Ursprung nimmt. Der Grund des Ursprungs Christi liegt aber in Gott, der ist über alles. „Ich ging vom Vater aus und kam in die Welt. Wiederum verlasse ich die Welt und gehe zum Vater" (*Joh* 16,28). „Nur der steigt zum Himmel, der vom Himmel herniederstieg, der Menschensohn, der im Himmel ist" (*Joh* 3,13). Zwar fahren auch die Heiligen in den Himmel empor, doch nicht wie Christus. Denn Christus fährt aus eigener Kraft empor, die Heiligen aber werden von Christus emporgezogen. „Zieh mich dir nach!" (*Hld* 1,3). Ja, man kann sagen, daß nur Christus in den Himmel emporfährt, weil die Heiligen nur emporfahren, sofern sie Glieder Christi sind, der das Haupt der Kirche ist. [...]

Überdies gebührte der Himmel Christus wegen seines Sieges. Denn Christus wurde in die Welt gesandt, um gegen den Teufel zu kämpfen. Er hat ihn besiegt und hat so verdient, über alles erhöht zu werden. „Ich habe gesiegt und sitze mit meinem Vater auf seinem Thron" (*Offb* 3,21).

Endlich gebührt ihm der Himmel wegen seiner Demut. Keine Demut ist so groß wie die Demut Christi, der, obwohl er Gott war, Mensch werden, und obgleich er der Herr war, Knechtsgestalt annehmen wollte. „Er wurde gehorsam bis zum Tode", wie es im *Philipperbrief* (2,8) heißt. Er stieg hinab bis zur Unterwelt und verdiente so, erhöht zu werden bis zum Himmel, zum Thronsitz Gottes. Denn die Demut ist der Weg zur Erhöhung: „Wer sich erniedrigt, wird erhöht werden" (*Lk* 14,11). „Der herabstieg, der ist es auch, der über alle Himmel emporstieg" (*Eph* 4,10).

947. – C) Drittens war die Himmelfahrt Christi voll Nutzen.

Zunächst im Hinblick auf sein Führertum: Denn er stieg deswegen empor, um uns zu führen. Wie er von den Toten erstand, um uns auferstehen zu lassen, so stieg er empor, um uns emporzuführen. Denn wir wußten nicht den Weg, er hat ihn uns gewiesen. „Er wird emporsteigen, um ihnen den Weg zu bahnen" (*Mi* 2,13). Und um uns sichere Zuversicht zu geben über die Besitzergreifung des himmlischen Reiches. „Ich gehe, um euch eine Stätte zu bereiten" (*Joh* 14,2).

Ferner im Hinblick auf unsere Sicherheit. Denn er stieg empor, um Fürbitte für uns einzulegen. „Wir treten durch ihn zu Gott hin. Er lebt immer, um Fürbitte für uns zu leisten" (*Hebr* 7,25). „Wir haben einen Sachwalter beim Vater, Jesus Christus" (1 *Joh* 2,1).

Tertio ut ad se corda nostra traheret. *Matth.* VI,21: "Ubi est thesaurus tuus, ibi est et cor tuum"; ut contemnamus temporalia: Apostolus, *Col.* III,1: "Si consurrexistis cum Christo, quae sursum sunt quaerite ubi Christus est in dextera Dei sedens; quae sursum sunt sapite, non quae super terram".

Endlich, um unsere Herzen an sich zu ziehen: „Wo dein Schatz ist, da ist auch dein Herz" (*Mt* 6,21). Damit wir das Zeitliche verachten: „Wenn ihr mit Christus auferstanden seid, dann sucht, was droben ist, wo Christus zur Rechten Gottes sitzt. Was droben ist, daran habt Geschmack, nicht an dem auf Erden" (*Kol* 3,1).

Articulus 9
Inde venturus est iudicare vivos et mortuos.

948. - Ad officium regis et Domini spectat iudicare. *Prov.* XX,8: "Rex qui sedet in solio iudicii, dissipat omne malum intuitu suo". Quia ergo Christus ascendit in caelum, et sedet ad dexteram Dei sicut Dominus omnium, manifestum est quod spectat ad eum iudicium. Et ideo in regula Catholicae fidei confitemur quod "venturus est iudicare vivos et mortuos".

Hoc etiam dixerunt angeli *Act.* I,11: "Hic Iesus, qui assumptus est a vobis in caelum, sic veniet quemadmodum vidistis eum euntem in caelum".

949. - Sunt autem tria consideranda de hoc iudicio. Primum est forma iudicii; secundum est quod iudicium hoc est timendum; tertium est qualiter praeparemus nos ad hoc iudicium.

A) Quo ad formam iudicii tria concurrunt: scilicet quis sit iudex, qui iudicandi, et de quibus sit.

950. - Christus autem est iudex. *Act.* X,42: "Ipse est qui constitutus est a Deo iudex vivorum et mortuorum": sive accipiamus per mortuos peccatores, et per vivos recte viventes; sive per vivos ad litteram illos qui tunc vivent, et per mortuos omnes qui mortui sunt. Est autem iudex non solum inquantum Deus, sed etiam inquantum homo: et hoc propter tria.

Primo quia necessarium est ut iudicandi iudicem videant. Divinitas autem est ita delectabilis quod nullus potest sine gaudio eam videre; et ideo nullus damnatus poterit eam videre, quia tunc gauderet. Et ideo necesse est ut appareat in forma hominis, ut ab omnibus videatur. *Ioan.* V,27: "Potestatem dedit ei iudicium facere, quia filius hominis est".

Secundo quia ipse meruit hoc officium, secundum quod homo. Ipse enim secundum quod homo, fuit iniuste iudicatus, et ex hoc Deus fecit eum iudicem totius mundi. [...]

Tertio ut cesset desperatio ab hominibus, si ab homine iudicantur. Si enim solus Deus iudicaret, homines territi desperarent. *Luc.* XXI,27: "Videbunt filium hominis venientem in nube".

Artikel 9
Wiederkommen wird er von dort, zu richten die Lebendigen und die Toten.

948. - Zum Amt des Königs und Herrn gehört es, Gericht zu halten. „Der König, der auf dem Richterstuhl sitzt, zerstreut alles Böse durch seinen Blick" (*Spr* 20,8). Weil Christus zum Himmel aufgefahren ist und zur Rechten Gottes sitzt als der Herr über alle, darum ist es offenbar, daß ihm das Gericht zusteht. Deshalb bekennen wir im katholischen Glaubensbekenntnis, daß er „wiederkommen wird, Lebende und Tote zu richten."

Dies haben auch die Engel gesagt: „Dieser Jesus, der von euch weg in den Himmel aufgenommen ist, wird so wiederkommen, wie ihr ihn habt zum Himmel fahren sehen" (*Apg* 1,11).

949. - An diesem Gericht betrachten wir dreierlei: erstens das Verfahren; zweitens die Furchtbarkeit; drittens unsere Vorbereitung auf das Gericht.

A) Im Gerichtsverfahren fragt es sich, wer der Richter ist, über wen das Gericht ergeht und was verhandelt wird.

950. - Der Richter aber ist Christus. „Er ist es, der von Gott zum Richter über Lebende und Tote eingesetzt ist" (*Apg* 10,42); mögen wir nun unter den Toten die Sünder verstehen und unter den Lebenden die, die rechtschaffen leben; oder, dem Wortsinne nach, unter den Lebenden die, die dann noch leben werden, und unter den Toten alle, die gestorben sind. Er ist aber Richter nicht nur als Gott, sondern auch als Mensch.

Zunächst weil es notwendig ist, daß die zu Richtenden den Richter sehen. Die Gottheit aber ist so beglückend, daß niemand sie ohne Freude schauen kann. Deswegen wird kein Verdammter sie schauen, weil er dann Freude empfände. Deswegen muß er in Menschengestalt erscheinen, um von allen gesehen zu werden. „Er gab ihm Gewalt, Gericht zu halten, weil er der Menschensohn ist" (*Joh* 5,27).

Ferner hat er sich dieses Amt verdient als Mensch. Weil über ihn, den Menschen, ungerechtes Gericht gehalten wurde, machte ihn Gott zum Richter über die ganze Welt. [...]

Endlich, damit die Verzweiflung von den Menschen weiche, wenn sie von einem Menschen gerichtet werden; würde nämlich Gott allein Gericht halte, dann würden die Menschen vor Schreck verzweifeln. „Sie werden den Menschensohn auf einer Wolke kommen sehen" (*Lk* 21,27).

Iudicandi vero sunt omnes qui sunt, fuerunt et erunt. Apostolus, II *Cor.* V,10: "Omnes nos manifestari oportet ante tribunal Christi, ut referat unusquisque propria corporis, prout gessit, sive bonum sive malum".

951. - Est autem, sicut dicit Gregorius[1], quadruplex differentia inter iudicandos. Aut enim iudicandi sunt boni aut mali.

Malorum autem quidam condemnabuntur, sed non iudicabuntur; sicut infideles; quorum facta non discutientur, quia "qui non credit iam iudicatus est", ut dicitur *Ioan.* III,18. Quidam vero condemnabuntur et iudicabuntur, sicut fideles, qui decesserunt cum peccato mortali. Apostolus, *Rom.* VI,23: "Stipendia peccati mors": non enim excludentur a iudicio propter fidem quam habuerunt.

952. - Bonorum etiam quidam salvabuntur et non iudicabuntur, pauperes scilicet spiritu propter Deum; quinimmo alios iudicabunt. *Matth.* XIX,28: "Vos qui secuti estis me, in regeneratione, cum sederit filius hominis in sede maiestatis suae, sedebitis et vos super sedes duodecim, iudicantes duodecim tribus Israel": quod quidem non solum intelligitur de discipulis, sed etiam de omnibus pauperibus; alias Paulus, qui plus aliis laboravit, non esset de numero illorum. Et ideo intelligendum est etiam de omnibus sequentibus Apostolos, et de apostolicis viris. Ideo Apostolus, I *Cor.* VI,3: (an) "nescitis quoniam angelos iudicabimus?" [...]

Quidam autem salvabuntur et iudicabuntur, scilicet morientes in iustitia. Licet enim in iustitia decesserint, in occupatione tamen temporalium in aliquo lapsi sunt; et ideo iudicabuntur sed salvabuntur.

Iudicabuntur autem de omnibus factis, bonis et malis. *Eccle.* XI,9: "Ambula in viis cordis tui (...) et scito quod pro omnibus his adducet te Deus in iudicium". *Eccli.* XII,14: "Cuncta quae fiunt, adducet Deus in iudicium pro omni errato, sive bonum sive malum sit". De verbis etiam otiosis: *Matth.* XII,36: "Omne verbum otiosum quod locuti fuerint homines, reddent rationem de eo in die iudicii". De cogitationibus: *Sap.* I,9: "In cogitationibus impii interrogatio erit".

Et sic patet forma iudicii.

---

[1] Vgl. Gregor der Große, *Moralia in Iob* XXVI 27 (CCL 143B,1304,18-22).

Zu richten aber sind alle, die waren und die künftig sein werden. „Alle müssen vor dem Richterstuhl Christi erscheinen, damit ein jeder das eigenste Tun seines Lebens im Leibe vorbringe, wie er es getrieben, ob gut oder schlecht" (2 *Kor* 5,10).

951. - Es gibt nach einem Worte Gregors einen vierfachen Unterschied unter den zu Richtenden: Das Gericht ergeht über Gute und Böse.

Ein Teil der Bösen wird verdammt werden ohne Urteilsspruch: das sind die Ungläubigen, deren Taten nicht verhandelt werden, weil wie *Johannes* (3,18) sagt: „Wer nicht glaubt, schon gerichtet ist". Ein anderer Teil aber wird verdammt durch ausdrücklichen Urteilsspruch: Das sind die Gläubigen, die mit der Todsünde aus dem Leben geschieden sind. „Der Sold der Sünde ist der Tod" (*Röm* 6,23). Um ihres Glaubens willen werden sie nicht vom Gericht ausgeschlossen.

952. - Ein Teil der Guten wird das Heil erlangen ohne Urteilsspruch, nämlich die um Gottes willen arm waren im Geiste. Ja, sie werden sogar über andere zu Gericht sitzen. „Ihr, die ihr mir gefolgt seid, werdet bei der Auferstehung, wenn der Menschensohn auf dem Thron seiner Herrlichkeit sitzt, ebenfalls auf zwölf Thronen sitzen und über die zwölf Stämme Israels Gericht halten" (*Mt* 19,28). Das gilt nicht nur für die Jünger, sondern für alle Armen. Andernfalls würde Paulus, der mehr als alle die anderen gearbeitet hat, nicht zu ihnen zählen. Deswegen muß man das auch für alle, die den Aposteln folgen und für alle apostolischen Männer gelten lassen. Darum sagt der Apostel im 1. *Korintherbrief* (6,3): „Wißt ihr nicht, daß wir Richter über Engel sein werden?" [...]

Andere aber erlangen ihr Heil aufgrund eines besonderen Urteilsspruchs, nämlich die im Zustand der Gerechtigkeit sterben. Denn obgleich sie in der Gerechtigkeit aus dem Leben geschieden sind, haben sie dennoch durch ihre Befangenheit in den zeitlichen Dingen irgendwie gefehlt und werden deswegen gerichtet, aber gerettet.

Gerichtet aber werden sie über alle guten und bösen Taten. „Wandle die Wege, die dein Herz dir vorschreibt, (...) und wisse, daß für all das Gott dich ins Gericht bringen wird" (*Koh* 11,9). „Alles, was ist, zieht Gott vor sein Gericht, mag's gut sein oder schlecht" (*Koh* 12,14). Auch über müßige Worte: „Die Menschen werden über jedes müßige Wort, das sie sprechen, Rechenchaft ablegen müssen am Gerichtstag" (*Mt* 12,36). Über die Gedanken: „Über die Gedanken des Gottlosen wird ein Verhör angestellt werden" (*Weish* 1,9).

Das ist das Verfahren des Gerichts.

953. – B) Est autem iudicium illud timendum propter quatuor.

Primo propter iudicis sapientiam. Scit enim omnia, et cogitationes et locutiones et operationes: quoniam "omnia nuda et aperta sunt oculis eius", ut dicitur *Hebr.* IV,13. [...] Ipse etiam scit verba nostra: *Sap.* I,10: "Auris zeli audit omnia". Item cogitationes nostras: *Ierem.* XVII,9: "Pravum est cor hominis et inscrutabile: quis cognoscet illud? Ego Dominus scrutans corda et probans renes, qui do unicuique iuxta viam suam, et iuxta fructum adinventionum suarum". Ibi erunt testes infallibiles, scilicet propriae hominum conscientiae: Apostolus, *Rom.* II,15-16: "Testimonium reddente illis conscientia ipsorum, et inter se invicem cogitationum accusantium, aut etiam defendentium in die cum iudicabit Deus occulta hominum".

954. – Secundo propter iudicis potentiam, quia omnipotens est in se. *Isai.* XL,10: "Ecce Dominus Deus in fortitudine veniet". Item omnipotens est in aliis, quia omnis creatura erit cum eo. *Sap.* V,21: "Pugnabit cum illo orbis terrarum contra insensatos"; et ideo dicebat *Iob* X,7: "Cum sit nemo qui de manu tua possit ergere". *Psal.* CXXXVIII,8: "Si ascendero in caelum, tu illic es; si descendero in Infernum, ades".

955. – Tertio propter iudicis inflexibilem iustitiam. Nunc enim est tempus misericordiae; sed tempus futurum erit solum tempus iustitiae: et ideo nunc est tempus nostrum, sed tunc erit solum tempus Dei. *Psal.* LXXIV,3: "Cum accepero tempus, ego iustitias iudicabo". [...]

956. – Quarto propter iudicis iram. Aliter enim apparebit iustis, quia dulcis et delectabilis: *Isai.* XXXIII,17: "Regem in decore suo videbunt"; aliter malis, quia iratus et crudelis, intantum ut dicant montibus: "Cadite super nos, et abscondite nos ab ira agni", ut dicitur *Apoc.* VI,16. Haec autem ira non dicit in Deo commotionem animi, sed effectum irae, poenam scilicet peccatoribus inflictam, scilicet aeternalem. Origenes: "Quam angustae erunt peccatoribus viae in iudicio. Desuper erit iudex iratus", et cetera.[1]

---

[1] Das Zitat, für das im Mittelalter auch Augustinus und Gregor der Große als Quellen angeführt werden, stammt wohl von Anselm von Canterbury, *Liber meditationum et orationum* II (PL 158,724f): „O angustiae: hinc erunt accusantia peccata, inde terrens iustitia, subtus petens horridum chaos infernus, desuper iratus rex".

953. – B) Dieses Gericht aber ist furchtbar.

Zunächst wegen der Weisheit des Richters. Denn er weiß alles, Gedanken, Reden und Tun: „Alles liegt nackt und offen vor seinen Augen" (*Hebr* 4,13). [...] Er weiß auch unsere Worte: „Alles hört sein eifersüchtiges Ohr" (*Weish* 1,10). Ebenso unsere Gedanken: „Böse ist aller Herz und unerforschlich. Wer kann es kennen? Ich, der Herr, der die Herzen durchforscht und die Nieren prüft, der jedem nach seinem Wandel gibt und nach der Frucht seiner Pläne" (*Jer* 17,9). Da werden untrügliche Zeugen stehen, die eigenen Gewissen der Menschen. „Ihr eigenes Gewissen gibt ihnen Zeugnis und die Gedanken, die einander anklagen oder verteidigen, am Tage, da Gott die Heimlichkeiten der Menschen richten wird" (*Röm* 2,15).

954. – Sodann ist das Gericht furchtbar wegen der Macht des Richters, denn er ist allmächtig aus sich selbst. „Siehe, der Herr Gott kommt mit Macht" (*Jes* 40,10). Er hat auch alle Macht in den anderen Wesen, denn die ganze Schöpfung wird mit ihm sein. „Es kämpft auf seiner Seite der Erdkreis gegen die Toren" (*Weish* 5,21). Deshalb sagte *Ijob* (10,7): „Weil keiner Deiner Hand entrinnen kann". „Wenn ich hinaufsteige in den Himmel, du bist dort; wenn ich hinabsteige in die Unterwelt: du bist da" (*Ps* 139 [138],8).

955. – Ferner ist das Gericht furchtbar wegen der unbestechlichen Gerechtigkeit. Jetzt ist die Zeit des Erbarmens, aber die künftige Zeit ist nur die Zeit der Gerechtigkeit. Darum ist das Jetzt unsere Zeit, dann aber wird einzig die Zeit Gottes sein. „Wenn ich die Zeit an mich nehme, werde ich in Gerechtigkeit richten" (*Ps* 75 [74],3). [...]

956. – Endlich wegen des richterlichen Zornes. Den Gerechten wird er milde und beglückend erscheinen: „Sie werden den König in seiner Herrlichkeit schauen" (*Jes* 33,17). Anders den Bösen, nämlich zornig und grausam, so sehr, daß sie zu den Bergen sprechen möchten: „Fallt über uns und verbergt uns vor dem Zorn des Lammes", wie in der *Apokalypse* (6,16) steht. Dieser Zorn bezeichnet keine seelische Erregung in Gott, sondern die Wirkung des Zornes, nämlich die über die Sünder verhängte ewige Strafe. „Wie schmal werden die Wege für die Sünder im Gericht sein. Der Richter wird seinen Zorn herniederschleudern" (Origenes).

957. - C) Contra autem hunc timorem debemus quatuor habere remedia.

Primum est bona operatio. Apostolus, *Rom.* XIII,3: "Vis non timere potestatem? Bonum fac, et habebis laudem ex illa".

Secundum est confessio et poenitentia de commissis: in qua tria debent esse: scilicet dolor in cogitatione, pudor in confessione, et acerbitas in satisfactione: quae quidem expiant poenam aeternam.

Tertium est eleemosyna, quae omnia mundat. *Luc.* XVI,9: "Facite vobis amicos de mammona iniquitatis, ut, cum defeceritis, recipiant vos in aeterna tabernacula".

Quartum est caritas, scilicet amor Dei et proximi: quae quidem caritas operit multitudinem peccatorum, ut dicitur I *Petr.* IV, et *Prov.* X [12].

957. - C) Gegen diese Furcht müssen wir vier Heilmittel haben.

Zunächst rechtes Tun. „Willst du die Gewalt nicht fürchten, dann tu Gutes, und du wirst Lob von ihr erhalten" (*Röm* 13,3).

Dann Bekenntnis und Buße für das Vergangene, wobei Schmerz in der Seele, Beschämung im Bekenntnis und Bitterkeit in der Genugtuung sein muß, denn diese tilgen die ewige Strafe.

Drittens Almosen. Das reinigt von allem. „Macht euch Freunde mit dem Mammon der Bosheit, damit sie euch, wenn es mit euch zu Ende geht, in die ewigen Zelte aufnehmen" (*Lk* 16,9).

Das vierte ist die Liebe, nämlich Liebe zu Gott und zum Nächsten. Diese Liebe „deckt die Menge der Sünden zu", wie es im 1. *Petrusbrief* (4,8) und im *Buch der Sprichwörter* (10,12) heißt.

Articulus 10
Credo in Spiritum Sanctum.

958. - Sicut dictum est, Verbum Dei est Filius Dei, sicut verbum hominis est conceptio intellectus. Sed quandoque homo habet verbum mortuum, scilicet quando homo cogitat quae debet facere, sed tamen voluntas faciendi non adest ei; sicut quando homo credit et non operatur, fides eius dicitur mortua, ut dicitur *Iac.* II [26]. Verbum autem Dei est vivum. *Hebr.* IV,12: "Vivus est enim sermo Dei"; et ideo necesse est quod Deus habeat secum voluntatem et amorem. Unde Augustinus in Lib. *de Trin.*: "Verbum quod insinuare intendimus, cum amore notitia est".[1] Sicut autem verbum Dei est Filius Dei, ita amor Dei est Spiritus Sanctus. Et inde est quod tunc homo habet Spiritum Sanctum, quando diligit Deum. Apostolus, *Rom.* V, 5: "Caritas Dei diffusa est in cordibus nostris per Spiritum Sanctum, qui datus est nobis".

959. - Fuerunt autem aliqui[2] qui male sentientes de Spiritu Sancto, dixerunt quod erat creatura, et quod erat minor Patre et Filio, et quod erat servus et minister Dei. Et ideo sancti ad removendum hos errores addiderunt quinque verba in alio symbolo de Spiritu Sancto.

960. - Primum est, quod licet sint alii spiritus, scilicet angeli, sunt tamen ministri Dei, secundum illud Apostoli, *Hebr.* I,14: "Omnes sunt administratorii spiritus"; sed Spiritus Sanctus Dominus est: *Ioan.* IV,24: "Spiritus est Deus"; et Apostolus, II *Cor.* III,17: "Dominus autem Spiritus est"; et inde est quod ubi est Spiritus Domini, ibi est libertas, ut dicitur II *Cor.* III [17]. Cuius ratio est, quia facit diligere Deum, et aufert amorem mundi. Et ideo dicitur: "In Spiritum Sanctum Dominum".

961. - Secundum est quia in hoc est vita animae quod coniungitur Deo, cum ipse Deus sit vita animae, sicut anima vita corporis.[3]

---

[1] Vgl. Augustinus, *De trinitate* IX 10 (CCL 50,307,29f.).
[2] Vgl. ders., *De haeresibus* 52 (PL 42,40), der auf die „Macedonii" hinweist.
[3] Vgl. ders., *Enarrationes in Psalmos* 70,3 (CCL 39,962,59) u.ö.

Artikel 10
Ich glaube an den Heiligen Geist.

958. - Wir sagten: das Wort Gottes ist der Sohn Gottes, wie auch das Wort des Menschen vom Verstande gezeugt ist. Es kann aber geschehen, daß das Wort des Menschen tot ist, nämlich wenn er erwägt, was er tun muß, aber nicht den Willen zur Ausführung hat; das ist dasselbe, wie wenn der Mensch zwar glaubt, aber nicht nach dem Glauben handelt. Sein Glaube heißt dann tot, wie bei *Jakobus* [2,26] gesagt wird. Das Wort Gottes aber ist lebendig: „Lebendig ist Gottes Rede" (*Hebr* 4,12). Deswegen muß in Gott notwendig Wille und Liebe sein. Daher sagt Augustinus im *Buch über die Dreifaltigkeit*: „Das Wort, das wir einem anderen mitzuteilen trachten, wird mit Liebe kundgegeben." Wie aber das Wort Gottes der Sohn Gottes ist, so ist die Liebe Gottes der Heilige Geist. Daher hat der Mensch dann den Heiligen Geist, wenn er Gott liebt. „Die Liebe Gottes ist ausgegossen in unsere Herzen durch den Heiligen Geist, der uns gegeben wurde" (*Röm* 5,5).

959. - Es gab aber Leute, die einen falschen Begriff vom Heiligen Geist hatten und behaupteten, er sei ein Geschöpf und minder denn Vater und Sohn, und er sei der Knecht und Diener Gottes. Um diese Irrtümer auszuräumen, fügten die heiligen Väter dem Glaubensbekenntnis von Nizäa fünf Worte über den Heiligen Geist bei.

960. - Es gibt zwar noch andere Geister, nämlich die Engel; die sind allerdings Diener Gottes, gemäß dem Worte des Apostels an die *Hebräer* (1,14): „Alle sind sie dienende Geister." Aber der Heilige Geist ist der Herr. „Der Geist ist Gott" (*Joh* 4,24). Und der Apostel sagt im 2. *Korintherbrief* (3,17): „Der Herr aber ist der Geist." Wo deshalb „der Geist des Herrn ist, dort ist Freiheit", wie es im 2. *Korintherbrief* (3,17) heißt. Das bedeutet, daß er die Liebe zu Gott bewirkt und die Liebe zur Welt aufhebt. Deswegen die Worte: „An den Heiligen Geist, den Herrn".

961. - Darin besteht das Leben der Seele, daß sie mit Gott verbunden ist, denn Gott selbst ist das Leben der Seele, wie die Seele das Leben des Leibes ist.

Deo autem coniungit Spiritus Sanctus per amorem, quia ipse est amor Dei, et ideo vivificat. *Ioan.* VI,64: "Spiritus est qui vivificat". Unde dicitur: "Et vivificantem".

962. - Tertium est quod Spiritus Sanctus est eiusdem substantiae cum Patre et Filio: quia sicut Filius est verbum Patris, ita Spiritus Sanctus est amor Patris et Filii; et ideo procedit ab utroque; et sicut verbum Dei est eiusdem substantiae cum Patre, ita et amor cum Patre et Filio. Et ideo dicitur: "Qui ex Patre Filioque procedit". Unde et per hoc patet quod non est creatura.

963. - Quartum est quod est aequalis Patri et Filio quantum ad cultum. [...] *Matth.* ult. [XXVIII] 19: "Docete omnes gentes, baptizantes eos in nomine Patris et Filii et Spiritus Sancti". Et ideo dicitur: "Qui cum Patre et Filio simul adoratur".

964. - Quintum, per quod manifestatur quod sit aequalis Deo, est quia sancti prophetae locuti sunt a Deo. Constat autem quod [...] prophetae fuerint locuti ab eo. Sed Petrus dicit (*Epist.* II, cap. I, 21), quod "Spiritu Sancto inspirati locuti sunt sancti Dei homines". *Isai.* XLVIII,16: "Dominus Deus misit me, et Spiritus eius". Unde hic dicitur: "Qui locutus est per prophetas".

965. - Per hoc autem destruuntur duo errores: error scilicet Manichaeorum, qui dixerunt[1], quod vetus testamentum non erat a Deo: quod falsum est, quia per prophetas locutus est Spiritus Sanctus. Item error Priscillae et Montani, qui dixerunt[2] quod prophetae non sunt locuti a Spiritu Sancto, sed quasi amentes.

---

[1] Vgl. Augustinus, *De haeresibus* 46 (PL 42,38).

[2] Vgl. Hieronymus, *Explanationes in Isaiam* I 1 (ed. Gryson, 135,45-136,51).

Die Verbindung mit Gott aber wirkt der Heilige Geist durch die Liebe. Denn er ist selbst die Liebe Gottes und macht daher lebendig. „Der Geist ist es, der lebendig macht" (*Joh* 6,64). Deswegen im Glaubensbekenntnis die Worte: „Und an den Lebendigmacher".

962. – Der Heilige Geist ist gleichen Wesens mit dem Vater und dem Sohn; denn wie der Sohn das Wort des Vaters, so ist der Heilige Geist die Liebe des Vaters und des Sohnes; deswegen geht er von beiden aus. Wie das Wort Gottes gleichen Wesens mit dem Vater ist, so ist auch die Liebe gleichen Wesens mit dem Vater und dem Sohn. Deswegen heißt es: „Der aus dem Vater und dem Sohn hervorgeht." Daraus ergibt sich ganz klar, daß der Heilige Geist nicht ein Geschöpf ist.

963. – Ihm gebührt auch die gleiche Verehrung wie dem Vater und dem Sohn. [...] „Lehret alle Völker, indem ihr sie tauft im Namen des Vaters und des Sohnes und des Heiligen Geistes" (*Mt* 28,19). Und daher heißt es im Glaubensbekenntnis: „Der mit dem Vater und dem Sohne zugleich angebetet wird".

964. – Daß er Gott gleich ist, wird dadurch kund, daß die heiligen Propheten unter Eingebung Gottes gesprochen haben. Es steht aber fest, daß [...] die Propheten durch die Eingebung des Heiligen Geistes gesprochen haben. Denn Petrus sagt in seinem 2. Brief, daß „durch Eingebung des Heiligen Geistes die heiligen Männer Gottes gesprochen haben" (2 *Petr* 1,21). „Der Herr Gott sandte mich und sein Geist" (*Jes* 48,16). Deshalb heißt es im Glaubensbekenntnis: „Der durch die Propheten gesprochen hat."

965. – Dadurch werden zwei Irrlehren zunichte, nämlich der Irrtum der Manichäer, die behaupten, das Alte Testament sei nicht von Gott; das ist aber falsch, weil der Heilige Geist durch die Propheten gesprochen hat. Der andere Irrtum stammt von Priscilla und Montanus, die sagten, daß die Propheten nicht aus dem Heiligen Geist gesprochen haben, sondern im Wahn.

966. – Provenit autem nobis multiplex fructus a Spiritu Sancto.

Primo quia purgat a peccatis. Cuius ratio est, quia eiusdem est reficere cuius est constituere. Anima autem creatur per Spiritum Sanctum, quia omnia per ipsum facit Deus. Deus enim diligendo suam bonitatem causat omnia. *Sap.* XI,25: "Diligis omnia quae sunt, et nihil odisti eorum quae feristi". Dionysius in 4 cap. *De divinis nominibus*: "Divinus amor non permisit eum sine germine esse"[1]. Oportet ergo quod corda hominum per peccatum destructa reficiantur a Spiritu Sancto. *Psal.* CIII,30: "Emitte spiritum tuum et creabuntur, et renovabis faciem terrae". Nec mirum si Spiritus purgat, quia omnia peccata dimittuntur per amorem: *Luc.* VII,47: "Dimissa sunt ei peccata multa, quoniam dilexit multum". *Prov.* X,12: "Universa delicta operit caritas"; item I *Petr.* IV,8: "Caritas operit multitudinem peccatorum".

967. – Secundo illuminat intellectum, quia omnia quae scimus, a Spiritu Sancto scimus. *Ioan.* XIV,26: "Paraclytus autem Spiritus Sanctus, quem mittet Pater in nomine meo, ille vos docebit omnia, et suggeret vobis omnia quaecumque dixero vobis". Item I *Ioan.* II,27: "Unctio docebit vos de omnibus".

968. – Tertio iuvat, et quodammodo cogit servare mandata. Nullus enim posset servare mandata Dei, nisi amaret Deum: *Ioan.* XIV,23: "Si quis diligit me, sermonem meum servabit". Spiritus autem Sanctus facit amare Deum, ideo iuvat. *Ezech.* XXXVI,26: "Dabo vobis cor novum, et spiritum novum ponam in medio vestri; et auferam cor lapideum de carne vestra: et dabo vobis cor carneum, et spiritum meum ponam in medio vestri; et faciam ut in praeceptis meis ambuletis, et iudicia mea custodiatis et operemini".

969. – Quarto confirmat spem vitae aeternae, quia est sicut pignus hereditatis illius. Apostolus, *Eph.* I,13-14: "Signati estis spiritu promissionis sancto, qui est pignus hereditatis nostrae". Est enim quasi arrha vitae aeternae. Cuius ratio est, quia ex hoc debetur vita aeterna homini, inquantum efficitur filius Dei; et hoc fit per hoc quod fit similis Christo.

---

[1] Ps.-Dionysius Areopagita, *De divinis nominibus* IV § 10 (PG 3,707f.; ed. Suchla 155,17-20).

966. – Es erwächst uns aber vielfache Frucht aus dem Heiligen Geist.

Er reinigt uns von der Sünde, denn wer das Dasein gibt, dem steht es auch zu, Erneuerung zu geben. Die Seele wird aber durch den Heiligen Geist geschaffen, denn alles schafft Gott durch ihn. Mit der Liebe zu seinem eigenen Wesensgut verursacht Gott alles: „alles liebst du, was da ist" (*Weish* 11,25). Und Dionysius sagt im Buch *Von den göttlichen Namen*: „Die Liebe Gottes wollte nicht ohne schöpferisches Wirken bleiben." Es ist also notwendig, daß die durch die Sünde zerrütteten Menschenherzen vom Heiligen Geiste wiederhergestellt werden. „Du sendest deinen Geist aus, und sie werden geschaffen, und du wirst das Antlitz der Erde neu machen" (*Ps* 104 [103],30). Daß der Geist reinigt, ist nicht verwunderlich, denn alle Sünde wird durch die Liebe nachgelassen. „Ihr sind viele Sünden vergeben, weil sie viel liebte" (*Lk* 7,47). „Alle Vergehen deckt die Liebe zu" (*Spr* 10,12). „Die Liebe deckt die Menge der Sünden zu" (1 *Petr* 4,8).

967. – Der Heilige Geist erleuchtet den Verstand, denn all unser Wissen kommt uns von ihm. „Der Tröster aber, der Heilige Geist, den der Vater in meinem Namen senden wird, der wird euch alles lehren und an alles erinnern, was immer ich euch gesagt habe" (*Joh* 14,26). „Die Salbung lehrt euch alles" (1 *Joh* 2,27).

968. – Er hilft, ja: er drängt uns, die Gebote zu halten. Nur wer Gott liebt, kann die Gebote halten. „Wenn jemand mich liebt, wird er mein Wort halten" (*Joh* 14,15). Der Heilige Geist aber bewirkt die Gottesliebe und ist so unser Helfer. „Ich will euch ein neues Herz geben und neuen Geist in eure Mitte stellen. Das Herz aus Stein will ich aus eurem Leibe nehmen und euch ein Herz von Fleisch geben; meinen Geist will ich in eure Mitte stellen und ich will bewirken, daß ihr in meinen Geboten wandelt und meine Satzungen beachtet durch die Tat" (*Ez* 36,26f).

969. – Der Heilige Geist festigt die Hoffnung auf das Ewige Leben, denn er ist wie ein Pfand jenes Erbes. „Ihr seid gezeichnet mit dem Heiligen Geiste der Verheißung, der das Unterpfand unseres Erbes ist" (*Eph* 1,13). Er ist gleichsam das Angeld für das Ewige Leben. Das bedeutet: Dem Menschen wird das Ewige Leben geschuldet, soweit er zum Sohn Gottes wird, und das wird er dadurch, daß er Christus ähnlich wird.

Assimilatur autem aliquis Christo per hoc quod habet spiritum Christi, qui est Spiritus Sanctus. Apostolus, *Rom.* VIII,15-16: "Non enim accepistis spiritum servitutis iterum in timore; sed accepistis spiritum adoptionis filiorum, in quo clamamus, abba, Pater. Ipse enim spiritus testimonium reddit spiritui nostro, quod sumus filii Dei"; et *Gal.* IV,6: "Quoniam autem estis filii Dei, misit Deus spiritum Filii sui in corda vestra, clamantem, Abba, Pater".

970. - Quinto consulit in dubiis, et docet nos quae sit voluntas Dei. *Apoc.* II,7: "Qui habet aures audiendi, audiat quid Spiritus dicat Ecclesiis". *Isai.* I,4: "Audiam eum quasi magistrum".

Christus aber wird man dadurch ähnlich, daß man den Geist Christi, d.h. den Heiligen Geist hat. „Denn ihr habt nicht den Geist der Knechtschaft wiederum zur Furcht empfangen, sondern ihr habt den Geist der Sohnesannahme empfangen, in dem wir rufen: Abba, Vater. Denn der Geist selbst gibt unserem Geiste Zeugnis, daß wir Söhne Gottes sind" (*Röm* 8,15f). „Da ihr aber Söhne Gottes seid, sandte Gott den Geist seines Sohnes nun in eure Herzen, der da ruft: Abba, Vater" (*Gal* 4,6).

970. - Er gibt Rat in Zweifeln und lehrt uns, was der Wille Gottes ist. „Wer Ohren hat zu hören, der höre, was der Geist zu den Kirchen spricht" (*Offb* 2,7). „Ich will ihn hören als meinen Lehrer" (*Jes* 50,4).

Articulus 11
Sanctam Ecclesiam Catholicam.

971. - Sicut videmus quod in uno homine est una anima et unum corpus, et tamen sunt diversa membra ipsius; ita Ecclesia Catholica est unum corpus, et habet diversa membra. Anima autem quae hoc corpus vivificat, est Spiritus Sanctus. Et ideo post fidem de Spiritu Sancto, iubemur credere sanctam Ecclesiam Catholicam. Unde additur in symbolo: "Sanctam Ecclesiam Catholicam".

972. - Circa quod sciendum est, quod Ecclesia est idem quod congregatio. Unde Ecclesia sancta idem est quod congregatio fidelium; et quilibet Christianus est sicut membrum ipsius Ecclesiae, de qua dicitur *Eccli.* ult. [LI] 31: "Appropiate ad me indocti, et congregate vos in domum disciplinae". Haec autem Ecclesia sancta habet quatuor conditiones: quia est una, quia est sancta, quia est Catholica, idest universalis, et quia est fortis et firma.

973. - A) Quantum ad primum sciendum est, quod licet diversi haeretici diversas sectas adinvenerint, non tamen pertinent ad Ecclesiam, quia sunt divisi in partes: sed Ecclesia est una [...].

Causatur autem unitas Ecclesiae ex tribus.

Primo ex unitate fidei. Omnes enim Christiani qui sunt de corpore Ecclesiae, idem credunt: I *Cor.* I,10: "Idipsum dicatis omnes, et non sint in vobis schiumata"; et *Eph.* IV,5: "Unus Deus, una fides, unum Baptisma".

974. - Secundo ex unitate spei, quia omnes firmati sunt in una spe perveniendi ad vitam aeternam: et ideo dicit Apostolus, *Eph.* IV,4: "Unum corpus et unus Spiritus, sicut vocati estis in una spe vocationis vestrae".

975. - Tertio ex unitate caritatis, quia omnes connectuntur in amore Dei, et ad invicem in amore mutuo. *Ioan.* XVII,22: "Claritatem quam dedisti mihi, dedi eis, ut sint unum, sicut et nos unum sumus".

Artikel 11
Die heilige katholische Kirche.

971. – Wie der Mensch eine Seele und einen Leib hat, aber verschiedene Glieder, so ist die katholische Kirche ein Leib, hat aber verschiedene Glieder. Die Seele aber, die diesen Leib lebendig macht, ist der Heilige Geist. Nachdem wir daher den Glauben an den Heiligen Geist bekannt haben, sind wir gehalten, den Glauben an die heilige katholische Kirche zu bekennen. Deswegen fährt das Glaubensbekenntnis fort: „Die heilige katholische Kirche".

972. – Man muß dabei wissen, daß Kirche dasselbe besagt wie Zusammenscharung. Deswegen ist die heilige Kirche gleichbedeutend mit „Gemeinde der Gläubigen", und jeder Christ ist wie ein Glied dieser Kirche. Von ihr heißt es bei *Jesus Sirach* (51,31): „Kommt näher zu mir heran, ihr Unbelehrten, und versammelt euch im Hause der Lehre." Diese heilige Kirche hat aber vier Wesensmerkmale, denn sie ist die eine, sie ist die heilige, sie ist die katholische, das heißt allumfassende, und sie ist stark und fest.

973. – A) Zum ersten Wesensmerkmal: Obgleich verschiedene Irrlehrer vielerlei Sekten ersonnen haben, gehören diese nicht zur Kirche, weil sie gespalten sind; die Kirche hingegen ist die eine [...].

Die Einheit der Kirche aber gründet in drei Dingen.

Zunächst in der Einheit des Glaubens. Denn alle Christen, die zum Leib der Kirche gehören, glauben dasselbe. „Alle sollt ihr dasselbe bekennen, und es sollen keine Spaltungen unter euch sein" (1 *Kor* 1,10). „Ein Herr, ein Glaube, eine Taufe, ein Gott und Vater aller" (*Eph* 4,5).

974. – Sodann in der Einheit der Hoffnung; denn alle sind gefestigt in der einen Hoffnung, zum Ewigen Leben zu gelangen. Daher sagt der Apostel im *Epheserbrief* (4,4): „Ein Leib, ein Geist, wie ihr in der einen Hoffnung eurer Berufung berufen seid."

975. – Endlich in der Einheit der Liebe, denn wir sind in der Liebe zu Gott und in wechselseitiger Liebe zueinander zusammengefügt. „Die Liebe, die du mir gegeben hast, gab ich ihnen, damit sie eins seien, wie auch wir eins sind" (*Joh* 17,22).

Manifestatur autem huiusmodi amor si verus est, quando membra pro se invicem sunt solicita, et quando invicem compatiuntur. *Eph.* IV,15-16: "In caritate crescamus in illo per omnia qui est caput Christus: ex quo totum corpus connexum et compactum per omnem iuncturam subministrationis secundum operationem in mensuram uniuscuiusque membri, augmentum corporis facit in aedificationem sui in caritate"; quia quilibet de gratia sibi collata a Deo, debet proximo servire.

976. - Unde nullus debet contemnere, nec pati ab ista Ecclesia abiici et expelli; quia non est nisi una Ecclesia in qua homines salventur, sicut extra arcam Noe nullus salvari potuit.

977. - B) Circa secundum sciendum, quod est etiam alia congregatio, sed malignantium. *Psal.* XXV,5: "Odivi Ecclesiam malignantium". Sed haec est mala, Ecclesia vero Christi est sancta: Apostolus, I *Cor.* III,17: "Templum Dei sanctum est, quod estis vos; unde dicitur, sanctam Ecclesiam".

Sanctificantur autem fideles huius congregationis ex tribus.

Primo, quia sicut Ecclesia cum consecratur, materialiter lavatur, ita et fideles loti sunt sanguine Christi. *Apoc.* I,5: "Dilexit nos, et lavit nos a peccatis nostris in sanguine suo"; *Hebr.* XIII,12: "Iesus, ut sanctificaret per suum sanguinem populum, extra portam passus est".

978. - Secundo ex inunctione: quia sicut Ecclesia inungitur, sic et fideles spirituali inunctione unguntur, ut sanctificentur: alias non essent Christiani: Christus enim idem est quod unctus. Haec autem unctio est gratia Spiritus Sancti. II *Cor.* I,21: "Qui unxit nos, Deus"; et I *Cor.* VI,11: "Sanctificati estis in nomine Domini nostri Iesu Christi".

979. - Tertio ex inhabitatione Trinitatis: nam ubicumque Deus inhabitat, locus ille sanctus est [...] *Psal.* XCII,5: "Domum tuam decet sanctitudo, Domine". [...]

Solche Liebe aber tut sich, wenn sie wahr ist, darin kund, daß die Glieder füreinander besorgt sind und einander das Leid mittragen. „Laßt uns in der Liebe völlig hineinwachsen in den, der das Haupt ist, Christus. Von ihm aus wird der ganze Leib zusammengefügt und zusammengehalten durch jedes Gelenk, das seinen Dienst tut gemäß der Kraft, die jedem einzelnen Gliede zugemessen ist. So vollzieht sich das Wachstum des Leibes zu seinem Aufbau in der Liebe" (*Eph* 4,15). Denn ein jeder muß aus der ihm von Gott verliehenen Gnade heraus dem Nächsten dienen.

976. – Daher darf es niemandem unbedeutend scheinen, noch darf er es geschehen lassen, von der Kirche getrennt zu werden; denn es gibt nur die eine Kirche, in der die Menschen gerettet werden, wie auch außerhalb der Arche Noahs niemand gerettet werden konnte.

977. – B) Zum zweiten Wesensmerkmal: Es gibt noch eine andere Gemeinde, die Gemeinde der Bösen. „Ich hasse die Gemeinde der Bösen, und bei den Frevlern sitze ich nicht" (*Ps* 26 [25],5). Diese ist unheilig, die Kirche Christi aber ist heilig. „Der Tempel Gottes ist heilig, und der seid ihr" (1 *Kor* 3,17). Daher heißt es: „Die heilige Kirche".

Es werden aber die Gläubigen dieser Gemeinde durch dreierlei geheiligt.

Zunächst werden die Gläubigen im Blute Christi gewaschen, wie bei der Kirchweihe der Kirchenbau leibhaft abgewaschen wird. „Er liebte uns und wusch uns von unseren Sünden rein in seinem Blute" (*Offb* 1,5). „Jesus, der durch sein Blut das Volk heiligen wollte" (*Hebr* 13,12).

978. – Ferner werden die Gläubigen geheiligt durch die Salbung. Denn wie der Kirchenbau gesalbt wird, so werden auch die Gläubigen mit geistlicher Salbung gesalbt, daß sie heilig werden; sonst wären sie keine Christen. Denn Christus heißt „der Gesalbte". Diese Salbung aber ist die Gnade des Heiligen Geistes. „Gott, der uns salbte" (2 *Kor* 1,21). „Ihr seid geheiligt auf den Namen des Herrn Jesus Christus hin" (1 *Kor* 6,11).

979. – Sodann werden die Gläubigen geheiligt durch die Einwohnung der Dreifaltigkeit. Denn wo immer Gott einwohnt, der Ort ist heilig. [...] „Deinem Haus gebührt Heiligkeit, Herr" (*Ps* 93 [92],5). [...]

981. - Cavendum est ergo ne post talem sanctificationem polluamus animam nostram, quae templum Dei est, per peccatum. Apostolus, I *Cor.* III,17: "Si quis templum Dei violaverit, disperdet illum Deus".

982. - C) Circa tertium sciendum est, quod Ecclesia est Catholica, idest universalis: primo quantum ad locum, quia est per totum mundum [...]. *Rom.* I,8: "Fides vestra annuntiatur in universo mundo"; *Marc.* ult. [16] 15: "Euntes in mundum universum, praedicate Evangelium omni creaturae". Unde antiquitus Deus erat notus tantum in Iudaea, nunc autem per totum mundum.

Habet autem haec Ecclesia tres partes. Una est in terra, alia est in caelo, tertia est in Purgatorio.

983. - Secundo est universalis quantum ad conditionem hominum, quia nullus abiicitur, nec dominus, nec servus, nec masculus, nec femina. [...]

984. - Tertio est universalis quantum ad tempus. Nam aliqui[1] dixerunt, quod Ecclesia debet durare usque ad certum tempus. Sed hoc est falsum: quia haec Ecclesia incepit a tempore Abel, et durabit usque ad finem saeculi. *Matth.* ult., ult. [28,20]: "Ecce ego vobiscum sum omnibus diebus usque ad consummationem saeculi". Sed post consummationem saeculi remanebit in caelo.

985. - D) Circa quartum sciendum est, quod Ecclesia est firma. Domus autem dicitur firma, primo si habet bona fundamenta. Fundamentum autem Ecclesiae principale est Christus. Apostolus, I *Cor.* III,11: "Fundamentum aliud nemo potest ponere praeter id quod positum est, quod est Christus Iesus". Secundarium vero fundamentum sunt Apostoli, et eorum doctrina; et ideo firma est: unde in *Apoc.* XXI [12], dicitur, quod civitas habebat duodecim fundamenta, et erant ibi scripta nomina duodecim Apostolorum. Et inde est quod dicitur Ecclesia apostolica. Exinde etiam est quod ad significandum firmitatem huius Ecclesiae, b. Petrus dictus est vertex.

---

[1] Vgl. Joachim von Fiore, *Concordantia Novi ac Veteris Testamenti* II 5 (ed. Venedig, fol. 20v-21v).

981. - Hüten wir uns also, nach solcher Heiligung unsere Seele, die Gottes Tempel ist, durch die Sünde zu beschmutzen. „Wenn jemand den Tempel Gottes versehrt, den wird Gott verderben" (1 *Kor* 3,17).

982. - C) Zum dritten Wesensmerkmal: Die Kirche ist katholisch, das ist allumfassend. Erstens räumlich, denn sie ist über die ganze Erde hin [...]. „Euer Glaube wird in der gesamten Welt verkündet" (*Röm* 1,8). „Zieht in das All, verkündet die Frohbotschaft aller Kreatur" (*Mk* 16,15). In der Vorzeit war Gott nur in Judäa bekannt, jetzt aber über die ganze Welt hin.

Diese Kirche aber hat drei Bereiche: der eine ist auf Erden, der andere im Himmel, der dritte am Reinigungsort.

983. - Zweitens umfaßt sie alle Stände der Menschen. Keiner wird abgewiesen, weder Herr noch Knecht, weder Mann noch Frau. [...]

984. - Drittens umfaßt sie alle Zeit. Zwar haben einige behauptet, die Kirche könne nur bis zu einem bestimmten Zeitpunkt dauern. Aber das ist falsch. Die Kirche wird bis zum Ende der Weltzeit währen. „Seht, ich bin bei euch alle Tage bis zur Vollendung der Weltzeit" (*Mt* 28,20). Ja, nach der Vollendung der Weltzeit wird sie im Himmel fortdauern.

985. - D) Zum vierten Wesensmerkmal: Die Kirche Gottes ist fest. Ein Haus heißt dann fest, wenn es gute Fundamente hat. Das tragende Fundament der Kirche aber ist Christus. „Keiner kann ein anderes Fundament legen außer dem, das gelegt ist, das ist Christus Jesus" (1 *Kor* 3,11). Die Kirche ruht danach auf den Aposteln und ihrer Lehre. Deswegen ist die Kirche fest. Daher der Satz der *Geheimen Offenbarung* (21,12): „Die Mauer der Stadt hatte zwölf Grundsteine, und die zwölf Namen der Apostel des Lammes standen darauf geschrieben." Darum heißt die Kirche die apostolische. Um die Festigkeit dieser Kirche zu bezeichnen, nennt man daher den heiligen Petrus ihren ruhenden Pol.

986. - Secundo apparet firmitas domus, si conquassata non potest destrui. Ecclesia autem nunquam potuit destrui: nec a persecutoribus; immo persecutionibus durantibus magis crevit, et qui eam persequebantur, et quos ipsa persequebatur, deficiebant: *Matth.* XXI,44: "Qui ceciderit super lapidem istum, confringetur; super quem vero ceciderit, conteret eum"; nec ab erroribus; immo quanto magis errores supervenerunt, tanto magis veritas manifestata est: II *Tim.* III,8: "Homines corrupti mente, reprobi circa fidem; sed ultra non proficient"; nec a tentationibus Daemonum: Ecclesia enim est sicut turris, ad quam fugit quicumque pugnat contra Diabolum: *Prov.* XVIII,10: "Turris fortissima nomen Domini". Et ideo Diabolus principaliter conatur ad destructionem eius; sed non praevalet, quia Dominus dixit *Matth.* XVI,18: "Et portae Inferi non praevalebunt adversus eam"; quasi dicat: bellabunt adversum te, sed non praevalebunt.

Et inde est quod sola Ecclesia Petri ([...] dum discipuli mitterentur ad praedicandum) semper fuit firma in fide: et cum in aliis partibus vel nulla fides sit, vel sit commixta multis erroribus, Ecclesia tamen Petri et fide viget, et ab erroribus munda est. Nec mirum: quia Dominus dixit Petro, *Luc.* XXII,32: "Ego rogavi pro te, Petre, ut non deficiat fides tua".

986. - Weiter tut sich die Festigkeit eines Hauses dadurch kund, daß es durch Erschütterung nicht zerstört werden kann. Die Kirche aber kann niemals zerstört werden. Nicht von Verfolgern; ja, im Gegenteil, sie ist in Verfolgungen stetig gewachsen. Die sie verfolgten und die sie selbst verfolgte, erlagen. „Wer auf diesen Stein fällt, wird zerschmettert werden. Auf wen er aber fällt, den wird er zermalmen" (*Mt* 21,44). Auch nicht durch Irrtümer; ja, im Gegenteil, je mehr Irrtümer aufkamen, desto mehr trat ihre Wahrheit ans Licht. „Menschen mit verdorbenem Sinn und unbewährt im Glauben. Aber sie werden damit nicht weit kommen" (2 *Tim* 3,8). Sie kann auch nicht erschüttert werden durch die Versuchungen der Dämonen. Denn die Kirche ist wie ein fester Turm, in dem sich birgt, wer immer gegen den Teufel kämpft. „Der stärkste Turm ist der Name des Herrn" (*Spr* 18,10). Daher geht das Bemühen des Teufels in erster Linie auf ihre Zerstörung aus; aber er wird sie nicht besiegen. Denn der Herr hat gesagt: „Und die Pforten der Hölle werden sie nicht überwältigen" (*Mt* 16,18). Gleichsam als wollte er sagen: Sie werden gegen dich Krieg führen, aber sie werden nicht den Sieg erringen.

Daher kommt es, daß nur die Kirche Petri immer fest im Glauben stand, [...] indes die Glaubensboten zur Predigt ausgesandt wurden. Mag auch anderswo kein Glaube sein oder ein mit vielen Irrtümern vermischter; die Kirche Petri steht lebenskräftig im Glauben und ist von Irrtümern rein. Nicht verwunderlich, da ja der Herr zu Petrus gesprochen hat: „Ich habe für dich gebetet, Petrus, daß dein Glaube nicht schwach werde" (*Lk* 22,32).

Articulus 12
Sanctorum communionem, remissionem peccatorum.

987. - Sicut in corpore naturali operatio unius membri cedit in bonum totius corporis, ita in corpore spirituali, scilicet Ecclesia. Et quia omnes fideles sunt unum corpus, bonum unius alteri communicatur. Apostolus, *Rom.* XII,5: "Singuli autem alter alterius membra". Unde et inter alia credenda quae tradiderunt Apostoli, est quod communio bonorum sit in Ecclesia; et hoc est quod dicitur, "Sanctorum communionem".

988. - Inter alia vero membra Ecclesiae, principale membrum est Christus, quia est caput. *Eph.* I,22-23: "Ipsum dedit caput super omnem Ecclesiam, quae est corpus ipsius". Bonum ergo Christi communicatur omnibus Christianis, sicut virtus capitis omnibus membris; et haec communicatio fit per sacramenta Ecclesiae, in quibus operatur virtus passionis Christi, quae operatur ad conferendam gratiam in remissionem peccatorum.

989. - Huiusmodi autem sacramenta Ecclesiae sunt septem.

Primum est Baptismus, qui est regeneratio quaedam spiritualis. Sicut enim vita carnalis non potest haberi nisi homo carnaliter nascatur: ita vita spiritualis, vel gratiae, non potest haberi nisi homo renascatur spiritualiter. Haec autem generatio fit per Baptismum: *Ioan.* III,5: "Nisi quis renatus fuerit ex aqua et Spiritu Sancto, non potest introire in regnum Dei".

Et est sciendum, quod sicut homo non nascitur nisi semel, sic et semel tantum baptizatur: unde et sancti addiderunt: "Confiteor unum Baptisma".

Virtus autem Baptismi est quod purgat ab omnibus peccatis et quantum ad culpam et quantum ad poenam: et inde est quod nulla poenitentia imponitur baptizatis, quantumcumque fuerint peccatores; et si statim moriantur post Baptismum, immediate evolant in vitam aeternam. Inde est etiam quod licet soli sacerdotes ex officio baptizent, ex necessitate tamen cuilibet licet baptizare, servata tamen forma Baptismi, quae est: "Ego te baptizo in nomine Patris et Filii et Spiritus Sancti".

Artikel 12
Die Gemeinschaft der Heiligen, die Vergebung der Sünden.

987. - Wie im natürlichen Leib das Wirken eines Gliedes dem ganzen Leib zugute kommt, so ist es im geistigen Leibe, nämlich in der Kirche. Weil alle Gläubigen ein Leib sind, wird das Gut des einen dem andern mitgeteilt. „Als einzelne sind wir nur Glieder untereinander" (*Röm* 12,5). Daher steht unter den Lehren der Apostel auch die, daß in der Kirche Gemeinsamkeit der Güter sei. Und das nennt man „die Gemeinschaft der Heiligen".

988. - Von den Gliedern der Kirche ist Christus das edelste, weil er das Haupt ist. „Ihn gab er als Haupt der ganzen Kirche, die sein Leib ist" (*Eph* 1,22). Das Gut Christi wird also allen Christen zuteil wie die Kraft des Hauptes allen Gliedern. Diese Teilnahme wird durch die Sakramente der Kirche wirklich, in denen die Kraft des Leidens Christi wirksam ist, und zwar bewirkt sie die Mitteilung der Gnade zur Sündenvergebung.

989. - Die Kirche aber hat sieben Sakramente.

Das erste ist die Taufe, die eine Art geistiger Wiedergeburt ist. Wie nämlich der Mensch das natürliche Leben nur erlangen kann, wenn er leiblich geboren wird, so kann er das Leben im Geiste oder in der Gnade nur erlangen, wenn er im Geiste wiedergeboren wird. Diese Geburt geschieht durch die Taufe. „Wenn jemand nicht wiedergeboren wird aus dem Wasser und dem Heiligen Geist, kann er in das Reich Gottes nicht eingehen" (*Joh* 3,5).

Man muß wissen, daß der Mensch, wie er nur einmal geboren wird, so auch nur einmal getauft wird. Daher fügten die heiligen Väter hinzu: „Ich bekenne die eine Taufe."

Die Wirkung der Taufe besteht in der Reinigung von allen Sünden, von der Sündenschuld und von der Sündenstrafe. Daher kommt es auch, daß den Getauften keine Buße auferlegt wird. Mögen sie auch große Sünder gewesen sein, so gehen sie doch geradewegs ins Ewige Leben ein, wenn sie gleich nach der Taufe sterben. Obgleich nur die Priester von Amts wegen taufen dürfen, darf dennoch im Notfall jeder taufen, wenn er nur die Taufformel beachtet, welche lautet: „Ich taufe dich im Namen des Vaters und des Sohnes und des Heiligen Geistes."

Sumit autem hoc sacramentum virtutem a passione Christi: *Rom.* VI,5: "Quicumque baptizati sumus in Christo Iesu, in morte ipsius baptizati sumus". [...]

990. - Secundum sacramentum est confirmatio. Sicut enim in illis qui corporaliter nascuntur, necessariae sunt vires ad operandum; ita spiritualiter renatis necessarium est robur Spiritus Sancti. Unde et Apostoli ad hoc quod essent fortes, receperunt Spiritum Sanctum post ascensionem Christi: *Luc.* XXIV,49: "Vos autem sedete in civitate, quousque induamini virtute ex alto".

Hoc autem robur confertur in sacramento confirmationis: et ideo illi qui habent curam puerorum, debent multum esse soliciti quod confirmentur, quia in confirmatione confertur magna gratia. Et si decedet, maiorem habet gloriam confirmatus quam non confirmatus, quia hic habuit plus de gratia.

991. - Tertium sacramentum est Eucharistia. Sicut enim in vita corporali, postquam homo natus est et vires sumpsit, necessarius est ei cibus, ut conservetur et sustentetur; ita in vita spirituali post habitum robur necessarius est ei cibus spiritualis, qui est corpus Christi. *Ioan.* VI,54: "Nisi manducaveritis carnem filii hominis et biberitis eius sanguinem, non habebitis vitam in vobis". Et ideo secundum ordinationem Ecclesiae quilibet Christianus semel in anno debet recipere corpus Christi, digne tamen et munde: quia, ut dicitur I *Cor.* XI,29, "Qui manducat et bibit indigne", scilicet cum conscientia peccati mortalis de quo non est confessus, vel non proponit abstinere, "iudicium sibi manducat et bibit".

992. - Quartum sacramentum est poenitentia. Contingit enim in vita corporali quod quandoque quis infirmatur, et nisi habeat medicinam, moritur; et ita in vita spirituali quis infirmatur per peccatum: unde necessaria est medicina ad recuperandam sanitatem. Et haec est gratia quae confertur in poenitentiae sacramento. *Psal.* CII,3: "Qui propitiatur omnibus iniquitatibus tuis, qui sanat omnes infirmitates tuas". In poenitentia autem tria debent esse: contritio, quae est dolor de peccato cum proposito abstinendi; confessio peccatorum cum integritate: et satisfactio quae est per bona opera.

Es schöpft aber dieses Sakrament seine Kraft aus dem Leiden Christi: „Alle, die wir in Christus Jesus getauft sind, sind auf seinen Tod hin getauft" (*Röm* 6,3). [...]

990. – Das zweite Sakrament ist die Firmung. Wie die leiblich Geborenen Kräfte zum Wirken brauchen, so die im Geiste Wiedergeborenen die starke Kraft des Heiligen Geistes. Deshalb empfingen dann auch die Apostel, damit sie stark wären, nach der Auffahrt Christi den Heiligen Geist. „Ihr aber bleibt in der Stadt, bis ihr mit der Kraft aus der Höhe bekleidet werdet" (*Lk* 24,49).

Diese starke Kraft wird im Sakrament der Firmung verliehen. Deswegen müssen die, welche die Obsorge für die junge Generation haben, sehr dafür sorgen, daß jene gefirmt werden, weil in der Firmung große Gnade mitgeteilt wird. Und wenn ein Gefirmer stirbt, hat er größere Herrlichkeit als ein Nichtgefirmter, weil er hier mehr Gnade empfangen hat.

991. – Das dritte Sakrament ist die Eucharistie. Wie der Mensch im leiblichen Leben, wenn er geboren und zu Kraft gekommen ist, für seine Erhaltung und sein weiteres Wachstum Nahrung braucht, so braucht er auch im geistigen Leben nach Erhalt der Kraft geistige Nahrung, die der Leib Christi ist. „Wenn ihr das Fleisch des Menschensohnes nicht eßt und sein Blut nicht trinkt, werdet ihr das Leben nicht in euch haben" (*Joh* 6,54). Deswegen muß jeder Christ nach Anordnung der Kirche wenigstens einmal im Jahre den Leib Christi empfangen, und zwar würdig und rein, weil, wie es im 1. *Korintherbrief* (11,29) heißt: „Wer unwürdig ißt und trinkt" – nämlich im Bewußtsein einer schweren Sünde, die er noch nicht gebeichtet oder von der zu lassen er nicht den Vorsatz hat –, „der ißt und trinkt sich das Gericht."

992. – Das vierte Sakrament ist die Buße. Wenn jemand leiblich krank wird und keine Arznei hat, dann stirbt er. So auch im geistigen Leben: Wer durch die Sünde krank wird, der braucht Arznei, um wieder zu gesunden; und das ist die Gnade, die im Sakrament der Buße gegeben wird. „Er ist's, der alle deine Schuld vergibt, der alle deine Gebrechen heilt" (*Ps* 103 [102],3). Zum Empfang der Buße gehören drei Dinge: Die Reue – die der Schmerz über die Sünde ist – mit dem Vorsatz, sie zu meiden; das vollständige Sündenbekenntnis und die Genugtuung, die durch gute Werke geschieht.

993. - Quintum sacramentum est extrema unctio. In hac enim vita sunt multa quae impediunt, propter quae homo non potest perfecte consequi purgationem a peccatis. Et quia nullus potest intrare vitam aeternam nisi sit bene purgatus, necessarium fuit aliud sacramentum quo homo purgaretur a peccatis, et liberaretur ab infirmitate, et praepararetur ad introitum regni caelestis. Et hoc est sacramentum extremae unctionis. Sed quod non semper curet corporaliter, hoc est quia forte vivere non expedit saluti animae. *Iac.* V,14-15: "Infirmatur quis in vobis? Inducat presbyteros Ecclesiae, et orent super eum, ungentes eum oleo in nomine Domini: et oratio fidei salvabit infirmum, et alleviabit eum Dominus; et si in peccatis sit, remittentur ei".

994. - Sic ergo patet quod per quinque sacramenta quae praedicta sunt, habetur perfectio vitae. Sed quia necessarium est quod huiusmodi sacramenta conferantur per determinatos ministros, ideo fuit necessarium sacramentum ordinis, cuius ministerio huiusmodi sacramenta dispensarentur. Nec est attendenda ad hoc eorum vita, si aliquando ad mala declinant; sed virtus Christi, per quam ipsa sacramenta efficaciam habent, quorum ipsi dispensatores sunt: Apostolus, I *Cor.* IV,1: "Sic nos existimet homo ut ministros Christi, et dispensatores mysteriorum Dei"; et hoc est sextum sacramentum, scilicet ordinis.

995. - Septimum sacramentum est matrimonium, in quo si munde vivunt, homines salvantur, et possunt sine peccato mortali vivere. Et interdum declinant coniugati ad venialia, quando eorum concupiscentia non fertur extra bona matrimonii; et si efferatur extra, tunc declinant ad mortale.

996. - Per haec autem septem sacramenta consequimur peccatorum remissionem. Et ideo hic statim subditur: "Remissionem peccatorum".

Per hoc etiam datum est Apostolis dimittere peccata. Et ideo credendum est quod ministri Ecclesiae, ad quos derivata est huiusmodi potestas ab Apostolis, et ad Apostolos a Christo, in Ecclesia habeant potestatem ligandi atque solvendi, et quod in Ecclesia sit plena potestas dimittendi peccata [...].

993. – Das fünfte Sakrament ist die Letzte Ölung. In diesem Leben gibt es viele Hindernisse, derentwegen der Mensch die Reinigung von den Sünden nicht vollkommen erlangen kann. Und weil nur zum Ewigen Leben eingehen kann, wer völlig geläutert ist, darum war ein anderes Sakrament notwendig, durch das der Mensch von seinen Sünden gereinigt, von der Schwachheit befreit und bereitet würde zum Einzug in das Himmelreich. Das ist das Sakrament der Letzten Ölung. Wenn es nicht immer auch leibliche Heilung bringt, dann deswegen, weil vielleicht weiter zu leben dem Heil der Seele nicht förderlich ist. „Ist jemand krank unter euch, dann hole er die Priester der Kirche, damit sie über ihn beten, während sie ihn mit Öl im Namen des Herrn salben; und das Gebet des Glaubens wird den Kranken gesund machen, und der Herr wird ihm Linderung geben. Und wenn er in Sünden ist, werden sie ihm verziehen" (*Jak* 5,14f).

994. – Es leuchtet also ein, daß durch diese fünf Sakramente die Fülle des Lebens gespendet wird. Aber weil diese Sakramente kraft eines Amtes gespendet werden müssen, deswegen war ein Sakrament der Weihe notwendig, kraft dessen die Sakramente gespendet werden. Dabei soll man den Blick nicht auf das persönliche Leben der Priester richten, ob sie etwa manchmal zum Bösen neigen, sondern auf die Kraft Christi, durch die diese Sakramente ihre Wirksamkeit haben, deren Spender jene sind. „So erachte uns der Mensch als Diener Christi und Ausspender der Geheimnisse Gottes" (1 *Kor* 4,1). Das ist das sechste Sakrament, nämlich das der Priesterweihe.

995. – Das siebte Sakrament ist die Ehe, durch deren Kraft die Menschen, wenn sie in Reinheit leben, gerettet werden und ohne schwere Sünde zu leben vermögen. Zuweilen fehlen die Gatten durch läßliche Sünde, solange ihre Begierlichkeit nicht dem eigentlichen Sinn der Ehe widerspricht. Greift sie aber darüber hinaus, dann sündigen sie schwer.

996. – Durch diese sieben Sakramente erlangen wir die Vergebung der Sünden und deswegen wird im Glaubensbekenntnis sogleich hinzugefügt: „Die Vergebung der Sünden".

Dadurch haben die Apostel die Gewalt, die Sünden zu vergeben, und deswegen ist es Glaubenssatz, daß die Diener der Kirche, welche diese Gewalt von den Aposteln her empfangen haben, in der Kirche die Gewalt haben, zu binden und zu lösen, und daß in der Kirche die Vollgewalt der Sündenvergebung ist [...].

997. – Sciendum est etiam, quod non solum virtus passionis Christi communicatur nobis, sed etiam meritum vitae Christi. Et quidquid boni fecerunt omnes sancti, communicatur in caritate existentibus, quia omnes unum sunt: *Psal.* CXVIII,63: "Particeps ego sum omnium timentium te". Et inde est quod qui in caritate vivit, particeps est omnis boni quod fit in toto mundo; sed tamen specialius illi pro quibus specialius fit aliquod bonum. Nam unus potest satisfacere pro alio, sicut patet in beneficiis, ad quae plures congregationes admittunt aliquos.

998. – Sic ergo per hanc communionem consequimur duo: unum scilicet quod meritum Christi communicatur omnibus; aliud quod bonum unius communicatur alteri. Unde excommunicati, per hoc quod sunt extra Ecclesiam, perdunt partem omnium bonorum quae fiunt; quod est maius damnum quam damnum alicuius rei temporalis. Est etiam aliud periculum: quia constat quod per huiusmodi suffragia impeditur Diabolus ne possit nos tentare: unde quando quis excluditur ab huiusmodi suffragiis, Diabolus facilius vincit eum. Et inde est quod in primitiva Ecclesia, cum aliquis excommunicabatur, statim Diabolus vexabat eum corporaliter.

997. – Es wird uns aber nicht nur die Kraft des Leidens Christi mitgeteilt, sondern auch das Verdienst des Lebens Christi; und was immer alle Heiligen an Gutem getan haben, wird denen, die in der Liebe leben, mitgeteilt, weil sie alle eins sind: „Ich habe teil an allen, die dich fürchten" (*Ps* 119 [118],63). Daher hat jeder, der in der Liebe lebt, teil an allem Guten, das in der ganzen Welt geschieht, jedoch vorzüglich die, für die in besonderer Weise ein gutes Werk getan wird. Denn einer kann für den anderen Genugtuung leisten, wie es sich kundtut in den Gebetsverbrüderungen, zu denen verschiedene Klostergemeinschaften auch Außenstehende zulassen.

998. – So also erlangen wir durch diese Gemeinschaft zweierlei: Erstens wird das Verdienst Christi allen mitgeteilt; zweitens wird die geistige Habe des einen dem andern mitgeteilt. Infolgedessen verlieren die Gebannten, weil sie außerhalb der Kirchengemeinschaft stehen, ihren Anteil an allen guten Werken, die geschehen. Und das ist ein größerer Verlust als der Verlust einer irdischen Sache. Es besteht noch eine andere Gefahr, denn durch diese wechselseitige Unterstützung wird der Teufel gewiß gehindert, uns zu versuchen. Wenn einer von dieser wechselseitigen Hilfe ausgeschlossen wird, besiegt ihn der Teufel um so leichter. Daher wurde in der Urkirche der von der Kirchengemeinschaft Ausgeschlossene vom Teufel sofort leibhaft bedrängt.

Articulus 13
Carnis resurrectionem.

999. - Spiritus Sanctus non solum sanctificat Ecclesiam quantum ad animam, sed virtute eius resurgent corpora nostra. *Rom.* 4, 24: "Qui suscitavit Iesum Christum Dominum nostrum a mortuis"; et I *Cor.* XV,21: "Quoniam quidem per hominem mors, et per hominem resurrectio mortuorum". Et ideo credimus secundum fidem nostram, resurrectionem mortuorum futuram.

1000. - Circa quam quatuor consideranda occurrunt. [...]

Circa primum sciendum, quod ad quatuor est nobis utilis fides et spes resurrectionis.

Primo ad tollendum tristitias quas ex mortuis concipimus. Impossibile est enim quod homo non doleat ad mortem cari sui; sed per hoc quod sperat eum resurrecturum, multum temperatur dolor mortis. I *Thess.* IV,12: "Nolumus vos ignorare, fratres, de dormientibus, ut non contristemini, sicut et ceteri qui spem non habent".

1001. - Secundo aufert timorem mortis. Nam si homo post mortem non speraret aliam vitam meliorem, sine dubio mors esset valde timenda, et potius deberet homo quaecumque mala facere, quam incurrere mortem. Sed quia credimus esse aliam vitam meliorem, ad quam perveniemus post mortem, constat quod nullus debet mortem timere, nec timore mortis aliqua mala facere. *Hebr.* II,14-15: "Ut per mortem destrueret eum qui habebat mortis imperium, idest Diabolum; et liberaret eos qui timore mortis per totam vitam obnoxii erant servituti".

1002. - Tertio reddit sollicitos et studiosos ad bene operandum. Si enim vita hominis esset tantum ista in qua vivimus, non inesset hominibus magnum studium ad bene operandum: quia quidquid faceret, parvum esset, cum eius desiderium non sit ad bonum determinatum secundum certum tempus, sed ad aeternitatem.

Artikel 13
Die Wiedererstehung des Fleisches.

999. – Der Heilige Geist heiligt die Kirche nicht nur in den Seelen, sondern durch seine Kraft werden auch unsere Leiber wiedererstehen. „Er hat Jesus Christus, unsern Herrn, von den Toten wachgerufen" (*Röm* 4,24). Und: „Denn durch einen Menschen der Tod und durch einen Menschen die Auferstehung der Toten" (1 *Kor* 15,21). Deswegen bekennen wir unserem Glauben gemäß die künftige Auferstehung der Toten.

1000. – Man muß hier mehrere Dinge bedenken. [...]

Was das erste anlangt, so ist uns der Glaube an die Auferstehung und die Hoffnung darauf in vierfacher Weise nützlich:

Zunächst heben sie die Traurigkeit auf, die wir wegen der Toten empfinden. Denn es ist unmöglich, daß ein Mensch über den Tod eines Freundes keinen Schmerz empfände. Durch die Hoffnung auf seine Wiedererstehung aber wird der Schmerz über den Tod sehr gemildert. „Wir wollen euch, Brüder, über die Entschlafenen nicht in Unkenntnis lassen, damit ihr euch nicht wie die anderen, die keine Hoffung haben, betrübt" (1 *Thess* 4,12).

1001. – Sodann nehmen sie die Furcht vor dem Tode hinweg. Wenn der Mensch nach dem Tode kein anderes, besseres Leben erhoffte, dann wäre ohne Zweifel der Tod sehr zu fürchten, und der Mensch müßte eher jedes Böse tun, als in den Tod gehen. Da wir aber glauben, daß es ein anderes, besseres Leben gibt, zu dem wir nach dem Tode gelangen werden, darf sicher keiner den Tod fürchten noch aus Todesfurcht irgend etwas Böses tun. „Damit er durch den Tod den vernichtete, der die Herrschaft über den Tod hatte: den Teufel, und die befreite, die aus Todesfurcht zeitlebens der Sklaverei preisgegeben waren" (*Hebr* 2,14).

1002. – Der Glaube und die Hoffnung auf die Auferstehung machen besorgt und eifrig im rechten Tun. Denn wenn wir nur dieses Leben hätten, das wir jetzt leben, dann hätten die Menschen keinen sonderlichen Eifer in den guten Werken. Was immer sie tun würden, schiene ihnen gering, denn das Sehnen des Menschen geht nicht auf ein zeitlich eingegrenztes Gut, sondern auf die Ewigkeit.

Sed quia credimus quod per haec quae hic facimus, recipiemus bona aeterna in resurrectione, ideo studemus bona operari. I *Cor.* XV,19: "Si in hac vita tantum in Christo sperantes sumus, miserabiliores sumus omnibus hominibus".

1003. - Quarto retrahit a malo. Sicut enim spes praemii allicit ad bonum operandum, ita timor poenae, quam credimus malis reservari, retrahit a malo. *Ioan.* V,29: "Et procedent qui bona fecerunt, in resurrectionem vitae; qui vero mala egerunt, in resurrectionem iudicii". [...]

1008. - [...] [S]ciendum est, quod quantum ad bonos erit specialis gloria, quia sancti habebunt corpora glorificata in quibus erit quadruplex conditio.

Prima est claritas: *Matth.* XIII,43: "Fulgebunt iusti sicut sol in regno Patris eorum". Secunda est impassibilitas; I *Cor.* XV,43: "Seminatur in ignobilitate, surget in gloria"; *Apoc.* XXI,4: "Absterget Deus omnem lacrymam ab oculis eorum; et mors ultra non erit, neque luctus neque clamor neque dolor erit ultra, quia prima abierunt". [...] Quarta est subtilitas: I *Cor.* XV,44: "Seminatur corpus animale, surget corpus spiritale": non quod omnino sit spiritus, sed quia erit totaliter Spiritui subiectum.

1009. - [...] [S]ciendum, quod damnatorum conditio contraria erit conditioni beatorum, quia erit in eis poena aeterna [...]. Nam corpora eorum erunt obscura: *Isai.* XIII,8: "Facies combustae vultus eorum". Item passibilia, licet nunquam corrumpantur; quia semper in igne ardebunt, et nunquam consummabuntur: *Isai.* LXVI,24: "Vermis eorum non morietur, et ignis eorum non extinguetur". Item erunt gravia: anima enim erit ibi quasi catenata [...].

Aber weil wir glauben, daß wir für unser irdisches Tun ewige Güter bei der Auferstehung empfangen werden, deswegen bemühen wir uns, gute Werke zu tun. „Wenn wir nur für dieses Leben auf Christus hoffen dürfen, so sind wir die erbärmlichsten unter allen Menschen" (1 *Kor* 15,19).

1003. – Endlich halten Glaube und Hoffnung auf die Auferstehung uns vom Bösen zurück. Wie die Hoffnung auf Belohnung uns dazu drängt, Gutes zu tun, so reißt uns die Furcht vor der Strafe, von der wir glauben, daß sie den Bösen vorbehalten ist, vom Bösen weg. „Und es werden, die gute Werke getan haben, zur Auferstehung ins Leben hervorgehen; die aber Böses taten, zur Auferstehung ins Gericht" (*Joh* 5,29). [...]

1008. – [...] Bei der Auferstehung werden die Guten eine besondere Herrlichkeit empfangen. Die Heiligen werden den Leib der Herrlichkeit haben:

lichtglänzend („Die Gerechten werden im Reiche ihres Vaters leuchten wie die Sonne", *Mt* 13,43); leidensunfähig („Gesät wird in Unansehnlichkeit, auferweckt in Herrlichkeit", 1 *Kor* 15,43). „Gott wird jede Träne von ihren Augen abwischen, und es wird künftig keinen Tod mehr geben; keine Trauer, kein Schrei, kein Schmerz wird künftig sein, denn das Frühere ist vorbei" (*Offb* 21,4). [...] Von großer Feinheit („Gesät wird ein irdischer Leib, auferstehen wird ein geistiger Leib", 1 *Kor* 15,44), nicht weil er ganz Geist wäre, sondern weil er ganz dem Geist unterworfen sein wird.

1009. – [...] Der Zustand der Verdammten wird dem der Heiligen entgegengesetzt sein, weil in ihnen die ewige Strafe ist [...]. Der Leib der Verdammten wird düster sein. „Ihr Aussehen: versengte Gesichter" (*Jes* 13,8). Er wird leidensfähig sein, obwohl er nie zerstört und versehrt werden wird. „Ihr Wurm wird nicht sterben und ihr Feuer nicht verlöschen" (*Jes* 66,24). Ferner wird er lastend schwer sein; denn die Seele ist dort gleichsam gefesselt [...].

Articulus 14
Vitam aeternam. Amen.

1010. - Convenienter in fine omnium desideriorum nostrorum, scilicet in vita aeterna, finis datur credendis in symbolo, cum dicitur: "vitam aeternam. Amen."

Contra quod dicunt illi qui ponunt animam interire cum corpore.[1] Si enim hoc esset verum, homo esset eiusdem conditionis cum brutis: et istis convenit illud *Psal*. XLVIII,21: "Homo, cum in honore esset, non intellexit; comparatus est iumentis insipientibus, et similis factus est illis". Anima enim humana assimilatur Deo in immortalitate, ex parte autem sensualitatis assimilatur bestiis. Cum ergo credit quis quod anima moriatur cum corpore, recedit a Dei similitudine, et bestiis comparatur: contra quos dicitur *Sap*. II,22-23: "Neque mercedem speraverunt iustitiae, nec iudicaverunt honorem animarum sanctarum: quoniam Deus creavit hominem inexterminabilem, et ad imaginem similitudinis suae fecit illum".

1011. - Est autem primo considerandum in hoc articulo, quae vita sit vita aeterna. Circa quod sciendum

A) quod in vita aeterna primum est quod homo coniungitur Deo. Nam ipse Deus est praemium et finis omnium laborum nostrorum: *Gen*. XV,1: "Ego protector tuus sum, et merces tua magna nimis".

Consistit autem haec coniunctio in perfecta visione: I *Cor*. XIII,12: "Videmus nunc per speculum in aenigmate: tunc autem facie ad faciem".

Item consistit in summa laude: [...] *Isai*. LI,3: "Gaudium et laetitia invenietur in ea, gratiarum actio, et vox laudis".

1012. - B) Item in perfecta satietate desiderii: nam ibi habebit quilibet beatus ultra desiderata et sperata.

Cuius ratio est, quia nullus potest in vita ista implere desiderium suum, nec unquam aliquod creatum satiat desiderium hominis: Deus enim solus satiat, et in infinitum excedit: et inde est quod non quiescit nisi in Deo, Augustinus, in I *Conf*.:

[1] Vgl. dazu Gennadius, *De ecclesiasticis dogmatibus* 16 (PL 58, 984 D), der die Herkunft dieser Ansicht bei [christlichen] Arabern situiert. Grundlage dafür ist Eusebius von Cäsarea, *Historia ecclesiastica* VI 37 (PG 20,597). Vgl. ferner Augustinus, *De haeresibus* 83 (PL 42,46)

Artikel 14
Das Ewige Leben. Amen.

1010. – Es ist sinnvoll, daß mit dem Ziel unserer Sehnsucht, nämlich mit dem Ewigen Leben, das Glaubensbekenntnis beschlossen wird mit den Worten: „Das Ewige Leben. Amen."

Das Ewige Leben bestreiten die, die behaupten, die Seele gehe mit dem Leibe zugrunde. Wenn das wahr wäre, dann würde der Mensch mit den vernunftlosen Tieren in gleicher Lage sein. Auf die, die solches behaupten, mag das zutreffen: „Obgleich der Mensch in Ehren stand, hat er keine Einsicht gezeigt. Vernunftlosen Zugtieren wird er gleich; ihnen ist er ähnlich geworden" (*Ps* 49 [48],21). Die Menschenseele gleicht Gott in ihrer Unsterblichkeit, in ihrer Sinnenhaftigkeit aber den Tieren. Wenn also jemand glaubt, die Seele sterbe mit dem Leib, dann läßt er von der Ähnlichkeit mit Gott und wird den Tieren gleich. Dawider steht im *Buch der Weisheit* (2,22f): „Sie erhoffen keinen Lohn für die Gerechtigkeit und halten nichts von der Ehre heiliger Seelen. Doch Gott schuf den Menschen unvergänglich, zum Bilde seiner Ähnlichkeit schuf er ihn."

1011. – Bei diesem Glaubenssatz ist aber zuerst zu erwägen, was für ein Leben das Ewige Leben ist.

A) Im Ewigen Leben wird der Mensch mit Gott verbunden. Denn Gott selbst ist der Lohn und das Ziel all unserer Mühen. „Ich bin dein Beschützer, und der Lohn ist überreich" (*Gen* 15,1).

Diese Vereinigung aber besteht in der vollkommenen Schau. „Wir sehen jetzt gleichnishaft im Spiegel, dann aber von Angesicht zu Angesicht" (1 *Kor* 13,12).

Ebenso besteht sie im höchsten Lobpreis. [...] „Freude und Frohlocken finden sich darin, Danksagung und Lobpreis (*Jes* 51,3).

1012. – B) Ferner in der vollkommenen Sättigung unseres Verlangens. Denn dort wird jeder Selige über das gewünschte und erhoffte Maß hinaus empfangen.

Das bedeutet: Keiner kann in diesem Leben sein Sehnen stillen; niemals sättigt irgendein Geschöpf das Verlangen des Menschen. Denn Gott allein vermag zu sättigen. Deswegen findet der Mensch seine Ruhe nur in Gott. Augustinus sagt im 1. Buch der *Bekenntnisse*:

"Fecisti nos, Domine, ad te, et inquietum est cor nostrum donec requiescat in te".[1] Et quia sancti in patria perfecte habebunt Deum, manifestum est quod satiabitur desiderium eorum, et adhuc gloria excedet. Et ideo dicit Dominus, *Matth.* XXV,21: "Intra in gaudium Domini tui". Augustinus: "Totum gaudium non intrabit in gaudentes, sed toti gaudentes intrabunt in gaudium"[2]. *Psal.* XVI,15: "Satiabor cum apparuerit gloria tua"; et iterum CII,5: "Qui replet in bonis desiderium tuum".

1013. - Quidquid enim delectabile est, totum est ibi superabundanter. Si enim appetuntur delectationes, ibi erit summa et perfectissima delectatio, quia de summo bono, scilicet Deo: *Iob* XXII,26: "Tunc super omnipotentem deliciis afflues" [...].

Item si appetuntur honores, ibi erit omnis honor. [...]: *Apoc.* V,10: "Fecisti nos Deo nostro regnum et sacerdotes"; *Sap.* V,5: "Ecce quomodo computati sunt inter filios Dei".

Item si scientia appetitur, ibi erit perfectissima: quia omnes naturas rerum et omnem veritatem, et quidquid volemus, sciemus, et quidquid volumus habere, habebimus ibi cum ipsa vita aeterna. *Sap.* VII,11: "Venerunt mihi omnia bona pariter cum illa". [...]

1014. - C) Tertio consistit in perfecta securitate: nam in mundo isto non est perfecta securitas: quia quanto quis habet plura et magis eminet, tanto plura timet et pluribus indiget; sed in vita aeterna nulla est tristitia, nullus labor, nullus timor. *Prov.* I,33: "Abundantia perfruetur, malorum timore sublato".

1015. - D) Quarto consistit in omnium beatorum iucunda societate, quae societas erit maxime delectabilis: quia quilibet habebit omnia bona cum omnibus beatis. Nam quilibet diliget alium sicut seipsum; et ideo gaudebit de bono alterius sicut de suo. Quo fit ut tantum augeatur laetitia et gaudium unius, quantum est gaudium omnium. [...]

---

[1] Augustinus, *Confessiones* I 1 (CCL 27,1,6-7).

[2] Vgl. vielmehr Anselm von Canterbury, *Proslogion* 26 (ed. Schmitt I,121,3f.).

„Du hast uns, Herr, zu dir hin erschaffen, und unruhig ist unser Herz, bis es in dir Ruhe hat." Weil die Heiligen in der Heimat des Himmels Gott vollkommen besitzen werden, so ist es offenbar, daß ihr Verlangen gestillt wird, und die Herrlichkeit geht noch darüber hinaus. Daher sagt der Herr: „Geh ein in die Freude deines Herrn" (*Mt* 25,21): Augustinus sagt: „Die volle Freude geht nicht ein in den, der sich freut, sondern die volle Zahl der sich Freuenden wird in die Freude eingehen." „Ich werde satt werden, wenn deine Herrlichkeit erscheint" (*Ps* 17 [16],15). Und wiederum: „Der mit Gütern dein Sehnen stillt" (*Ps* 103 [102],5).

1013. – Was immer Freude bringt, das ist dort ganz in überreicher Fülle. Wenn du Ergötzen suchst, dort wird höchstes und vollkommenstes Ergötzen sein, nämlich am höchsten Gut, an Gott. „Dann wirst du von Wonne über den Allmächtigen überfließen" (*Ijob* 22,26). [...]

Oder wenn du nach Ehren verlangst, dort wird alle Ehre sein. [...] „Du hast sie für unseren Gott zu Königen und Priestern gemacht" (*Offb* 5,10). „Siehe, wie sie unter die Söhne Gottes gezählt werden" (*Weish* 5,5).

Oder wenn du nach Wissenschaft verlangst, dort wirst du die vollkommenste haben, denn das Wesen aller Dinge und alle Wahrheit werden wir wissen und was immer sonst wir wünschen. Und was immer wir haben wollen, werden wir dort mit dem Ewigen Leben zugleich besitzen. „Alle Güter kamen mir zugleich mit ihm" (*Weish* 7,11). [...]

1014. – C) Ferner besteht das Ewige Leben in vollkommener Sicherheit. Auf dieser Welt gibt es keine vollkommene Sicherheit. Je mehr einer hat und je mehr er gilt, desto mehr fürchtet er, und um so mehr braucht er. Aber im Ewigen Leben gibt es keine Traurigkeit, keine Mühe, keine Furcht. „Er wird vom Überfluß genießen, der Furcht vor Unglück enthoben" (*Spr* 1,33).

1015. – D) Endlich besteht es in der Gemeinschaft mit allen Seligen. Diese Gemeinschaft wird im höchsten Maße Freude bedeuten, denn jeder wird alle Güter mit allen Seligen gemeinsam besitzen. Jeder wird den andern wie sich selbst lieben und deswegen sich über das Gut des andern wie über sein eigenes freuen. Dadurch wird die Freude und die Fröhlichkeit des einen um so viel gemehrt, als sie die Freude aller ist. [...]

1016. – Haec quae dicta sunt, et multa ineffabilia habebunt sancti qui erunt in patria. Mali vero, qui erunt in morte aeterna, non minus habebunt de dolore et poena quam boni de gaudio et gloria.

1017. – Exaggeratur autem poena eorum, primo ex separatione Dei et omnium bonorum. Et haec est poena damni, quae respondet aversioni, quae poena maior est quam poena sensus. *Matth.* XXV,30: "Inutilem servum eiicite in tenebras exteriores". In vita enim ista mali habent tenebras interiores [...]; sed tunc habebunt etiam exteriores.

Secundo ex remorsu conscientiae. *Psal.* XLIX,21: "Arguam te et statuam contra faciem tuam". *Sap.* V,3: "Prae angustia spiritus gementes". Et tamen haec poenitentia et gemitus erit inutilis, quia non propter odium mali, sed propter dolorem poenae.

Tertio ex immensitate poenae sensibilis, scilicet ignis Inferni, qui animam et corpus cruciabit: quae est acerbissima poenarum, sicut dicunt sancti[1]; et erunt sicut semper morientes, et nunquam mortui nec morituri: unde dicitur mors aeterna, quia sicut moriens est in acerbitate poenarum, sic et illi qui sunt in Inferno. *Psal.* XLVIII,15: "Sicut oves in Inferno positi sunt: mors depascet eos".

Quarto ex desperatione salutis. Nam si eis daretur spes liberationis a poenis, eorum poena mitigaretur; sed cum subtrahitur eis omnis spes, poena efficitur gravissima. *Isai.* LXVI,24: "Vermis eorum non morietur, et ignis eorum non extinguetur".

1018. – Sic ergo patet differentia inter bene operari et male: quia bona opera ducunt ad vitam, mala autem trahunt ad mortem; et propter hoc homines deberent frequenter reducere haec ad memoriam, quia ex hoc provocarentur ad bonum et retraherentur a malo. Unde et signanter in fine omnium ponitur: "Vitam aeternam", ut semper magis memoriae imprimatur: ad quam vitam nos perducat Dominus Iesus Christus, Deus benedictus in saecula saeculorum. Amen.

---

[1] Vgl. z.B. Augustinus, *Enarrationes in Psalmos* 37,3 (CCL 38,384,33-42).

1016. – Dies alles, was wir nannten, und noch vieles, was unaussprechlich bleibt, werden die Heiligen, die im Vaterland des Himmels weilen, besitzen. Die Bösen aber, die im ewigen Tode sein werden, werden nicht weniger an Schmerz und Strafe haben als die Guten an Freude und Herrlichkeit.

1017. – Ihre Strafe besteht vor allem in der Trennung von Gott und allen Guten. Und das ist die Strafe des Verlustes, die der Abwendung von Gott in der Sünde entspricht. Diese Strafe ist größer als die Strafe der Sinne. „Werft den unnützen Knecht hinaus in die äußerste Finsternis" (*Mt* 25,30). Denn in diesem Leben bergen die Bösen Finsternis in sich […]; aber dann wird sie auch nach außen hin aus ihnen hervorbrechen.

Die Strafe der Verdammten besteht ferner in der beißenden Qual des Gewissens. „Ich will dich überführen und sein Gesicht gegen dich setzen" (*Ps* 50 [49],21): „Vor Herzensangst seufzen sie" (*Weish* 5,3). Trotzdem werden diese Reue und dieses Seufzen unnütz sein, weil sie nicht aus Haß gegen das Böse, sondern aus dem Schmerz der Strafe entspringen.

Weiter in der Unermeßlichkeit der sinnenhaften Strafe des ewigen Feuers, das Leib und Seele quälen wird. Das ist die bitterste der Strafen, wie die heiligen Väter sagen. Die Verdammten werden wie immer Sterbende sein, aber niemals tot, und niemals werden sie sterben. Deshalb heißt die Verdammnis der ewige Tod, denn wie der Sterbende in bitterer Pein liegt, so jene in der Hölle. „Wie Schafe sind sie in die Hölle getrieben, der Tod weidet sie" (*Ps* 49 [48],15).

Die ewige Verdammnis besteht endlich in der Verzweiflung am Heil. Wenn den Verdammten die Hoffnung auf Befreiung aus der Qual bliebe, dann würde dadurch ihre Pein gemildert werden. Aber da ihnen jede Hoffnung genommen ist, steigert sich die Qual bis zum Äußersten. „Ihr Wurm wird nicht sterben und ihr Feuer nicht erlöschen." (*Jes* 66,24)

1018. – So tritt also der Unterschied zwischen rechtem und bösem Tun ans Licht. Gute Werke führen zum Leben, schlechte aber reißen in den Tod. Deswegen sollten sich die Menschen das häufig ins Gedächtnis zurückrufen, denn dadurch würden sie zum Guten aufgerufen und vom Bösen zurückgehalten. So wird wie ein Zeichen an den Schluß von allem gesetzt: „Das Ewige Leben", damit es sich immer mehr dem Gedächtnis einpräge. Zu diesem Leben möge uns führen der Herr Jesus Christus, Gott, hoch gelobt in Ewigkeit. Amen.

Verzeichnis der von Thomas zitierten Autoren und Werke

Ambrosius von Mailand (339-397)
- *Expositio evangelii secundum Lucam*, ed. K. Schenkl (= CSEL, 32.4), Wien 1902.

Anselm von Canterbury (1033-1109)
- *Liber meditationum et orationum*, in: J.-P. Migne, PL 158, Paris 1853 (ND Turnhout 1967), 709–820
- *Proslogion*, ed. F.S. Schmitt, in: *Opera omnia*, vol. 1, Stuttgart [2]1984, 93-122.

Aristoteles (384-322 v. Chr.)
- *De caelo et mundo*, ed. D.J. Allan (= SCBO), Oxford 1936, ND 1965.
- *Metaphysica*, ed. W. Jaeger (= SCBO), Oxford 1957.
- *Physica*, ed. W.D. Ross (= SCBO), Oxford [2]1956.

Athanasius von Alexandrien (um 300-373)
- *De synodis*, ed. H.-G. Opitz/A. Martin (= SC, 563), Paris 2013.

Augustinus von Hippo (354-430)
- *Confessiones libri XIII*, ed. L. Verheijen (= CCL, 27), Turnhout 1981.
- *De cathecizandis rudibus*, ed. I.B. Bauer (= CCL 46, 121-178), *Turnhout* 1969.
- *De civitate Dei libri viginti duo*, ed. B. Dombart/ A. Kalb (= CCL, 47/48), Turnhout 1955.
- *De haeresibus ad Quodvultdeum*, J.–P. Migne, PL 42, Paris 1865, 21-40.
- *De trinitate libri quindecim*, ed. W.J. Mountain/F. Glorie (= CCL, 50/50 A), Turnhout 1968.
- *De fide, spe et caritate liber unus* [= *Enchiridion*], ed. J. Zycha (= CSEL, 46), Wien 1900, 49–114.
- *Enarrationes in Psalmos*, ed. E. Dekkers/J. Fraipont (= CCL, 38-40) Turnhout 1956.
- *Sermones*, in: J.-P. Migne, PL 38, Paris 1865.

Avicenna (980-1037)
- *Liber De Philosophia Prima sive Scientia divina* [= *Metaphysica*], ed. S. Van Riet, 2 vol., Louvain - Leiden 1980.

Averroes (1126-1198)
- *De caelo et mundo*, in: *Aristotelis Opera cum Averrois Commentariis*, vol. 5, Venedig 1562, ND Frankfurt/M. 1962.

Beda Venerabilis (672/3–735)
- *Expositio in Evangelium s. Lucae,* in: J.-P. Migne, PL 92, Paris 1850 [ND Turnhout 1969], 301–632.

Boethius, Anicius Manlius Severinus (um 480/5-524/6)
- *Liber de persona et duabus naturis contra Eutychen et Nestorium,* in: ders., *Die Theologischen Traktate,* lat.-dt., ed. M. Elsässer (= Philosophische Bibliothek, 397), Hamburg 1988, 64-115.

Denzinger, H./Hünermann, P. (ed.): *Kompendium der Glaubensbekenntnisse und kirchlichen Lehrentscheidungen,* Freiburg/Br. u.a. [40]2005 [= DH].

(Ps.-) Dionysius Areopagita (5. Jh.)
- *De divinis nominibus,* ed. B.R. Suchla, in: *Corpus Dionysiacum I* (= PTS, 33), Berlin - New York 1990, 107–230. - Lateinischer Text in: J.-P. Migne, PG 3, Paris 1857, 586–996.

Eusebius von Cäsarea (260/4-339/40)
- *Historia ecclesiastica I-IV,* ed. G. Bardy (= SC, 31), Paris 1952.

Gennadius (+ ca. 495)
- *Liber de Ecclesiasticis Dogmatibus,* in: J.-P. Migne, PL 58, Paris 1862, 979–1054.

Gratian (Ende 11. Jh.- ca. 1160)
- *Decretum sive Concordia discordantium canonum,* ed. E.L. Richter/E. Friedberg (= Corpus Iuris Canonici, 1), Leipzig 1879-1881, Repr. Graz 1959 [= RF].

Gregor der Große (um 540-604)
- *Moralia in Iob,* ed. M. Adriaen (= CCL, 143/143A/143B), 3 vols., Turnhout 1979, ND 2000.

Hieronymus (347-420)
- *Explanationes in Isaiam/ Commentaires de Jérôme sur le prophète Isaie, Introduction – Livres I-IV,* ed. R. Gryson (=Vetus Latina, 1), Freiburg/Br. 1993.

Hilarius von Poitiers (um 315-367)
- *De synodis,* in: J.-P. Migne, PL 10, Paris 1845, 479–546.

Irenäus von Lyon (140-202)
- *Adversus haereses,* lat.-dt., ed. N. Brox, (= FC, 8), 5 vols., Freiburg 1993.

Joachim von Fiore (um 1130/35-1202)
- *Concordantia Novi ac Veteris Testamenti*, ed. Venedig 1519 [ND Frankfurt/M. 1964].

Johannes Damascenus (um 650-754)
- *Expositio accurata Fidei Orthodoxae/Versiones Burgundionis et Cerbani*, ed. E.M. Buytaert, St. Bonaventure N.Y. - Louvain - Paderborn 1955.

Moneta von Cremona (ca. 1180-1238)
- *Adversus Catharos et Valdenses libri V*, ed. T.A. Ricchinius, Rom 1743 [ND Ridgewood/NJ 1964].

Moses Maimonides (1135/8-1204)
- *Dux neutrorum*, in: ders., *Wegweiser für die Verwirrten - Eine Textauswahl zur Schöpfungsfrage*, arab.-hebr.-dt., ed. F. Musall/ Y. Schwartz/W. von Abel/I. Levkovich (= HBPhMA, 19), Freiburg/Br. 2009.

Platon
- *Timaios*, in: ders., *Werke in acht Bänden, griechisch und deutsch*, übers. v. F. Schleiermacher, ed. G. Eigler/L. Bodin/A. Croiset/M. Croiset/L. Mêridier, Darmstadt ²1990, vol. 7, 1-210.

Prosper von Aquitanien (ca. 390- nach 455)
- *Liber sententiarum (ex Augustino delibatae)*, ed. M. Gastaldo (= CCL, 68A), Turnhout 1972, 213-365.

Verwendete Abkürzungen

AL	= Aristoteles Latinus, Paris - Brügge 1939ff.
CCL	= Corpus Christianorum, Series Latina, Turnhout 1953ff.
CSEL	= Corpus Scriptorum Ecclesiasticorum Latinorum, Wien 1866ff.
FC	= Fontes Christiani, Freiburg/Br. 1990ff.
HBPhMA	= Herders Bibliothek der Philosophie des Mittelalters, Freiburg/Br. 2005ff.
PG	= Patrologia Graeca, Paris 1857ff.
PL	= Patrologia Latina, Paris 1844ff.
PTS	= Patrstische Texte und Studien, Berlin 1963ff.
SC	= Sources Chrétiennes, Paris 1943ff.
SCBO	= Scriptorum Classicorum Bibliotheca Oxoniensis, Oxford 1900ff.

Bibelstellenregister

Genesis (Gen)
1,1 n. 879
1,26 n. 886
15,1 n. 1011

Deuteronomium (Deut/Dtn)
4,19 n. 885

Paralipomenon I (I Paralip)/ 1. Buch der Chronik (1 Chr)
29,14 n. 885

Iudith (Idt)/ Judit (Jdt)
5,29 n. 874

Liber Maccabaeorum II (II Mach)/ 2. Buch der Makkabäer (2 Makk)
12,46 n. 933

Ijob (Iob/Ijob)
2,10 n. 884
10,7 n. 954
11,6 n. 871
19,21 n. 933
22,14 n. 870
22,26 n. 1013
36,17 n. 922, n. 949
36,26 n. 864, n. 882

Psalmi (Psal)/Psalmen (Ps)
1,2 n. 895
3,6 n. 936
8,8 n. 886
14 (13),1 n. 869
17 (16),15 n. 1012
22 (21),19 n. 924
24 (23),1 n. 883
26 (25),5 n. 977
30 (29),10 n. 939
49 (48),15 n. 1017
49 (48),21 n. 1010
50 (49),21 n. 1017
69 (68),22 n. 924
75 (74),3 n. 955
88 (87),4 n. 926
93 (92),5 n. 979
94 (93),7-11 n. 871
96 (95),5 n. 876
103 (102),3 n. 992
103 (102),5 n. 1012
104 (103),30 n. 966
110 (109),1 n. 945
116 (115),12 n. 883, n. 920
119 (118),11 n. 895
119 (118),63 n. 997
139 (138),8 n. 954
148,5 n. 880

Proverbiorum (Prov)/ Buch der Sprüche (Spr)
1,11 n. 1014
10,12 n. 957, n. 966
16,4 n. 885
18,10 n. 986
20,8 n. 948

Ecclesiastes (Eccle)/ Kohelet (Koh)
11,9 n. 952
12,14 n. 952

Canticum canticorum (Cant)/ Hoheslied der Liebe (Hld)
1,3 n. 946

Sapientia (Sap)/ Weisheit (Weish)
1,9 n. 952
1,10 n. 953
2,1 n. 935
2,20 n. 922
2,22f n. 1010
5,3 n. 1017
5,5 n. 1013
7,11 n. 1013
9,31 n. 954
9,16 n. 935
10,13-14 n. 930

11,25 n. 966
12,18 n. 881
13,1 n. 878
13,2 n. 873
13,3f n. 882
13,5 n. 878
14,21 n. 875
14,9 n. 915

Ecclesiasticus (Eccli)/ Jesus Sirach (Sir)
3,25 n. 865
5,8 n. 941
7,40 n. 932
24,45 n. 927
34,16 n. 930
51,31 n. 972

Isaias (Isai)/ Jesaja (Jes)
1,4 n. 970
8,1 n. 897
11,9 n. 862
13,8 n. 1009
14,13 n. 945
14,13f n. 876
33,17 n. 956
38,10 n. 932
40,10 n. 954
48,16 n. 964
51,3 n. 1011
51,6 n. 873
53,7 n. 921
66,24 n. 1009, n. 1017

Ieremias (Ierem)/ Jeremia (Jer)
10,2 n. 877
17,9 n. 953

Baruch (Bar)
3,10 n. 914
3,38 n. 897

Threni/Lamentationes (Thren)/ Klagelieder (Klg)
1,12 n. 921

Ezechiel (Ezech/Ez)
36,26 n. 968

Daniel (Dan)
7,13 n. 944

Osee (Os)/Hosea (Hos)
2,20 n. 860
13,14 n. 929

Micha (Mich/Mi)
2,13 n. 947

Abacuc (Habac)/ Habakuk (Hab)
1,5 n. 910
2,4 n. 862

Zaccharias (Zach)/Sacharja (Sach)
9,11 n. 929

Matthaeus (Matth)/ Matthäus (Mt)
1,20 n. 901
4,9 n. 876
6,21 n. 947
12,36 n. 952
13,43 n. 1008
16,18 n. 986
19,28 n. 952
21,44 n. 986
25,21 n. 1012
25,30 n. 1017
25,41 n. 898
25,46 n. 931
26,39 n. 903
26,53 n. 921
27,52 n. 938
27,54 n. 936
28,19 n. 963
28,20 n. 984

Marcus (Marc)/ Markus (Mk)
16,15 n. 982
16,16 n. 860
16,17 n. 928
16,19 n. 944

Lucas (Luc)/ Lukas (Lk)
1,35 n. 902
2,35.38 n. 896
2,51 n. 865
7,47 n. 966

14,11 n. 946
16,9 n. 957
21,27 n. 949
22,32 n. 986
23,43 n. 918
24,26 n. 938
24,39 n. 900
24,49 n. 990

Ioannes (Ioan)/ Johannes (Joh)

1,1-3 n. 892
1,3 n. 894
1,14 n. 897
1,18 n. 888, n. 905
3,5 n. 989
3,13 n. 946
3,16 n. 907
3,18 n. 951
3,31 n. 935
4,23 n. 963
4,24 n. 960
5,27 n. 949
5,29 n. 1003
5,38 n. 895
6,38 n. 899
6,54 n. 991
6,64 n. 961
8,16 n. 889
8,40 n. 904
8,58 n. 888
10,18 n. 936
10,30 n. 890
12,27 n. 902
12,31 n. 928
14,2 n. 947
14,23 n. 968
14,26 n. 967
15,13 n. 920
16,28 n. 946
17,3 n. 861
17,22 n. 975
20,29 n. 861

Acta Apostolorum (Act)/ Apostelgeschichte (Apg)

1,11 n. 948
2,32 n. 936
5,29 n. 877
10,42 n. 949
13,41 n. 910
14,21 n. 938

Ad Romanos (Rom)/ Römerbrief (Röm)

1,8 n. 982
2,15f n. 953
4,24 n. 999
5,2 n. 906
5,5 n. 958
5,10 n. 915
5,19 n. 923
6,4 n. 937, n. 943
6,5 n. 989
6,6 n. 916
6,9 n. 942
6,11ff n. 942
6,23 n. 951
8,15f n. 969
12,5 n. 987
13,3 n. 957
14,23 n. 860

Ad Corinthios I (I Cor)/ 1. Korinterbrief (1 Kor)

1,10 n. 973
3,11 n. 985
3,17 n. 977, n. 981
4,1 n. 994
4,7 n. 883
6,3 n. 952
6,11 n. 978
10,20 n. 876
11,29 n. 991
13,12 n. 1011
15,19 n. 1002
15,20 n. 938
15,21 n. 999
15,43 n. 1008
15,44 n. 1008

Ad Corinthios II (II Cor)/ 2. Korinterbrief (2 Kor)

1,21 n. 978
3,17 n. 960
5,10 n. 950

Ad Galatas/ Galaterbrief (Gal)
4,4 n. 902
4,6 n. 969

Ad Ephesios/ Epheserbrief (Eph)
1,13 n. 969
1,20 n. 944
1,22f n. 988
3,17 n. 865
4,4 n. 974
4,5 n. 973
4,10 n. 944, n. 946
4,15 n. 975
4,29 n. 865
5,14 n. 940
6,16 n. 863

Ad Philippenses/ Philipperbrief (Phil)
2,7 n. 904
2,8 n. 922, n. 946
2,10 n. 928
3,19 n. 877

Ad Colossenses (Col)/ Kolosserbrief (Kol)
2,15 n. 928
3,1 n. 947
3,16 n. 895

Ad Thessalonicenses I/ 1. Thessalonickerbrief (1 Thess)
4,12 n. 1000

Ad Timotheum I (I Tim)/ 1. Timotheusbrief (1 Tim)
4,2 n. 895
6,4 n. 866

Ad Timotheum II (II Tim)/ 2. Timotheusbrief (2 Tim)
1,12 n. 866
3,8 n. 986

Ad Hebraeos/ Hebräerbrief (Hebr)
1,14 n. 860
2,14f n. 1001
4,12 n. 958
4,13 n. 871, n. 953
7,25 n. 947
10,19 n. 918
10,28-29 n. 914
11,1 n. 861
11,6 n. 860
11,33 n. 863
12,1-2 n. 921
12,2 n. 924
13,12 n. 977

Epistula Iacobi (Iac)/ Jakobusbrief (Jak)
1,22 n. 895
2,26 n. 958
5,14f n. 993

Epistula Petri I (I Petr)/ 1. Petrusbrief (1 Petr)
1,16ff n. 887
2,23 n. 921
2,24 n. 917
4,8 n. 957, n. 966
5,8 n. 863

Epistula Petri II (II Petr)/ 2. Petrusbrief (2 Petr)
1,21 n. 964
3,4 n. 880

Epistula Ioannis I (I Ioan)/ 1. Johannesbrief (1 Joh)
2,1 n. 947
2,27 n. 967
5,4 n. 863

Apokalypsis Ioannis (Apoc)/ Offenbarung des Johannes (Offb)
1,5 n. 914, n. 977
2,7 n. 970
3,21 n. 946
5,10 n. 1013
6,16 n. 936
20,6 n. 940
21,4 n. 1008
21,12 n. 985
22,8 n. 908

Personenregister

Kursiv sind jene Stellen vermerkt, wo die betreffende Person nur in der Fußnote genannt wird.

Ambrosius von Mailand
n. 910

Anaxagoras
n. 881

Anselm von Canterbury
n. 956

Apollinaris von Laodizea
n. 903

Aristoteles
n. 880, n. 881

Arius
n. 890, n. 892, n. 903

Athanasius
n. 899

Augustinus
n. 860, *n. 870*, n. 879, *n. 888, n. 889, n. 890, n. 898, n. 899, n. 900, n. 901, n. 902, n. 903*, n. 919, n. 924, n. 934, *n. 956*, n. 958, *n. 959, n. 961, n. 965, n. 1010*, n. 1012, *n. 1017*

Averroes
n. 880

Avicenna
n. 880

Beda Venerabilis
n. 941

Boethius
n. 904

Cicero
n. 870

(Ps.-)Dionysius Areopagita
n. 966

Ebion
n. 901

Eusebius
n. 901, n. 1010

Gennadius
n. 1010

Eutyches
n. 904

Gratian
n. 934

Gregor der Große
n. 910, n. 951, *n. 956*

Gregor VII.
n. 934

Hieronymus
n. 965

Hilarius von Poitiers
n. 899

Irenäus von Lyon
n. 901

Joachim von Fiore
n. 984

Johannes Damascenus
n. 904

Manichaeus/ Manichaei
n. 879, n. 900, n. 965

Moneta von Cremona
n. 879

Montanus
n. 965

Moses Maimonides
n. 880

Nestorius
n. 904

Origenes
n. 898, n. 956

Photinus
n. 888, n. 892, n. 899

Plato
n. 880, n. 881

Priscilla
n. 965

Prosper von Aquitanien
n. 860

Sabellius
n. 889, n. 892

Valentinus
n. 902

Autorenverzeichnis

JOSEF PIEPER, geb. 1904 in Elte/Westfalen, gest. 1997 in Münster. Studium der Philosophie, Rechtswissenschaften und Soziologie in Berlin und Münster. 1928 Dr. phil. an der Universität Münster: *Die ontische Grundlegung des Sittlichen nach Thomas von Aquin* (später u.d.T.: *Die Wirklichkeit und das Gute*). 1946 Habilitation an der Universität Münster: *Wahrheit der Dinge. Eine Untersuchung zur Anthropologie des Hochmittelalters*. 1959 bis 1972 Professor für Philosophische Anthropologie an der Universität Münster. Autor von über 80 Büchern, die in 20 Sprachen übersetzt wurden und ihn unter den Philosophen des 20. Jahrhunderts zum international meistgelesenen deutschen Autor machten. Mitglied mehrerer Akademien. Zahlreiche Preise und Ehrungen, darunter der internationale Balzan-Preis für herausragende Leistungen auf dem Gebiet der Geisteswissenschaften.

HANNS-GREGOR NISSING, geb. 1969 in Dinslaken/Niederrhein. Studium der Katholischen Theologie, Philosophie, Germanistik und Pädagogik in Münster, München und Bonn. 2004 Dr. phil. an der Universität Bonn: *Sprache als Akt bei Thomas von Aquin*. Seit 2012 Referent für Glaubensbildung im Geistlichen Zentrum der Malteser, Ehreshoven. Jüngste Veröffentlichung: (ed.), Karol Wojtyla, *Betrachtungen über das Wesen des Menschen*, München 2017.

BERTHOLD WALD, geb. 1952 in Wipperfürth. Studium der Philosophie, Germanistik, Pädagogik und Katholischen Theologie in Freiburg/Br. und Münster. 1986 Dr. phil. an der Universität Münster: *Genitrix Virtutum. Zum Wandel des aristotelischen Begriffs praktischer Vernunft. Thomas von Aquin – Johannes Duns Scotus – Wilhelm von Ockham – Martin Luther*. 2002 Habilitation an der Universität Münster: *Substantialität und Personalität. Philosophie der Person in Antike und Mittelalter*. 2002-2018 Professor für Systematische Philosophie an der Theologischen Fakultät Paderborn. Herausgeber der Werke Josef Piepers (1995-2008). Seit 2008 Leiter der Josef-Pieper-Arbeitsstelle. Jüngste Veröffentlichung: *Christliches Menschenbild. Zugänge zum Werk von Josef Pieper*, München 2017.

Hinweis zur Erstveröffentlichung

Die Übersetzung der „Erläuterungen zum Apostolischen Glaubensbekenntnis" erschien 1936 als erster Teil der „Thomas-Fibel", die außerdem die „Erläuterungen zum Vater unser" und „zu den Zehn Geboten" sowie die „Gliederung der Heiligen Schrift" enthielt, unter der Herausgeberschaft von Heinrich Raskop im Verlag J.P. Bachem, Köln (S. 9-93). Als „Veröffentlichung des Instituts für neuzeitliche Volksbildungsarbeit Dortmund" stellte die „Thomas-Fibel" eine Gemeinschaftsarbeit von Hans Schulte, Josef Pieper und Heinrich Raskop dar.

Ziel des 1928 gegründeten Instituts (ab 1938 „Katholisches Bildungswerk") war die Förderung katholisch-kirchlicher Bildungsarbeit. Nach 1933 lag der Schwerpunkt der Arbeit auf dem Aufbau einer „Grundbücherei für Laienchristen", die bis 1958 insgesamt 92 Veröffentlichungen umfaßte. Josef Pieper stellte dazu einen Kanon von Schriften auf, der angesichts der Zeit neue Orientierung aus der großen christlichen Überlieferung geben sollte und formulierte interne „Grundsätze für die Gestaltung der Sammlung christlichen Traditionsgutes"[1].

In den Predigten des Thomas erkannten die Übersetzer, wie es im Nachwort der Erstausgabe heißt, nicht nur „wertvolle Zeugnisse für den lehrenden Thomas", sondern „volkstümliche Vorträge [...] zu den für den Christen lebensnotwendigen Dingen - Glaube, Gebet, Gebot" (215). So war es die „erste Absicht" der Fibel, „zu zeigen, daß die heute wieder zu Ehren kommende Volkskatechese den ‚allgemeinen Lehrer' der Kirche zum Ahnherrn hat" (215f.). Statt „Schwieriges dem Ungeübten vorzulegen und dadurch den einen oder anderen Gutwilligen zu enttäuschen", umfaßt die Fibel „diejenigen Werke des Heiligen, die jedermann lesen und verstehen kann, heute so gut wie im Neapel des 13. Jahrhunderts" (216).

Die *Thomas-Fibel* ist dabei nicht mit der bekanntesten Veröffentlichung des Instituts, der von Pieper und Raskop verfaßten und ebenfalls 1936 veröffentlichten *Christenfibel* zu verwechseln. Als vollständige und geschlossene Übersicht über das christliche Glaubensgut hat diese eine Reihe von Bearbeitungen und Übersetzungen in verschiedene Sprachen erfahren und wurde - anders als die *Thomas-Fibel* - zuletzt 1979 von Josef Pieper überarbeitet.

---

[1] Vgl. J. Pieper, „Grundsätze", in: ders., *Werke. Erg.-Bd. 1: Frühe soziologische Schriften*, ed. B. Wald, Hamburg 2004, 329.

Thomas von Aquin – Einführende Schriften

Übersetzt von Josef Pieper

Herausgegeben von Hanns-Gregor Nissing und Berthold Wald

Band 1: **Das Wort**
Kommentar zum Prolog des Johannes-Evangeliums (2017)

Band 2: **Das Herrenmahl**
Der Eucharistietraktat der Summa theologiae (2018)

Band 3: **Das Credo**
Auslegungen zum Apostolischen Glaubensbekenntnis (2019)

Band 4: **Das Vater unser**
Auslegungen zum Herrengebet (erscheint voraussichtlich 2019)

Band 5: **Die Zehn Gebote**
Auslegungen zum Dekalog und zum Doppelgebot der Liebe (erscheint voraussichtlich 2020)

PNEUMA VERLAG